ホリスティック教育ライブラリー②

ホリスティックな気づきと学び

日本ホリスティック教育協会
吉田敦彦
平野慶次
編

45人のつむぐ物語

せせらぎ出版

ホリスティックな気づきと学び

―45人のつむぐ物語―

もくじ

Ⅲ　開かれた世界と　出会う学び《中学校》

Ⅳ　人生の問いに　向きあって《高校》

Ⅴ　身体から知を　編みなおす《大学》

Ⅵ　日々の暮らしの　かかわりのなかで《家庭》

Ⅸ　つながりの生み出すつながり《社会教育》

Ⅹ　かたちに　表現するいのち《芸術表現》

装幀　濱崎　実幸

序

気がつけば、ホリスティック

―違いが生みだすつながり―

府立大阪女子大学　吉田　敦彦
Yoshida Atsuhiko

四五人が紡ぎだしたホリスティックな気づきと学びの物語。色彩、濃淡、さまざまな、でもどれも切実な日々の営みを縒りあわせながら、少しずつ大切に紡ぎだされた小さな物語。その一つひとつの違いを活かしながら、ゆるやかに編まれて自ずと浮かび上がってくる多彩で奥行きのある世界。この小さな本が、どこまでもダイナミックに広がりゆく「いのちの織物」を映し出していれば幸いです。

一人ひとりが、家庭で、学校で、社会で、それぞれの生活と教育の足場を持っています。子どもや若者と、そして自分と向きあいながら、日々学び、教えています。その現実の重みのなかで、多くの苦悶や悲しみとともに、深められた喜びが生まれ、学びあい育ちあうことができたと感じるとき、そのときには、何かへ向けて一歩また踏み出せたように思えます。その気づきをしっかりと掴み取り、違った道を歩む人たちと互いに確かめ合いたい。そう思ったときに、「ホリスティック」と出会った人たちの、その多様な歩みが、ここに編まれています。

実に広範な、経験も年齢も異なる様々な人が、それぞれのスタイルで語った物語を寄せてくれました。目次の章組みをご覧ください。保育園、小学校から大学まで各学校段階の教師、母親、父親、フリースクールや塾、社会教育や教育ＮＧＯ、地域づくりや医療・看護・福祉、そして芸術・芸道……。

これだけ多様なバックグラウンドの人が、「ホリスティック」という一点でつながり、職域の境界を越えて自らが歩む方向を確かめ合っていること、まずこれ自体が、とても意味のあることだと思います。

社会全体が、先行きの見えない方向喪失に陥ったまま、閉塞感を深めています。次々とさまざまな改革が、教育改革も含めて、あれもこれもと打ち出されます。が、それらが対症療法的になりがちで、ときにはかえって負担の大きい副作用を生み出してしまうのは、大局的な方向が見通せていないからでしょう。たしかに「大きな物語の終焉」と言われて久しくなります。

では、その大きな方向とは？　この本では、性急にどこかの大所高所から「大きな物語」を引っ張り出して答えるのではなく、一人ひとりが自分自身の言葉で語る「小さな物語」を大切にしたいと思いました。どこまでも現実を離れずに、そのなかで気づいたことを丁寧に言葉を選びながら語りだしてみる「小さな物語」。その各々の間の違いやズレやきしみに耳を傾け尊重しつつ、気がつけば同時に深いところで通じ合っているような何かを探り当てていこうとしました。集まった原稿を通して読んでみると、ゆらゆらと揺らぎながらも、たしかに共通のモチーフが浮かび上がってきます。これらのモチーフを言葉にして、後から章タイトルとして置いてみました。

幼子を通して　つながるいのち

今ここに、目の前にいるこの子ども。延々といのちが受け渡され、つながりゆく大きないのちの流れの中で、その先端にいるのが、他ならないこの子どもたち。子どもを通したいのちへの畏敬。この原点から出発して、いのちがいきいきとつながりを広げてゆくかかわり方を模索し、その環境をデザインしなおしていく。大人社会に子どもを合わせるよりも、子どもに学んで社会を再構成していく。

枠を超える　総合へのまなざし

学校にあがると子どもたちは、囲いのなかで教科や時間割の枠に区切られた生活をはじめる。友だちとの関係でも葛藤やプレッシャーが増えてくる。枠組みも葛藤も成長に欠くことのできないもの。とはいえ、それに縛られ閉じこもると息苦しくなる。教科や学校や自他の垣根を伸びやかに越えてつながる学び。総合的な学習も、それを受け取るまなざしそのものの転換があってこそ。

開かれた世界と　出会う学び

見えてなかったつながりに気づくとき、そこに学びがある。学ぶことによって、どんどん世界が広がり、目の前が開けていく。少しでもいい、そんな学びの体験があれば、学ぶ喜びと生きる喜びがつながる。学校に森をつくるといったダイナミックな活動を通してでも、人類が長い歴史の中で結晶させてきた教科の学習を通してでも、人と自然と文化のつながりが広がり深まっていく。

人生の問いに　向きあって

思春期であれ、成人した後であれ、人生の旅の途上で、どうしようもなく立ち止まってしまうとき。いのちの流れが滞り、渇き、すべてが色あせて遠ざかり、意味を失っていくとき。いずれ死すべきこの生を、にもかかわらず、なぜ生きるか。どのように、この人生を引き受けるか。人生の大きな問いに向き合うとき、自問自答では答えの出ない問いのまえで、それでもそこに意味が生まれるとすれば……。

身体から知を　編みなおす

物が豊かになったから心が貧しくなった、というよりも、物に心がこもらなくなったのが問題。同じように、知育を偏重したから心が貧しくなった、というよりも、身をもって知る、心のこもった知を軽視してきたのが問題。知育に対して、心の教育や身体教育が、それだけで切り離されて強調されると、また同じ問題が生まれる。身体と心と知を別々にして教えるのではなく、その間のつながりを育む試み。

日々の暮らしの　かかわりのなかで

着て、食べ、住まい、働き、育む……。日々の暮らしのなかの、抜き差しならない関係。繰り返される一つひとつの営み。引き受けなければならない重さ。ときに訪れる祝福のとき。その小さな一コマにすべてが織り込まれ、積み重なるそれらの現実すべてが否応なく人を形づくる。一番身近で、一番変え難い、日々の暮らしのかかわりから。

学ぶことは　変わりつづけること

変わらないと思っていた自分が、変わってしまうとき。世界が違って見える。そしてまた、出会いと出会いなおす。人生は、筋書きのない物語。筋立てられては、たえず揺らぎ、きしみ、書き直されて、決してどこまでも完結することがない。万物が変々流転するいのちの世界と同様に。「この人生は、校舎も教科書もない私の大学だった。そこで無数のことを私は学んだ」（ゴーリキー）

いのちの声に　耳をすまして

少し休もう。小鳥のさえずり、そよぐ風、どんぐりの落ちる音。子どものつぶやき、心の叫び、そのまなざしの奥の言葉にならない声。次々と追い立てられて、何をしたいのか分からなくなるとき、勇気をもって立ち止まる。いのちの源から湧き出る意志と、つながりなおそう。いつしか降っていた雨の音に気づくように、しずかに耳をすまして。

つながりの生み出すつながり

木を見て森を見ない。森を見て木を見失う。そうではなくて、木を通して森を見よう。一事が万事に通じている。この社会で現実に生きて生活しているかぎり、私たちはすでに縦横無尽のつながりのなかにいる。すべてを変えようとすると何も変わらないけれど、いつでもどこでも誰とでも、この足元のつながりを活かしはじめると、つながりがつながりを生み出して、すべてに通じていく。

かたちに　表現するいのち

たとえば音楽や詩、一つの茶碗、一つの腕の動き、それを通して、いのちが自らを表現してくる。かたちのなかに表現されたいのちに出会い、かたちを通していのちを表現していく。いのちの世界に溶け込んだままでは生きてゆけない人間という生物は、しかしたゆまずに、いのちを表現する文化を形づくり、受け継ぎ、また創りなおそうとしてきた。

このような一〇章のモチーフが、すべての章にクロスオーバーしながら、「〈いのちのつながり〉に気づき、深め、育む」というホリスティック教育のメイン・テーマを奏でていきます。でもやはり、モチーフそのものを語ると、言葉が先行してしまいます。道案内の地図はこれくらいにしましょう。何より四五人が足元の現実を歩きながら振り返った具体的なストーリーをお楽しみください。

一つひとつが、かけがえのない人生が紡ぎだしたもの。決して同じ一つの物語に括ってまとめあげてしまうことのできないものです。内容ばかりでなく、文体も個々さまざま。途中、違和を感じたり、片寄りを感じたりされることもあることでしょう。同じものに共感するばかりでなく、むしろ違いと出会うほうが、気づきや学びが深まり、そこからまた、よりダイナミックなつながりが生まれてくる。それもまた「ホリスティックな気づきと学び」の真骨頂。執筆者の間でもそうでしたが、読者の皆さんとも、違和感と共感、違うところと同じところの両方を大切にしながら、対話をすすめていければ幸いです。

言いかえれば、この本は、何か単一の結論へ向けて、筋道を立てて読者を納得させていくような類の本ではありません。もちろん、明日の授業ですぐに使えるようなマニュアル的な事例集でもありません。いわば、情報伝達型とか講義型ではなくて、参加体験型の本とでも言えばいいでしょうか。読むという行為が、そこに参加している一人ひとりが自己を見つめ語りだした言葉に耳を傾ける、聴くという行為に近いものになってくるように思います。その、書かれた、というよりも語られた言葉に触発されて、違和感でも共感でも、そしてご自身のストーリーでも、皆さんのなかに、何か語りだされようとする言葉が生まれてくれれば、私たちとして、それほどうれしいことはありません。

そして実際また、「あとがき」に書きますように、そのような声を寄せてもらって、次なる本につないでいければと思っています。この一冊は、違いと出会い、対話が生まれ、つながりがつながりを生んでいく、今後の出会いと対話のための一里塚。本という形はしていますが、これ自身が、ホリスティックな気づきと学びのオープンな場でありたいと願っています。ここから何が生まれてきそうか、どうぞ、ご参加ください。

Ⅰ

幼子を通して　つながるいのち

【保育園・幼稚園】

「ぷーるにはいりたいよ。おすなばあそびたいよ。

おたまじゃくしやかえるつかまえたいよ。

ばったとかこおろぎつかまえたいよ。

かまきりもつかまえたいよ。

おえかきしたい。ぷれぜんとしたい。

えんちょうせんせいにおてがみおくる」（四歳）

子ども達のいのちの衝動に応えられる幼稚園でありたいという思いがすべてを動かしました。


子どもとおとなが、ともに自然から命と成長力を与えられた存在として、互いに尊重しながら心を伝え合い続ける時、「子ども」はおとなの喜びとなってゆき、「おとな」は子どもの喜びとなってゆき、「人」は人の喜びとなってゆきます。人造価値に振り回されない、こうしたありのままの自然な営み（＝宇宙の営み）によって、「人」は互いに育まれ合うのです。

ホリスティック教育という言葉にはじめて出会った時、いのちのつながりを大切にすることの教育は、それまで名前のなかった私たちの幼稚園の実践に、一つの名前をつけてもらった安堵感がありました。仏教の幼稚園に、野口整体・漢方・シュタイナーの流れが合流している実践です。

いのちのつながりの中で生きる喜びを子ども達に

―幼稚園の庭に森が誕生した時―

まきば幼稚園　嘉成　頼子　Kanari Yoriko

私達の幼稚園に小川が流れ、森ができてすっかり園庭の空気が変わってしまいました。

幼稚園の庭は、遊園地や運動場ではなく、子どものいのちを育むいのちにあふれたものでなくてはならない……と思ったのは三年前のことでした。そして、その庭に赤ちゃんや小さな子ども達を連れたお母さん達が遊びに来、お年寄りの方もいっしょにベンチに腰をかけて……という図が私の中に浮かびました。人と人とのつながりができ、輪が広がっていくそんな場にしたい。幼稚園に関わるすべての人、子ども達はもちろんのこと、おうちの人達、保育者、そして地域の人達も、ここでともにいることがうれしいと思えるような場になるといいなぁと思ったのです。

小川と子どもたち

もうお決まりの遊具はいらない

その中心にいる子ども達が、ここでどんなことに驚き、どんなことに感動し、どんなことを感じて、そして、どんなふうに遊びを展開していくか……そのためには全体をどのように作りあげたらよいか……と何度も職員室で話し合いを重ねました。

「もうブランコや滑り台というお決まりの遊具はいら

ないね。そう、もともと坂すべりが滑り台に、木登りがジャングルジムになったんだから、時間をかけてそれに戻していこう。それから、子ども達は水と土と砂で遊ぶことが大好き、それが十分にできること。それからままごとの家もほしいね。それから実のなる木がたくさん。四季がはっきりとわかる木がいい」と話しはつきません。「川も流して、蛍が飛ぶといいね」と夢は膨らむばかりでした。

しかし、どうやって実現できるかという段になると方法もわからず、その上資金もゼロです。だいたい一年のやりくりがやっとの小さな幼稚園ですから。

あちこちの補助金を探していた折、全く予期しないことに、厚生省より少子化対策臨時特例交付金として全国で二〇〇〇億円、四日市市にはその内の二億円が交付されました。それぞれの市町村に割り振りは任されたようですが、四日市市は私立幼稚園に対して園児の頭割りということで、わが園には三〇〇万円が交付されることになりました。そのことのぜひはともかくとして、私達にとっては天の助け、ふしぎなことに井戸を掘るための三〇〇万円がぴったりと当てはまったのです。

園庭に森を造る!?

いきなり動き出しました。父母に集まってもらって計画を話しました。

「えっ、井戸？　小川？　森？　なんと突拍子もないことを」と普通、幼稚園の園庭のイメージは固定観念として誰の頭の中にもあるものです。

「森とともに育つ子ども、子どもとともに育つ森。子ども達がおとなになって、自分の子どもを連れて来て『これがお父さんの植えた木だよ』と話せたら最高ではありませんか。そのような『いのちのつながり』の中で子どもたちを育てませんか？」と呼びかける私の話に熱心に耳を傾けてくださり、お父さん、お母さん達の頭はすぐに切り替わりました。「おもしろそう、やってみましょう」と。

「それには皆さんの力、とくにお父さんの力が必要です。井戸を掘るお金しかありませんから、後は人力です。よろしく頼みます」

ところが保護者の中に、土建屋さんも、公園の川の設計をしている人、下水専門業者の人もおられる。「うちは玉石がいっぱいあるから寄付します」「私は力仕事ができます」などなど、それぞれできることを持ち寄ってくださって、みんなの気持ちが一つになりました。

しかし、ひとつ私の中に迷いがありました。森の木をどのように植えるかです。植木の専門家に聞くと、「ちゃんと間隔を空けて植えて、木のまわりは一～二年は踏んではいけない」と言われるのです。それでは子どもと育つ木ではなくなってしまうのです。困りました。

ところが、本屋で立ち読みをしている時、山之内先生の写真と「森」「小学校」という字が私の目に飛び込んできました。先を越されたという少々の悔しさと、先を歩いている人がいるといううれしさですぐに会いたいと思いました。実にタイミングよく、山之内先生にお会いでき、ある確信を得ました。自然な森のようにすればいいのだと。できあがってからこの山を見た小学生が「弱肉強食のやり方」と言った方法。とにかくいっぱい植えて育つように育てようと思ったのです。子ども達が中に入りこんでもし枯れてしまったとしても良しとしよう、と決めました。

井戸のポンプと小川と森と…

準備で生まれた世代のつながり

一二月に井戸を掘り始め、びっくりするほどいい水脈に当たり良い水が出始めました。それから川を造り、森を造る作業は一月～二月の二ヵ月間寒い時期でした。

あるお父さんが作業をしながら「昔、通学路に井戸があって、あれ楽しかったなあ、ただ水を出して遊んで学校に行ったたっけ」と言われるのを聞いて、「そう、それつけましょう。水を得るために労働をするというのはいいですね。それに協力しなければ水も汲めませんから」というわけで、ポンプをつけることになりました。

おじいちゃんも二人「計画を聞いた時に心が踊った」と言って、熱心に作業に加わってくださいました。そのおじいちゃん達の仕事っぷりを見て、若いお父さん達は「おじいちゃん達にはかなわないなー」。そしてそのお父さんたちの仕事を見て子ども達が「おとうさんがんばってー」と声援を送り、自分たちもスコップを持っていっしょに小川を掘りました。いつもはおしゃれをしてきれ

「森の誕生会」植樹祭

いにしているお母さんも「Yちゃん見て、お母さんもこんなことができるんだよ」と誇らしげでした。ご夫婦で、また休みの日は一家で作業を楽しみました。この作業の段階でこのような人と人とのつながりの楽しさが起きてくるとは思っていなかったことでした。

二〇〇〇年三月四日土曜日、すべてが整って山に木を植え、川に水を流す「森の誕生会」の日となりました。前の日から霧雨が降って当日はどしゃ降りの雨。みんなレインコートを着て七〇数名の園児とおうちの方が四〇〇本の苗木を植えました。みんなびしょ濡れ。「でも木にとっては最高の日だね」とどの顔も満足げでした。

同時にお母さん達にも使ってもらえる東屋「まきばハウス」も完成しました。この建築はあきらめていたのですが、保育者の熱い思いと、理事さん達の温かい思いによって資金もでき、建築屋さんの理解と協力によって、当初の思いをはるかに越えた立派なものができあがりました。

森とともに育つ人の輪

まきばハウスはお母さん達のいこいの場になりました。降園後や休みの日にここで子ども達といっしょに遊びながら、お母さん達も友達の輪を広げていくことができます。日常的なそのようなつながりが、いざという時にお互いに助け合える関係となっていきます。多くの幼稚園が有料で子どもを預かることを子育て支援の目玉としています。しかし、本当はお互いに助け合える関係を作ることで、親の人間関係が練られていく方が子ども達にとってどれほど幸いかわかりません。ここで子どもをいっしょに育てながら「子どもが育つってこういうことなんだなぁ」とお母さん達がしみじみ思うことができるといいと思うのです。

園庭を造るときに感じた人と人のつながりのうれしさの中で、今、森がぐんぐん大きくなってその存在感にみんなびっくりしています。

いのちの感覚は子ども達の中に

紫式部の実が紫に色づいてくるころ、秋がちゃんと来ているということがわかります。子ども達にとって木の実はなんと魅力があるのでしょう。ついつい手を伸ばして、ポケットに入ります。何か入れ物に水を入れその中に浮かべてみると、宝石のようです。きれいに並べるとお店屋さんの果物のようです。森の中に隠れ、あるいは樋や功技台を持ち込んで工事をしたり基地を作ったり、虫を探したり……その中で子ども達は生きるために必要な知恵と感覚を養っていきます。

森からのおくりもの

もともと子ども達の遊びは総合学習です。とくに幼児にとって生活は遊び、遊びはすべて生きる術を学ぶ学習です。ですから子ども達が我を忘れて遊び込める環境を保障すること、幼児本来の生活を守ること、子ども達を見守る専門性が幼稚園の責任です。

いのちの感覚、いのちのふしぎさに目をみはり、心を振るわせる感覚、自分が多くのいのちとともに生かされているという感覚、自分がここに生きているということがうれしいと感じる感覚、このいのちの感覚を子ども達の中に育むこと、あるいは呼び覚ましていくことが今、教育の急務です。

これは知識の切り売りや小手先の保育ではもう間に合いません。何が必要なのかは子ど

深まりはじめた秋と子どもたち

も達が教えてくれます。子ども達のようすをじっと見、子どもたちの声を聴くことでそれが見えてきます。

食生活のこと、地球環境のこと、平和のこと……「生きる」ことに関わるすべてのことが大切に思えてきます。子どもに学ぶということが際限なく広がって、地球全体を包み、また心の内側へ向かっていきます。

今、まきばの子ども達はお父さんやお母さん、おじいさん達が力を合わせて創った森と小川で安心して遊び、次々と自分たちの力で遊びを創り出して、その笑顔は輝いています。

伝え合い、喜び合う

—幼子らと心響かせて—

はちまん保育園　田口　まり
Taguchi Mari

喜び合う

四月、暖かな春の光が、保育室を明るく包みます。

一歳のサチは、今日初めて、室内滑り台を一人で滑ることができたのです。滑り降りてニコニコッ。私もうれしくなって、サチの顔を見ながら、「ワーイ、できたできた、バンザーイ」と、万歳をし、拍手をします。サチも万歳をしながら「アハハ」とうれしそうな笑い声を立てます。サチが何度も何度も滑り降りる度に、二人でいっしょに万歳をし、拍手をし、笑い合いました。

次の朝、サチは登園するとすぐに滑り台を始めました。サチが自力で滑り降りる度に、サチと私は、またいっしょに万歳と拍手をし、笑います。サチは、ほかの遊びに移った後、また滑り台に向います。この後もしばらくは滑り台に向う日が続きました。

できた喜び、いっしょに喜んでくれる人がいるうれしさ、いっしょに喜べる楽しさ、そうしたことから生まれる満足（心の温まり）は、「楽しかった！　明日もまた、滑り台をしよう！」という明日への期待につながり、積極的な行動を生んで行きます。喜び・うれしさ・楽しさ・満足が、前へ向って生きる力を湧き起こしているのです。子どもは、このようにして、自分の世界を開いて行くのです。

五月の優しい風が、子ども達の手足をそっとなでていきます。

〇歳のケンは、時々寝返りを打つようになりました。ケンが寝返りを打つと、光がこぼれ、笑みがこぼれます。ケンは明るい光をつかまえて遊ぼうとしているのでしょう。

ケンが寝返りに成功する度に、まわりの皆が「あらーっ、ケン、じょうず！」と拍手をします。ケンもとてもうれしそうです。こうした日々を過ごすうちに、寝返りをすっかりマスターしてしまいました。

このように一つ一つのことを喜んであげることが、子どもの安心・支えになり、自信を育んでいるのです。安心でき、喜びを分かち合える人間関係が、子どもの成長に何と大きな力を与え、成長を支えていることでしょう！

試行を繰り返す

七月末になり、陽射しはいっそう明るく快活になります。

四月には歩けなかったシンが、じょうずに歩いていろいろな所を観察しに行くようになりました。今日も、ウレタンの滑り台を昇り降りする子ども達のようすをじっと見ています。そのうちに、足をそっと一歩出して、私を見ます。目が「やってみようかな。ちょっと心配だな」と言っています。私は笑いかけて「だいじょうぶよ。やってごらん」というサインを送ります。シンは、滑り台に片足を乗せては、皆のまねをして床をチョコッと走ります。その度に私は拍手で誉めます。シンはご機嫌です。充分繰り返したら、今度は両足を滑り台に乗せ、私に向って手を伸ばします。私が手を取って支えると、シンはトンと床に降ります。これを繰り返して自分で降りられるようになると、今度は数歩昇って床に降りてトトトッと走ります。すごくうれしそうです。私も惜しみなく大きな拍手を送ります。

子ども達は、誰が教えたのでもないのに、こんなに小さな時からこうした行動を取ります。試行を繰り返して、実現できると、満足して心が解放され、存在全体が輝きます。このような在り方が子どもの内面に満足や自信を生み出すからこそ、子どもは次のステップへと進むことができるのです。

一連の行動を見ていると、子どもは、自分に合ったやり方で、段階を踏んで、望みの行動に近づいて行くのだということ、そして、子どもに充分な試行の時間を与えることの大切さ、がよくわかります。人は、おもしろい・やりたいと思ったことに向って行動し、実現しようとする力を、生まれながらに持っているのです。

豊かな心

八月に入り、水や泥で友達とたっぷり遊んだ一歳の子ども達は、お話もずいぶんできるようになりました。

数人の子ども達で型はめ遊びをしていた時のことです。うまくできる度に、私が「〇〇ちゃんじょうずねー」と誉めて拍手をすると、子ども達もいっしょに拍手をします。何回もやっているうちに、ユウタが、拍手しながら、私にそっくりな口調で「ジョウズネー」と言いました。満面の笑顔です。楽しさを充分に味わって満足したユウタの心に、私の言葉がすんなり入って、ユウタの言葉として自然に出てきたのでしょう。喜びは心の中を満たし、共感となって表現されたのです。「ユウタ！　喜びって、共感だったのね！」と、私の心も喜びでいっぱいになりました。

木陰で気持ち良さそうに遊んでいた〇歳のユミは、石を口に入れようとしていました。私は「ユミ、石はお口に入れないでね。こうやって遊んだら…」と言って、ユミの手元の地面に、「くーる、くーる、くるくるくーる…」と歌いながら石で渦巻きを描いて見せました。すると、ユミは私の顔を見てニコニコッとし、私をまねて土の上で手を左右に動かし、また私の顔を見てニコニコッとします。

やっとつかまり立ちができるユミなのに、こんなことをおもしろいと感じ、共感し、自分で行動化しているのです。〇歳って、外の世界をとてもよく受けとめることができるんだなー、積極的なんだなー、と〇歳の子どもの豊かさに驚き、人への共感を、こんなに小さな時から持ち、こんなにも明確に表現できることに感動しました。ユミの豊かさに包まれて、温かく愉快な気持ちを共有でき、心癒されるひとときでした。

伝え合い、心を行動にする

一〇月になると、園庭に木の葉が舞い降りてきて、子ども達の遊び相手になってくれます。

一歳のチエ、ミエ、ソウと私で輪になって座り、「手をたたきましょう」を身振りをしながら歌いました。「足踏みしましょ」のところでは、足を前に出してバタバタさせます。「モッカイ（もう一回）」と言うので、また歌います。三回目の「足踏みしましょ」で、チエが寝転がって足をバタバタさせ「アハハハ」と笑いました。私もすぐに寝転がってまねます。ミエ、ソウもまねて、皆で「アハハ」と笑いました。

チエの「楽しいなー。もっと楽しみたいなー」という気持ちが、ありのままに、行動になって現れたのでしょう。また、私が、子どもの提案を生かし、行動をまねたので、子どもに、自分達が支持され受け入れられているということが伝わり、子どもが安心し積極的になったのでしょう。子どもの心や意志は、動きとなって、とても率直に表現されるのです。

二歳のコウが、靴箱の上の靴を取ってと指差すので、抱いて取らせました。履こうとしますが、少し大きい靴なので、「これ、コウの靴じゃないね。コウの靴はこれよ」と出してあげると、「イヤ」と言います。「これ、ひまわり組のお兄さんの靴よ。お兄さんが、靴がないと外で遊べないよーって言うよ。困ったねー。どうしよう」と言うと、「ダメ」と靴を持った手をうしろに回し、隠します。園庭をじっと見て何か感じているようすなので、しばらく待ってから、「お兄さんが、僕の靴がないよー、えーん、って泣くよ。かわいそうねー」と言うと、黙って園庭を見つめたままです。また待ちます。すると振り向いて、「ナイナイスル」と、靴を持ったまま私に抱かれようとします。抱いて、「ここにナイナイする?」と靴箱の上を見せると首を振り、「アッチ」とひまわり組の方を指差します。抱いて連れて行き、靴が入った籠を示すと自分で靴を入れました。「コウ、おりこう! すごーくいい子。大好き!」と頭と背中をたくさんなでるとニコニコ。自分の組に戻って、自分の靴から一足を選んで履き、園庭へ遊びに行きました。

私の思いを伝えた時、コウは、話を聞いて自分の内から生まれてくる、感じや思いに耳を傾けていたのでしょう。そして、私の言葉を受け入れ、自分の思いを伝え、行動にしたのです。おとなと子どもが思いを伝え合うこと、子どもが、内からの声に耳を傾ける時間を充分に持つことは、子どもが自分を表現して成長していくうえで、とても重要なのです。

ビッグバンという母なる宇宙の出産により、銀河系が生まれ、その進化の過程で地球・大気・鉱物・生物が生み出され、今も宇宙は進化し続けています――星・大気・鉱物・生物は皆、宇宙を母とする兄弟です。ですから、喜び、悲しみ、思いを実現しようとする、といった自然から与えられた力を生かすことは、この兄弟達とともに宇宙の進化に参加していることになります。子ども達とともに伝え合い喜び合う時、子ども達といっしょに高く広がる空を見る時、それを深く実感するのです。

仏教・漢方・シュタイナーに学ぶ東江幼稚園

東江幼稚園
浅井 あきよ
Asai Akiyo

東京都葛飾区の東江幼稚園は、一九四九年にお寺の幼稚園としてスタートしました。一九八五年以来東洋医学の世界やシュタイナー教育を取り入れて、名前をつけるならホリスティック教育の幼稚園と言えるでしょう。その一日のようすを訪問記風のリポートでお伝えします。

＊　＊

東江幼稚園の一日

駅から歩いて一〇分、麦わら帽子をかぶせたような屋根の建物。門を入ると、正面にお寺の本堂。本堂に通ずる参道の脇にはすぐ園庭が広がり遊具などがおかれている。園庭は土で、いろいろな果樹が植わっている。まだ子どもの登園しない園庭に黒や茶色のチャボが何やらついばんでいる。

数人の先生が竹ぼうきで朝の外の掃除をしていた。「静坐が始まりますので、どうぞ」と、案内されたのは、丸い屋根の園舎の二階の和室。

1995年に建った園舎は、ドイツでシュタイナーを本格的に学んだ建築家の村山雄一《たけかず》さんの設計

朝の静坐

床の間を背にして作務衣の似合う理事長の浅井孝順さんが坐禅の形で座っている。ほかの先生方は、日本式の正坐。孝順さんが第一声を発し、「慈悲の瞑想の言葉」（30頁参照）を皆で声を合わせて唱える。

続いて静坐。瞑目して（または半眼で）、静かに坐る。「体を整え、息を整え、心を整える」と、三打の鐘が始まりの合図。「何か思い浮かんでも相手にせず、じゃまにせず」と、孝順師の声。「吐く息に注目して、おなかの底から深く長く息を吐く」。ゆっくり大きく息を吐いていると、この場がシンとした密度の高い空間に変わっていく。二打の鐘で終わりの合図。鐘の音を味わうように合掌して聴き、一礼「ありがとうございました」と終わる。続いて理事長の話。そして、伝達・連絡（今日のお誕生日の子は誰々）などがあり、その後、一分スピーチというのが何人かに当てられる。ぴったり十五分間であった。

子ども達の登園風景

九時。バスでの送迎ではなく、親子で登園してくる。門のところには、先生が一人出て、笑顔で朝のあいさつをしながら迎えている。来る子どもごとに握手もしている。親子は正門を入り、参道を本堂正面まで進み、そこで立ち止まり大きな声で「おはようございまーす」と言う。母親は、隣で合掌・一礼している。その後園舎のテラスのところまで行くと、そこには、クラスの先生が一人迎えてくれている。各クラスに先生は二人ずつ。子ども達は、三歳から五歳児の三学年が混ざっている縦割りクラス構成。「やま」「そら」「さくら」「いなほ」のクラス名がついている。「そら」と「やま」は天と地を現し、「さくら」と「いなほ」は日本の白然の象徴だということである。そういえば、このまるみを帯びた園舎の中心の階段の壁面に稲穂が一本スーっと埋め込まれていた。生命の象徴と理解した。

子どもを先生に預けたお母さん達は、門の近くの元園舎の建物に入って行く人やお寺の玄関に入っていく人もいる。元園舎の建物の中は二つの教室があり、一部屋は、おもちゃの図書館のようになっている。もう

一部屋は、カーペットを敷き詰めた部屋になっている。ここは、未就園児の幼児教室が開かれたり、降園後は、預かり保育に使われている。それ以外で空いている時は、お母さん達がサークル活動に使っている。コーラス、リコーダー合奏、お話の読み聴かせ、人形劇など。手芸サークルは、今、羊毛を入手してヴォルドルフ人形を作っているということだし、畑で野菜や花をつくる「土の会」というのもある。野口整体の「活元の会」もあるし、「赤ちゃんといっしょ」という妊婦と乳児のお母さんの会もある。

あるクラスの活動

保育室には、ぬらし絵の用意がされていた。画用紙と三色のえのぐ。登園してきた子から描いて、終わると外へ遊びにいく。また別の子が来て描き、常時五〜六人の子が描いている。クラス全員の子が水彩を体験した。二人の先生のうち一人が担当し、もう一人の先生はそれ以外の子ども達と外で遊んでいる。

別のクラスでは、小麦粉の生地を伸ばして形を作っていた。保育室内に電気オーブンがおかれて、一回目のクッキーがすでに焼かれておいしそうなにおいがただよっている。年に何回かクッキーを焼く日があるという。このほかにもパンを焼く日、うどんを作る日、おだんごを作る日などがある。畑やプランターでできた青菜を入れてのみそ汁作りなども気軽に普段の保育に登場する。種を播いて芽が出、成長を見、収穫して味わうところまでなるべく全体を体験しようとしている姿が見えた。

準備のいる大がかりな料理でなくても園庭の収穫物を食べることは、四季折々、日常的に行われていて、以前食べたというビワの実の種が、カゴに集めてあるのを見せてくれた。いろいろな木の実や種は、集めて、いろいろな遊びに使われる。種は工業製品のビーズなどと違っていのちあるものなので、いのちのあるものに触れさせたいという思いの表れなのだ。子ども達は、このような自然物もいろいろに見立てて遊ぶ。おままごとコーナーの木の小さな引き出しにはいろいろの種がわかれて入っていた。

保育室のようす　—おままごとコーナー—

おままごとコーナーは各保育室にあるが、二つの部屋のものは、作りつけで二階建てになっている。上へは、はしご段を上る。ままごとコーナーのキッチンセットも木製で、カゴにはヴォルドルフ人形が二つ。園児のお母さんの手作りだという。おんぶひもや子ども用のロングスカートやエプロンなども収納してあった。白木の積み木など木のおもちゃもたくさんある。

各保育室の飾りは、布や自然物を使った立体的なものだ。「季節のテーブル」は、単なる飾りではなく、自然の移り変わりを身近に感じることができるように、また自然の変化の背景に働く生命あるものの力を、幼児に説明ではなく目に見える形で伝えていくためのものだという。草木染めの柔らかな布や羊毛やフェルトの人形や木の枝や草などで構成されている。

めをつぶって、木になってみよう。立っている足のうらから地面にぐーんと根っこがはえて……。あたまはすっと天に伸び、風が吹けば枝はさらさらゆれてる。

園庭のようす

園庭を大きく動き回っているのは、赤と青のリヤカーのような車をひいた子ども達。友達を乗せて引いている子。二台つなげて空の車を引いている子。一人乗りや、二人乗りの三輪車の子もいる。一角では、大縄の縄跳びをやっている。一方の端を木に結んで歌いながら先生が回し、子どもが跳んでいる。数人の子が列を作って待っている。

砂場では、大きな山と、山を逆にしたくらいの谷（池）が掘られていた。今、トンネルに水を通そうということでやかんで水を運んでいる子もいる。はだしになっている子も多い。砂場の木の枠の上にポコンポコンとおまんじゅうのような型でぬいた砂を並べている子。お皿にのせ「どうぞ」と、おままごとのように遊んでいる子。一人黙々とお団子を作っている子。砂場だけでなく、よく見るといろんなところで園庭の土で遊んでいる子どもがいる。運動靴に混ざってかなりの子がたたみおもての赤か青の鼻緒のぞうりをはいていた。

園庭の奥の方では、年長の飼育当番の子どもが包丁を使ってニワトリなどのエサを作っていた。二人の女の子は、楽しい遊びをするようにいそいそと、ひたすらキャベツを切っている。今日切っていたのはたまたま女の子だったが、男の子も女の子もキャベツを切る。もちろん慣れた手つきの子だけではなく、危なっかしい未熟な子もいるが、たいていの子はこの五歳児だけのお当番をやや得意げに楽しんでいるらしい。

お当番は三～四人いて、別の子は、にわとり小屋の巣からたまごをとりだし温かいたまごを先生のところへ持って行っていた。棚に曜日の印のついた小さなカゴがあり、そこへ入れる。今日生まれたたまごは、今日がお誕生日の子に先生が一言メッセージを書きうすい紙でくるみ小さなひよこ形のカゴに入れてプレゼントする。このニワトリ達は、おだやかでニワトリの方から人を追いかけてきたりつついたりということはない。じょうずに抱けば人間の手の中でおとなしくしている。トートーと、追えばすんなり小屋に入る。ニワトリの隣は、うさぎの小屋で、こちらも白、黒、グレーといろいろなうさぎがいる。まだ手のひらにのるような子うさぎもいた。

「〇〇組集まるよ」と、子どもが言いに来た。子ども達は大きなシャベルだの小さなカップだのをそれぞれの場所へ片づけ、裸足だった子は足洗い場で足を洗ってよく拭いて部屋に入っていった。一一時半を少しすぎていた。

お弁当

部屋に集まってきた子ども達たちは、各自手を洗い、お弁当の包みを持って自分のテーブルに着く。机とイスの配置は、いつのまにか先生が変えたようだ。一つの机にイスが六つ。テーブルの中央には、小さなお花が飾られている。水差し（ピッチャー）に水を汲みにいく子。おとなの高さのキッチンには台がおかれ、台に乗って浄水器からお水をピッチャーに入れる。テーブルにお弁当箱と湯のみ（これも一つ一つ親子の共同製作の手描き）を置いて待っているところへお当番が水を注いでいく。

合掌して食前の言葉を言い、「いただきます」をして食べ始めた。食事の時、いろいろな年齢の子が同じテーブルについているのでとても落ち着いている。ごく自然に、上の子は、下の子を補助したり、「こうやるんだよ」と、やってみせたりしている。そのやりとりは、とても自然で、「お世話をする」「お世話をされる」という言葉は適していないと感じた。

早く食べる子、とてもゆっくりな子、といろいろだが、室内で静かな遊びをして終わるのを待ち、ほぼ全員終わるころ再びお当番の子ども達が前に立ち、子どもの合図で合掌して「ごちそうさま」で終わる。

待ってましたと外へ遊びに行く子、お当番の子ども達は、箒とちり取りを使って木の床をきれいに食べこぼしなどないように掃除している。一人の先生は外の子どもの方へ。もう一人の先生は室内の後片づけ。ひとしきり外で遊んだころ、一時二〇分～三〇分部屋に戻る。

部屋では、いすで円をつくり、先生も坐り、帰りの会をする。手の動きを伴う「わらべうた」など。そして、礼拝になる。まず一人のお当番の子が蝋燭に火をつける。これは大役である。さらに開始の鐘を鳴らす。リーンと響く音に子ども達は合掌をする。先生のピアノ伴奏でやさしい礼拝の歌。最後に分散和音があってその音の響く間、子どもは静かに目をつむり合掌をしている。終わると蝋燭の火消しで蝋燭を消す。この帰りの会の中で、その日がお誕生日の子にはささやかなお祝いの会をする。その子が主人公になる（天からおりてきて○○さんの子になろうと決める）お話をする。

先生のお話を聞き、わらべうたを歌い、リュック型のかばんと帽子をそれぞれの棚から取ってきてお母さんのお迎えを待つ。クラスごとに一人ずつお母さんに引き渡しさようならをする。

二時、これで子ども達の一日が終わった。

＊　＊

東江幼稚園はシュタイナー幼稚園ですか、と聞かれることがあります。シュタイナー教育を今、勉強中です、と答えています。シュタイナーに出会う前に、まず野口整体、そして野口体操に出会いました。東洋医学の世界にも親しみました。今、日本の中で忘れられている仏教をもう一度見直して、そこを出発点としていきたいのです。その立場からシュタイナーをより深く学びたいと思うと同時に、東洋にあるからだの知恵を知り、さらに生かしていけたらと思うのです。

ホリスティック教育に出会うことで、そのような考え方の人が、私一人でなく、ほかにもいらっしゃることがわかり、心強く思っているところです。

（カット　とだ さちえ）

慈悲の冥想のことば

（本文25頁参照）

私が幸せでありますように。
私の悩み苦しみがなくなりますように。
私の願いごとが叶えられますように。
私に悟りの光が現われますように。

私の親しい人々が幸せでありますように。
私の親しい人々の悩み苦しみがなくなりますように。
私の親しい人々の願いごとが叶えられますように。
私の親しい人々にも悟りの光が現われますように。

生きとし生けるものが幸せでありますように。
生きとし生けるものの悩み苦しみがなくなりますように。
生きとし生けるものの願いごとが叶えられますように。
生きとし生けるものに悟りの光が現われますように。

私のきらいな人々も幸せでありますように。
私のきらいな人々の悩み苦しみがなくなりますように。
私のきらいな人々の願いごとが叶えられますように。
私のきらいな人々にも悟りの光が現われますように。

私をきらっている人々も幸せでありますように。
私をきらっている人々の悩み苦しみがなくなりますように。
私をきらっている人々の願いごとが叶えられますように。
私をきらっている人々にも悟りの光が現われますように。

生きとし生けるものが幸せでありますように。
生きとし生けるものが幸せでありますように。
生きとし生けるものが幸せでありますように。

（日本テーラワーダ仏教協会・スマナサーラ長老）

Ⅱ

枠を超える　総合へのまなざし

【小学校】

葛藤からの学び
―人権教育とホリスティック教育の接点―
松原市立天美南小学校　松下　一世（大阪府）　33
人はみな、他者と関わるかぎり、トラブルは避けられず、時に傷つけ合う。しかし、葛藤と真正面から向き合うことで、人とのつながりは創られていく。そんな子どもたちの学びから…。

「学ぶ」ことは「喜び」である
―知と情意、そして、スピリチュアルな次元がつながる全存在的な学び―
下松市立米川小学校　刀根　良典（山口県）　37
目の前にいる「子ども」は、「頭」だけでなく、「身体」も「こころ」も、そして「スピリチュアル」なレベルをも含んで、天地自然、宇宙と交感しながら、全存在で生きている。教師は、それに気づき、一時の流行に流されず、教育の本道を進んでいこう。そうすれば「教育」は、やりがいのある仕事になる。

イメージに注目して、表現運動の授業を変える
公立小学校　教員　脇野　哲郎（新潟県）　43
子どもが生き生きと取り組む表現運動の授業がしたい。鍵は子どもの心と体の動きを「つなぐ」ことにある。しかし、実際には何を、どうすればよいのか？　何によってその「鍵」は創られるのか？　実践者の立場で具体的方策を提案します。

子どもと地域をつなぐ
十日町市立東小学校　川崎　正男（新潟県）　50
地域を流れる信濃川に対して、「汚いんじゃないの」という見方をしていた子どもたち。そんな子どもたちが、地域の人や地域社会とのつながりを通して、信濃川に対する見方を変えていった実践です。つながりを大切にすると、子どもはとても活き活きとしてきます。

教室でただ待ちながら…
―ホリスティックとの出会い―
公立小学校　教員　西田　千寿子（和歌山県）　54
教科書をもとにして教えることを当たり前のように思い込んでいた私は、教職経験六年目に、A君と出会いました。この出会いが、「教育って何？」「学校って何するところ？」ということを真剣に考える機会となり、ホリスティック教育と引き合わせてくれたように思います。教室で「ただ待つこと」から始まったA君との日々を振り返ってみようと思います。

ホリスティックに求めるもの、それは「つながり感覚」への気づき
小千谷市立小千谷小学校　平澤　健一（新潟県）　58
私の勤務する小学校では、できる喜び・わかる喜び・心を決める喜びの三つの喜びを教育課程編成の基本に据えています。今までバラバラだった教科の学習や道徳や特別活動が「喜びの実現」ということで一つにつながりました。自分の足場を、子どもと対象との関わりを、そして子ども同士の関わりを「まるごととらえる」ということ、それを「ホリスティック」とつないで書いてみました。

葛藤からの学び

―人権教育とホリスティック教育の接点―

松原市立天美南小学校　松下　一世
Matsushita Kazuyo

人権教育との出会い

人権教育と聞くと、堅苦しいイメージを持つ人が多いと思いますが、社会的に弱い立場の人々の人権を守り、差別を許さない人間を育てる教育は、人と人との関係性を問い直すところから出発します。そういう意味では、人権教育とホリスティック教育は、重なる部分が多いのです。

私は、小学校の教師ですが、学生のころに、解放教育の理念と実践に魅せられ、それがきっかけで教師になりました。被差別部落の子どもたちや障害を持った子どもたちを、クラスのど真ん中に据え、その子どもたちや親の思いを徹頭徹尾大事にするという解放教育の力強さ、それを推進する教師たちの熱いパワーに圧倒されました。解放教育は、親や教師の言うことをきく「いい子ちゃん」や単なる「なかよし集団」を育てる従来の教育観とは大きく違っていました。なかには、荒れている子どもたちもいました。日々家庭訪問を続け、厳しい差別の現実から逃げ出しそうな子どもたちを叱咤激励し、彼らの持つエネルギーを差別への怒りとして転化させ、そんな子たちを中心に共感し合える集団を作ってきました。差別は許せないと立ち上がる子どもたちが、親の生い立ちや地域の歴史をみつめ、自らを語り、立場宣言をし、人とのつながりを再生させる営みへと歩んでいきました。

あれから二十数年、「解放教育」は「同和教育」へ、そして「人権教育」へと、その名称を変え、裾野を広げ、たえず新しい方法論を取り入れ発展してきました。

私は、拙著『子どもの心がひらく人権教育』（解放出版社　一九九九年）という本の中で、人権教育を「みつめる」「語る」「つながる」の三つのキーワードで表しました。この三つは、解放教育・同和教育の実践の中で継承されてきた大切な要素であり、この重要性を、私は心理学的な解釈を加えて整理しました。同和地区にかぎらずすべての子どもたちにとって、自己をみつめ、自己を語る強さをもち、他者とつながることは、アイデンティティ獲得に必要なことなのです。

ホリスティック教育との出会い

この本が、たまたまホリスティック教育に携わっている方々の目に止まり、思いのほか、多くの方からご賛同をいただきました。私にとっては、新鮮な驚きでした。これをきっかけにホリスティック教育との共通点に気づくこととなりました。

何よりの共通点は、人と人とのつながりを大切にしていることです。人権教育の基本は、一人ひとりの子どもたちが、人とつながる喜びを感じることができ、自己の存在を肯定的に受け止めていけることだと私は考えています。そして、子どもたちの発達や成長は、自己と他者、自己と社会のつながりをみつめていくことによってなされるものです。これは、まさにホリスティックな教育観です。

『子どもの心がひらく人権教育』を読んだある人から、次のような感想をいただきました。

「とくに私が共感を覚えるのは、人権教育のあり方において何よりも子ども一人ひとりの主体性が尊重されている点です。どんなに教師側がすばらしい人権教育理念に基づいて子どもたちを指導しようとしても、結局のところ、子どもたち自身がそれぞれの人間関係を通していかにして心をひらき、お互いのあるがままを受け容れ、自らの偏見に気づき、心を通わせていくか、そのプロセスを身をもってしっかりと踏まないことには、真の人権教育は実を結ばないと、私も思います」

子どもたちは、つながりを求めている

最近の子どもたちは、友達と遊ばないとか、傷つくことを怖れて人と関わることをしないとか、よく言われています。確かに、遊び場は奪われ、時間もありません。でも、子どもたちは遊んでいるのです。家でゲームやカード遊びに興じている子もいます。テレビやCDにかじりついている子もいます。彼らは、決してひとりを望んでいません。ゲームやカードで友達と対戦し、強くなりたいと願い、仲間をみつけるためうろうろします。友達とひんぱんにテレビやCDの情報交換をしています。塾やならいごとに行っている子も、友達が行ってるからという理由で行く子が多いものです。中学生になれば、携帯を持って、友達とひっきりなしにメールでおしゃべりしています。

今も昔も、人を求めているのです。自分を認めてくれる友や家族を求めているのです。その求め方が時代の流れとともに、変容しているだけなのです。

以前、ある女の子が、女子集団の中で「シネ」と落書きされたり、無視されたりして、いじめられていました。その子を仮にAちゃんとします。Aちゃんのことで、みんなで話し合いをもったとき、子どもたちの心の叫びが見えてきました。

ある子は、自分の仲のいい友達を独占したくて、Aちゃんに二人の関係に踏み込まれるのを拒絶しました。「いっしょ帰ろう」とか「遊ぼう」とか言ってくるたびに、「ちょっと用事があるから」「きょうはだめ」と断り続けました。三人になると、不安でたまらないのです。仲のいい友達が自分から離れてAちゃんとなかよくなるのではと。自分に自信が持てないのです。ある子は、Aちゃんの自分勝手な振る舞いに対して、どういう態度をとればいいかわからず、Aちゃんを仲間はずれにして避けたり、陰でAちゃんの悪口を言ったりして、もやもやした気持ちを発散していました。また、ある子は、仲のよかった友達が自分から離れていきそうな気配を感じ、それで、その友達と「つながっている」実感を得たいがために、みんなにきらわれていたAちゃんの悪口や落書きを始めました。いじめを、友達との共通の話題や「遊び」にしていたのです。また、ある子は、誰かがひそひそとしゃべっていたら、自分の悪口を言われているんじゃないかと疑心暗鬼になり、だれも信用できなくなり、自分もまただれかれなく悪口を言うようになりました。

心から、自分の気持ちを出せない、信頼できないこのような不安定な集団では、スケープゴートを作ることで、暫定的に安定した関係を作ってしまうのです。

でも、いじめが発覚し、その理由を問いただされることで、初めて子どもたちは、自らの抱えていた不安や孤独に気づき、それを語り合うことにより、思いを共有し合うことができました。そして、これまでの自分たちの行為が自分たちを苦しめていたことに気づき、自らの態度を変容させていこうとしました。思いのたけをわかり合える、ホンネでつき合える関係のほうがずっといいと、彼女らは、実感するのです。

その後、彼女らは、友達関係のトラブルはオープンに話し合いで解決するようになり、自分の気にしていることと、家族のことや家での悩み、つらいこと、いろいろと語り合う集団へと質的に変化していきました（拙著『いじめをなくし、心をつなぐ』明治図書　二〇〇一年　より）。

ホリスティックな教育観を

いじめや学級崩壊を防ぐために、共同体の解体をと唱える人がいます。共同体意識こそが、その元凶であり、「みんな同じ」を強要せずに自由にさせればよいという考え方です。最近、上からの方針にもこれに近いものがあります。学級編成は、毎年行い、子どもたちのつながりをばらばらにする、同じ担任が同じ子を続けて持たないようにする、選択科目をふやして、子ども同士がひとつの教室で固定的な関係を作らないようにする、小学校でも教科担任制を導入し、担任と子どもとの関わりが固定的持続的にならないようにする。さらには、学校そのものを自由選択できるようにする、地域の学校に通わなくてもいいという動きもあります。

教科選択制や学校選択制の意義を否定するわけではありませんが、一見子どもの主体性を大切にしているようで、実は単に、いじめや学級崩壊の処方箋にだけ使われているのではないかと危惧します。

自由選択の行き着くところは、より均質な集団を作るだけです。経済力、階層、能力、興味関心の似たもの同士の集団は、自分たちの集団より劣ったものに対して、軽蔑や偏見の目を向けるかもしれません。あるいは、自分たちの集団の中にある小さな差異性に目をむけ、新たな差別を作るかもしれません。あるいは、どの集団からも弾き飛ばされる存在の子がターゲットにされるかもしれません。

切り離され、ばらばらにされた子どもたちは、人とのつながりをどこで学ぶのでしょうか。自分と他者との差異性、多様性をどこで学ぶのでしょうか。教室や学校、地域社会の解体によって、何が再生するのでしょうか。

小・中学校の教室ほど多様性に満ちた集団はないのです。一人ひとりがまさに多様な存在です。おとなになるほど、均質な集団に属してしまうけれど、子どもの世界ほど多種多様でおもしろい集団はありません。

いじめは、子どもの世界だけでなく、おとなの世界でもあります。日本だけでなく、外国にもあります。個人主義の発達した欧米にもいじめはあります。国家間のいじめもあれば、国家と国民間のいじめもあります。人間社会に権力が存在するかぎり、古今東西、いじめや差別は存在します。子どもの世界だけ、ユートピアであることとは考えられません。

しかし、子どもたちは、どんな形であれ、他者とのつながりを作ろうと必死なのです。そんな子どもたちにとって、どんなつながり方が自分にとって、心地よいのか、そのためには、どんなコミュニケーションスキルが必要なのか、他者とのトラブルをどう対処していくのかという学びこそが今、求められているのです。

　人には、他者を支配し差別し優越感を得たいという欲望があります。その反面、他者と共感し合い、受け入れられたい、充足したいという願望もあります。子どもたちには、人との関わりの中で生じる葛藤を経験しながら、自分が他者とどうつながって生きていくのか、しっかり考えてほしいと思います。人とどうつながっていくのかということは、自分自身をみつめることであり、自分は何をしたいのか、どんな生き方をするのかというアイデンティティの問題でもあります。

　そのためには、子どもたちの前の教師や親である私たちが、いかにホリスティックな生き方ができるかどうかにかかっているともいえます。

「学ぶ」ことは「喜び」である

―知と情意、そして、スピリチュアルな次元がつながる全存在的な学び―

下松市立米川小学校　刀根　良典　*Tone Yoshinori*

「今日の授業は、ものすごく楽しかった！　こんな授業をまたやってね。絶対だよ！」

　子ども達が、自分の行う授業を喜んでくれる。そして、全身全霊で真剣に学んでくれる。教師にとって、これに勝る喜びはないであろう。受け持ちのある子から、冒頭で紹介したような感想をもらえた日のことは、今でも忘れられない。「教師って、おもしろい仕事だな！」「授業をするって、すごく楽しいな！」と本心から思えた。これは、今から二〇年以上前に、神奈川県大和市立上和田小学校で四年生の児童を受け持ったときの出来事である。

　子ども達から、このようなポジティブな感想が出てくるようになったのは、授業をするときに、言葉や論理などに代表される学習者の「認知的な領域」だけでなく、感覚、感情、感性などの言葉で表されるような「情意的な領域」や「自己の覚醒」にかかわる領域など、人間に備わるすべての機能を総動員して学んでいく、という授業を指向し始めてからである。このような授業の展開のしかたを、一九八〇年の秋に、当時、横浜国立大学教授であった伊東博先生（故人）と山口大学教育学部の助教授であった河津雄介先生（故人）から学んだ。二名の先生への、お礼と感謝の気持ちを込めて、当時のことを思い出し、書いてみたい。

子ども達は、学ぶことがおもしろいと思っているのか

教師になって四年目、教職にも慣れ、日々の授業や研究授業も、じょうずとは言えないが無難な程度には、こなせるようになっていた。しかし、自分の行っている授業に、何か満たされないものを感じていた。私も、当時の大多数の先生方と同じく、学習課題を提示し、子どもに質問したり、調べさせたり、調べたことを発表させ意見交換を行ったりなどの、どこの学級でも行われているようなオーソドックスな授業を行っていた。

しかし、しばらくして、職場や仕事に慣れてきたころから、大きな課題を意識するようになってきた。自分のやっている授業は、本当にこれでいいのか？　授業は進んでいくが、はたして子ども達は、学ぶことがおもしろいと思っているのだろうか。ことによると、児童が、がまん強く、私のへたな授業につき合ってくれているだけなのではないか。一見学習に意欲的に見える子どもも、目の前にテストや受験がなければ、勉強なんて見向きもしないだろう。これが授業といえるのだろうか。これが教育といえるのだろうか。自分はいったい何をやっているのだろう。当時は、こんなことを考え込んでいるのは、授業のへたな自分だけだと思っていた。しかし、今は、はっきりわかるのである。このことは、心ある教師ならば、誰もが考えざるをえない問題なのではないだろうかと。

「学ぶ」ことは「喜び」である

授業はおもしろくなくていいんだ。「勉強」とは「勉め強いる」と書く。おもしろくないことでもがまんして続けることができなければ、将来、よく働くおとなにならない。それどころか、おもしろくない授業をじっとがまんさせることによって、子ども達一人ひとりのフラストレーション耐性が培われてくるのである。などと、自分のへたな授業を合理化し、居直ってはいけないのである。

本来、学ぶことは喜びである。教師である以上、それが子どもの原体験となるような授業を行っていきたい。

本気で授業に取り組んでいこうとしている良心的な教師なら、誰もがそう願っているだろう。そのような方法を教えてくれる人がいるならば、どんなに遠くても教えを受けに行きたいと思うであろう。本当に、そのような授業があるのだろうか。答えは、「ニューカウンセリング」と「合流教育」にあった。

「ニューカウンセリング」「合流教育」との出会い

教師になって数年が経過したとき、私は、ロジャーズの研究者として高名な伊東博先生からカウンセリングを学ぶために、神奈川県湯河原で開催された四泊五日のワークショップに参加した。参加して驚いた。衝撃的でもあった。そのときのワークショップは、自分が想像していた内容を遥かに越えていた。

「センサリー・アウェアネス（感覚の覚醒）」をベースにした体験学習を中心に各セッションが進んでいくのである。その体験学習は、何かの目的のために行われるエクササイズでもない。いわゆる今、流行しているグループエンカウンターとも大部違っていた。「ニューカウンセリング」として体系化された実習を行っているうちに、身体全体が解放され、感覚が目覚め、自分の内層が豊かになっていく。参加者同士の対話や心の交流が自然に進んでいき、生まれ変わったような新鮮な自分と出会う。そのような体験をすることができた。ある種のピーク体験に出会った思いであった。

河津先生と出会い「教師開眼」

そのワークショップに、当時、山口大学助教授であった河津先生もファシリテーターとして参加しておられた。このとき河津先生と出会い、「合流教育」の手法を手ほどきしていただいたとき、「私がやりたかったのは、こんな授業だ！」という確信に似たものを感じた。

当時の、私の課題は、自分の行っている日々の授業を改善することにあった。しかし、そのころの私には、子ども達の内発的な動機を高め、わかる授業をする、程度のことしか視野の中になかった。日ごろの教科の授業の中で、子どもの感性が開発され、内層が豊かに育まれ、自己理解が深まり、子どものパーソナリティーチェンジが起こり、子どもの人格が高まっていく。そんな授業があるなどとは夢にも思わなかった。今も、授業は授業、情意教育は情意教育、などという考え方がまだ大多数をしめているのではないだろうか。教科の授業で頭を育て、心については教科の授業とは別に情操教育やグループエンカウンターを行い、身体にはスポーツをすればよいなど、人間の機能をバラバラに分断して、頭以外は授業とは無関係なものとして捉えていこうとするやり方である。

しかし、今、私は思うのである。日ごろの授業が、そのまま子どもの知性と感性を育て、自己理解を深め、健康的な自己概念を育て、生きるエネルギーを培っていくことに、ダイレクトにつながっていく。そんな授業をしなければ子ども達が救われないであろう。授業に、人間を成長・変容させる高度の「パワー」を持たせるのだ！

河津先生の提唱した「合流教育」

では、どうすればよいのか。河津先生の提唱しておられる「合流教育」には、理念だけでなく、そのための手だてが豊富に開発されていた。「合流教育」の原型は、アメリカの「コンフルエント・エデュケーション」にある。これは、もともと、アメリカのカリフォルニアにある「エスリン研修所」で研究・実践されていた人間性開発の手法（ゲシュタルトセラピー、サイコシンセシス、ヒューマニスティックアプローチによるセラピー、トランスパーソナル心理学、瞑想などの東洋的な手法、など）を、子ども達の成長に役立て、授業や教育場面に援用することから始まった。カリフォルニア大学のジョージ・ブラウン教授などによって研究・開発が進められ、フォード財団の資金的な援助もあって、一九七〇年ごろには、教室で展開できるさまざまな手法が開発されていたようである。河津先生は、ジョージ・ブラウン教授のところで「コンフルエント・エデュケーション」を学び、それにご自分の研究成果をつけ加え、日本に持ち帰られた。私が学んだのは、これであった。

日本の「合流教育」は、一九七二年から山口県光市にある山口大学教育学部附属光中学校で実践が行われ、その成果は『認知と情意の統合学習』にまとめられ、明治図書から出版された。その後、合流教育の手法による授業は、山口大学附属光中学校や同大学教育学部「河津ゼミ」の卒業生を中心に、山口県下の公立小中学校で実践され、その成果が、学事出版の月刊「生徒指導」に数年に渡って連載され、全国的な注目を集めた。しかし、「合流教育」の手法は、実際にそれを実施しようとすると、「ゲシュタルトセラピー」や「サイコシンセシス」、「ヒューマニスティック・トランスパーソナル心理学」などの基礎的な理解が必要となるなど、心理学やカウンセリングに関する専門的な力量を必要とするところがあることは否めず、誰にでもできるという安易な方法ではなかったこともあって、残念ながら、進取の精神に富んだ一部の力量ある先生方の先駆的実践に留まってしまい、多くの先生方にまで広がることはなかった。時代が早すぎたこともあったであろう。

教室で「ニューカウンセリング」と「合流教育」の実践を始める

ワークショップから帰った私は、子ども達が学ぶとき、頭だけでなく身体全体をかかわらせることができるように、授業を構成し直すことから始めた。教師のしゃべる時間は極力少なくし、体験学習を授業の中心に置いた。授業中に、ファンタシーと呼ばれるイメージワークも取り入れた。

授業中の「発問」も、「これは何ですか?」「それは、なぜですか?」「どうして、こうなっているのですか?」などの論理的な思考を促進することを意図した「質問」から、「今、あなたにはどんな感じが起こっていますか?」「今日の勉強をしていて、自分の中に、何かしだいにハッキリと姿を現してきたものがありますか?　もしよかったら話してもらえますか?」「今、勉強している蝶（教材）と、自分が似ているなあと感じるところがありますか?」「蝶が人間と話ができるとしたら、あなたが育てているその蝶は、あなたに何を話しかけてくると思いますか?」「静かに目を閉じて、主人公の生き方を思い浮かべていると、あなたの体の中にどんな感じが起こってきますか?」「あなたの心の中に浮かんできたイメージで、光（教材）の性質を説明すると、どんな説明ができますか?」「今日の勉強は、あなたの身体の中に、どんな力を感じさせますか?」などの子どもの内層に働きかける「発問」が多くなった。

授業は、知性だけでなく、感覚、感情、感性、イメージなど、人間に備わったすべての機能を用い、教材と全人格的にかかわるというアプローチに変わった。喜んだのは子ども達である。授業モラールは一気に高まっていった。自分にとっても、このような授業を実施することは、教師として、毎日がとても楽しい体験だった。なぜかというと、子ども達の生き生きした姿が教室中に広がっていったからである。休憩時間になっても、子ども達が勉強を止めてくれないのである。こんな経験は初めてだった。授業が変われば、子どもが変わる。これは本当だった。

この道を進んでよかった!

文部科学省（当時は文部省）が知識理解のみに偏らない学力観、すなわち「新学力観」を打ち出したころから、私の実践してきたことに理解を示す方が増えてきた。『学級経営実践マニュアル　―教室はよみがえる』（小学館）などを出版したことも契機となって、東京、神奈川を中心に、校内研修や研究会の講師に呼ばれることも多くなった。遠くは船に乗って、三原山のある東京都大島で研修会の講師をさせていただいたこともあった。また、カトリック教会や私学の先生方の研修会に招かれたこともあり、人間のスピリチュアルな成長に関心を持つ先生方とお知り合いになれたのもこのころである。

ここに来て、私が実践してきたことを聞きたいという先生方が出てきたのである。私は、うれしくなって、授業を記録したビデオテープやミニコンポなどの視聴覚機材を持参しては、これまで行ってきた授業を見ていただき、実施上の留意点などをお伝えしたり、実際に体験学習を行ったりした。研修会というと、机に座って、講師の話を聞くことだと思っていた先生方にとって、床にゆったりと座り、身体をくつろがせ、呼吸を整え、感覚を拡げ、内面のイメージを豊かにしていくという、体験学習を中心にした研修会は新鮮だったようである。どこの研修会も参加者の学習モラールはきわめて高いことが、印象的であった。

＊　＊

人間にとって、本来、「学び」は「喜び」である。学校は、それを発見できるよう、個人を支援する場でなければならない。これまで、できなかったことができるようになり、感じとれなかったことが感じとれるようになり、見えなかったものが見（観）えるようになる。これは誰にとっても大きな喜びである。この「喜び」は、人間が、「頭」「身体」「こころ」そして「スピリチュアル（高度の精神性）」なレベルをも含んで、全人格的に成長していくことを実感できるとき、さらに大きなものになる。教師は、学習者を、このおおいなる「喜び」の世界へ導く案内者であり、支援者なのである。

私は、ごく普通の平凡な教師の一人である。子どもが自ら学ぶことを喜びとしてくれるような授業がしたい。そんな気持ちで、「合流教育」の実践を続けてきたのだが、実践を始めてから、二〇数年が経過した今の時点で、これまでのことを振り返ってみたとき、私も「ホリスティック」という言葉で表現されるような、「全地球的な視野と発想」で進んでいた教育思潮の大きな「うねり」の中にいたことを、最近、しみじみと実感するのである。

イメージに注目して、表現運動の授業を変える

公立小学校 教員　脇野 哲郎
Wakino Tetsuro

表現運動の指導に悩む教師は多い

指導が苦手な運動に表現運動をあげる教師が多いようです。その理由として、こんな悩みをよく聞きます。

＊表現運動は子どもに人気がなく、楽しい授業になりにくい。

＊子どもは、楽しく自由に踊っているが、動きが高まらない。

では、何が足りないのでしょうか?

私は、子どもが「踊りたい」という意欲をもつこと、子どもが動きを知ることの二点が足りないのでないかと考えました。

そこで、次の二つの工夫を採り入れました。

●子どもに魅力あるテーマを提示する

たとえば、宇宙旅行、遊園地など、子どもが思わず「やってみたい」と叫ぶようなテーマ、動きが考えやすいテーマを提示しました。その結果、テーマ自体の魅力によって、子どもの意欲は高まり、動きも考えやすくなりました。

●カードや演示によって動きを紹介する

「踊ってみよう」と言っても、「動きの財産」がない子どもはどう動いてよいかわかりません。「激しい感じの動き」「柔らかい感じの動き」…などに分け、学習資料や教師の演示によっていくつか例示しました。その結果、子どもはそれらの動きの例から選び、踊ることができました。もちろん、例示された動きを参考に、新しい動きを考える子どももいました。どう踊っていいかわからなくて困ってしまう子どもは減りました。

しかし、依然として、次のような問題を私は感じたのです。

＊動きと、子ども一人ひとりが表したいものの関連が弱いのではないか?

＊楽しそうに動いているが、単調な動きになってしまっているのではないか?

結局、根本的な解決にはなっていなかったのです。何が足りないのだろう。意欲も高めた。動きを教えた。でも、まだ不十分なのはなぜか。私は悩みました。

ある時、ふと気付いたのです。子どもの心を、単に「楽しそうだ」「表現してみたい」という意欲の面だけしか注目していなかったのではないか。「○○を□□の感じで表現したい」というような思いや願いにも、もっと、目を向けなければいけない。そのために何をすべきか。子どもの表現したいという心について、もっと考える必要がある。意欲、思いや願い…さまざまなものが含まれる心、そして体育学習の核となる体の動きを関連させることなのか……。

心と体の動きのつながりをより強くする！

子どもの心と体の動きのつながりをより強くするためにどうしたらよいか？

ここでまた、私は悩みました。悩んだ末に出した結論が、表したいもののイメージをよりはっきりさせることでした。どのようなものを表現したいのかはっきりイメージできれば、動きを考えることが容易になります。また、さまざまなことをイメージできれば、動きも単調ではなくなります。さらに、目標がはっきりするのですから、自己評価が確かなものになり、動きの見直しも充実したものになります。

そこで、子どもの内側から湧き出てくる表現したいという思いや願いを大切にし、イメージを豊かに膨らませることを重視した表現運動の授業作りに取り組みました。

特に工夫したのは次の三点です。

●**教科の枠を超える**

イメージを膨らませるために、体育以外の教科の学習を関連づける。

●**イメージを表出させる**

子どものイメージを膨らませ、動きにつなげるために、イメージを言葉と絵に表させる。

●**声や音でイメージを意識させる**

動きながらイメージに関連した音や様子を表す言葉を声に出させたり、音楽を選ばせたりする。

「ワクワクドキドキたんけんたい」の実践（三年生）

①みんなもぼうけんに行ってみない？

子どもは「エルマーの冒険」を国語で学習しました。「楽しいね」「エルマーみたいに空を飛びたいね」などの感想をもちました。そこで、国語で学習した以外のエルマーの冒険や、似ている冒険の物語を紹介したり、読み聞かせをしたりしました。

その後、表現運動するなどといっさい言わず、「みんなも、エルマーみたいに冒険に行ってみたくないかな？」と問い掛けました。「行ってみたあい」「おもしろそう」「どんな所でもいいの」子どもは大いに盛り上がりました。

さらに、「どんな場所に冒険に行きたいのかな」と問いました。「宇宙」「海の中」「火山」「ジャングル」「空の上」「洞窟」「動物がいっぱいいる草原」などさまざまなものが出てきました。

その中でも「○○の島」というものが多かったので、行ったこともない変わった島へ行くことに話がまとまりました。「島なら、この世の中にないようなものも想像しやすいね」ということでした。

そこで私は、「みんなが考える島の探検はワクワクやドキドキがたくさんあるね。ワクワクドキドキ探検隊だ！」と叫びました。子どもも「イエーイ」と盛り上がりました。

②その島には、どんなワクワクドキドキがあるのかな？

どんなドキドキワクワクがある島にしようか考えるのが楽しくてたまらない子どもは、短冊カードにどんどん思いついたことを書いていきました。

島の形、化け物、怪獣、動物との出会い、嵐…激しいものから、ほのぼのしたものまで、たくさん出てきました。それらのことを絵や言葉で簡単に表しました。

坂田さんの「島の地図」

坂田さんが書いた島の地図には、いくつかの場所にそれぞれ名前をつけていました。子どもはそれがとても気に入りました。そこで、坂田さんの島の地図を基に、冒険の場所を決め、名前をつけていくことにしました。

一人ひとりが考えたことを全部取り入れるのは無理です。そこで、私は子どもといっしょに、似ている短冊カードをまとめ、さらに、似たような動きばかりにならないように配慮しながら、次のような五つの探検に決定しました。

- **大波海岸**
  大きな激しい動き
- **恐怖の洞窟**
  キョロキョロ、ソワソワした動き
- **底なし沼**
  ねばねばした動き
- **氷のとげとげ山**
  とげとげした鋭い感じの動き
- **人食い花のジャングル**
  不気味でグニャグニャした動き

③絵・言葉・音楽でイメージをさらに膨らませ、動きにつなげる！

探検に行く場所も決まり、いよいよ出発です。

しかし、ここでさらに表現したいもののイメージをはっきりさせないと、動けなかったり、劇のように小さな動きになってしまったりします。

そこで、次のように進めました。

●絵や言葉で探検の場所のイメージを表す

「大波海岸」より

「人食いの花の島」より

「大波海岸は、波がすごいよ。ドッパアーン、ダッパーンって感じだね」「氷のとげとげ山は寒いしキンキンしているよ。みんなツルツルすべっちゃうんだよ」「人食い植物は、ギュワギュワッ、シュルシュルっていうよ」

子どもたちは自由に絵や言葉で探検の様子を表現しました。次のような言葉の入った絵を体育館の壁に貼りました。

「この○○っていう言葉がいいね」「この波、とってもはげしいね」など互いの絵や言葉のよさについて認め合いながら探検の場所のイメージを膨らませていったのです。

●冒険にピッタリの音楽を教師がいくつか提示し、子どもに選ばせる

表現する際の音楽の効果は言うまでもありません。子どものイメージと音楽がぴったり合っていれば、それだけで子どもの動きは向上します。子どものイメージに合わせて私が各探検場所ごとにいくつか提示しました。「これいい、ピッタリだ」「ちょっと感じがちがうなあ」子どもはすぐさま答えます。二〜三曲あるうちから子どもは選びます。子どもの感覚は鋭いのです。どの学校にもある表現運動の曲もよいのですが、私はより厚みのある音を求め、映画音楽を中心に使いました。最近の映画の曲は、効果音もすばらしく、子どもが音にのせられて自然に動き出すような曲がたくさんありました。

④まず「一人ひとりが即興的に踊る」ことを大切にする

すぐにグループにしてしまいがちですが、一人ひとりのイメージやイメージから想像する動きはちがいます。また、友達と表現しようとすると、友達に無理に合わせようとしたり、恥ずかしいと感じたりする子どもが少なからずいます。まず一人で即興的に踊ることを大切にしました。

一人ひとりに「動きの財産」がないとペアやグループになっても話し合いばかりしてしまうことになるからです。またここで、友達の動きをまねしたり、教師の例示した動きを参考にしたりすることで、表現する自信をもち、見通しももてるのです。

●何になるのかはっきりさせる

●「大波海岸」の例

大きな波、波にのって転覆しそうな船、波に巻かれる人など

●「人食い植物のいる森」の例

人食い植物、逃げる人間、激しく揺れる森の木など

●「氷のとげとげ山」の例

氷で滑る人間、冷たく硬い氷の山など

このように、それぞれの探検場所で子どもはなりきるものがはっきりすると踊りやすくなります。一人の子どもが、人間になったり、波になったりと立場を変えて踊ることもよいことです。

●声を出しながら踊らせる

先に示したように、絵といっしょに音や声を書きました。その言葉を言わせるのです。「ガガガガ」「ドッカー

ン」などと言いながら踊ると、子どもはイメージしたことをより意識し、自然に動きも高まってきます。

イメージを膨らませることによって、子どもの心と体の動きがつながった

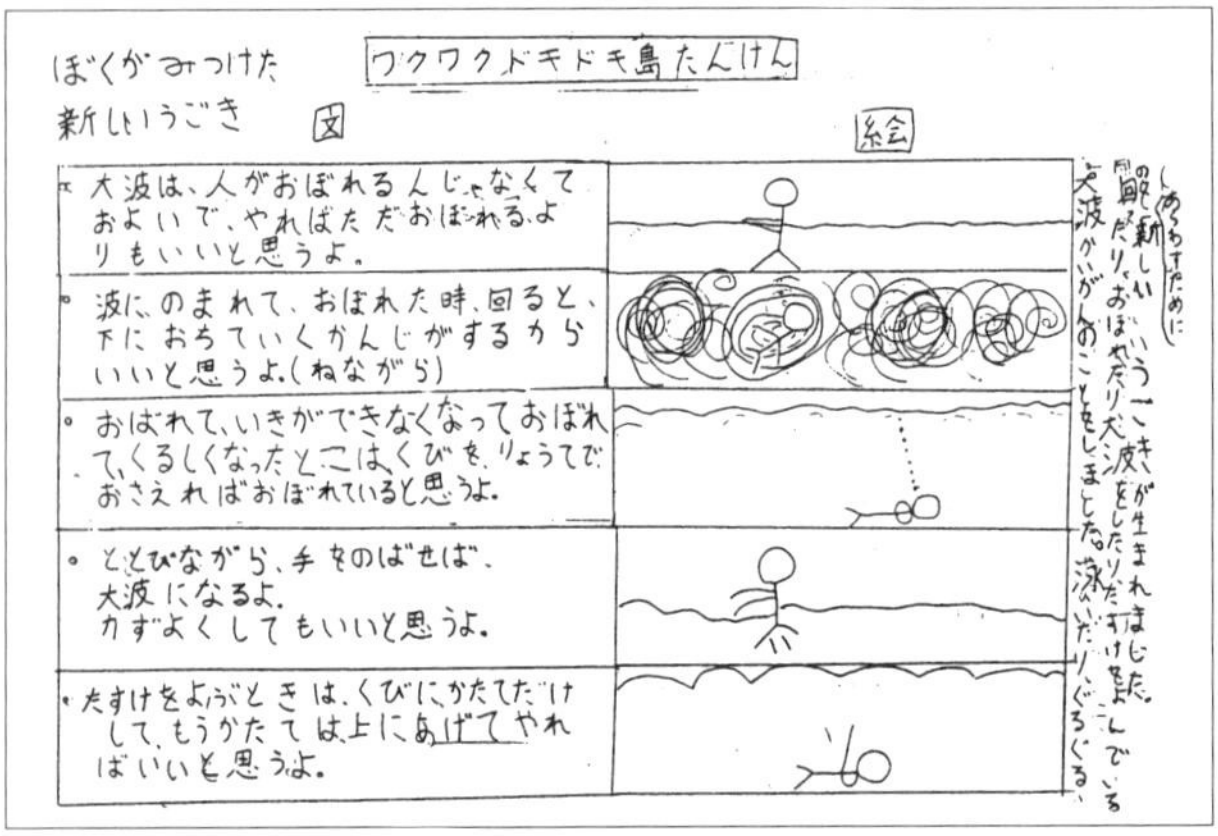

▲山下さんのまとめ

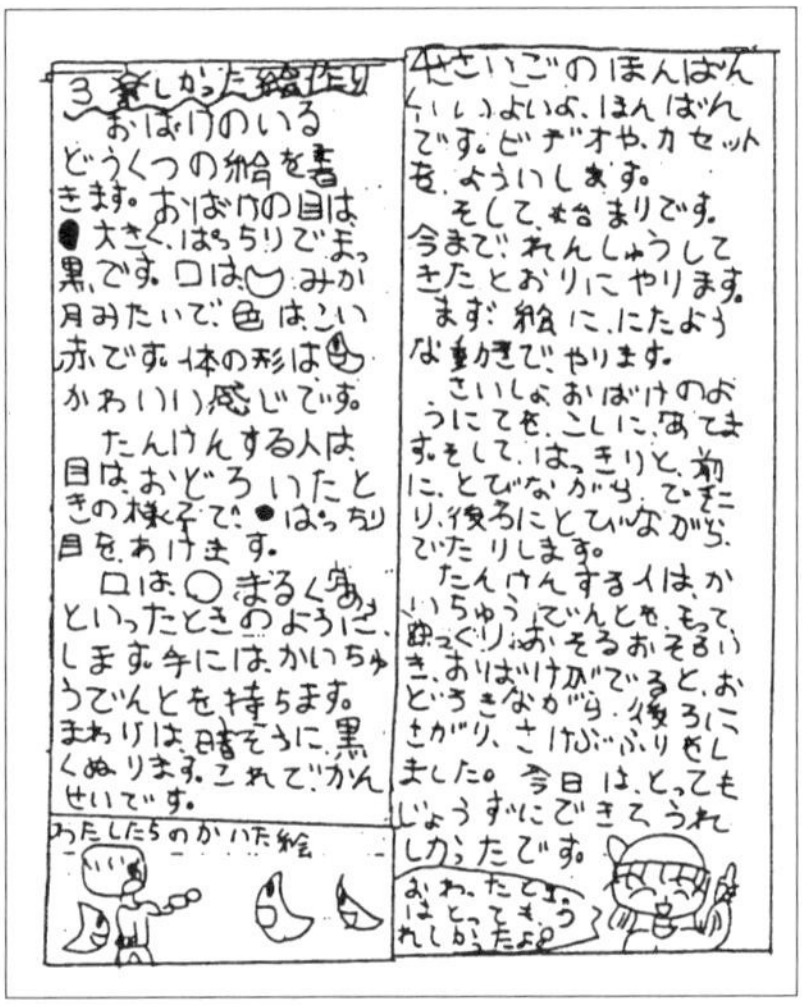

金子さんのまとめ▶

▼飯田さんのまとめ

次に示したのは、子どもの学習のまとめ（自由記述）の一部です。

山下さんのまとめは、授業を通して見つけた新しい動きを文と絵でまとめています。文では、「…の感じを○○の動きで表すとよい」というように書き、さらに

それを一つ一つ絵で表しています。

この山下さんのまとめは、「…の感じを表したい」という思いや願いと具体的な動きがつながっているといえます。

さらに、次の金子さんと飯田さんは、イメージを膨らませるために、言葉を入れた絵を用いたことにより、表現運動が楽しくなったと書いています。絵をかくことによって「…の感じを表したい」という思いや願いと、自分の動きがつながり、表現する喜びを感じたのです。言い換えれば、自分が表したい感じを、体の動きで表現できたことのよさを実感しているのです。

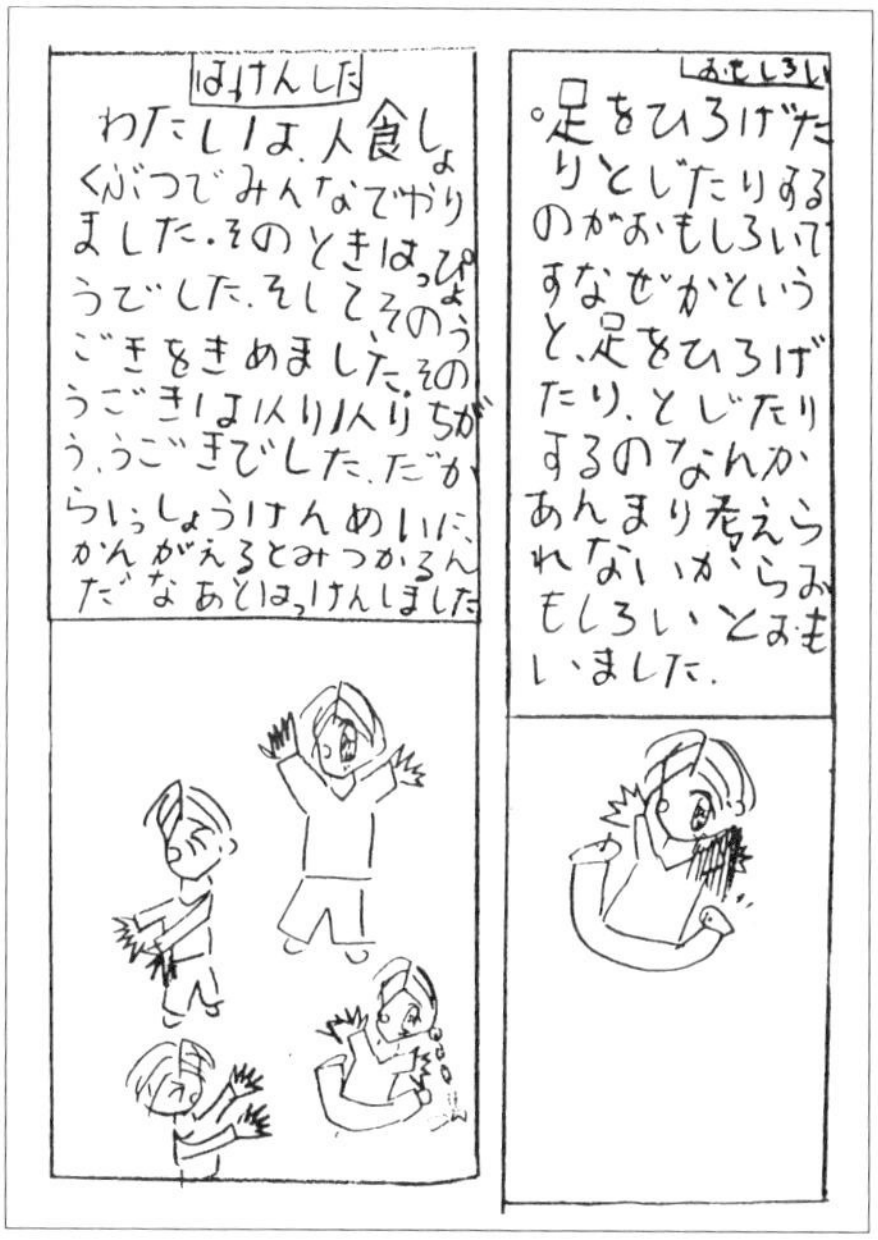

岸本さんのまとめ

また、次の岸本さんの感想には、「一人ひとりがちがう動きであることのよさ」が書いてあります。これは、表したいものや感じは同じであっても、一人ひとりの動きは個性的でよいということです。つまり、表したいものや感じは同じであるが、一人ひとりの動きは違った方がおもしろいということです。一見バラバラに動いているように見えても、表したい感じが共有化されている、これは、グループ一人ひとりの思いや願いがつながっているといえます。したがって、動きに一人ひとりの個性が生かされ、見ている人には表したい感じがよりはっきりと伝わるのです。これは、友達と心がつながり、心が体の動きにつながっている表れではないでしょうか。

このように、子どもは、イメージを膨らませることによって、思いや願いがはっきりとし、心と体の動きをつなぐことができたのです。それが表現運動の喜びを高めたのです。

少し遠まわりをしているかのように思える今回の実践が、これまでの自分自身の体育の指導観を見直すきっかけにもなりました。

子どもと地域をつなぐ

十日町市立東小学校　川崎　正男
Kawasaki Masao

私の勤務する新潟県十日町市立東小学校には、貴重な教育的財産になりえそうなものがたくさんあります。しかし、活用しきれずにいるため、子どもと地域とのつながりが希薄で、子どもにどこか元気がないように思えてなりませんでした。

今回紹介する総合学習「信濃川をよみがえらせよう」（六年生）の実践は、子どもと地域の人、自然、文化とのつながりを回復させようとする試みです。

信濃川をよみがえらせよう

どうして十日町市の信濃川にだけ魚が少ないの？

「汚いんじゃないの」

ふるさと十日町に流れる日本一の長さを誇る信濃川に対して、一部の子どもは「汚い川」という見方をしていました。しかし、無理もありません。川は危ないから、と子どもたちから川を離し、川とのつながりを切ってき

つながりの回復を

子どもは、その地域に生まれ、育っていきます。さまざまなつながりを通して、自分を創っていきます。親をはじめとした人とのつながりはもちろん、その土地の自然や文化とのつながりが強ければ強いほど、子どもは活き活きとしてくるにちがいありません。

宮中ダム下流の信濃川

たのですから。

ふるさと自然探検クラブの子どもたちが信濃川に行き、魚を捕ってきたことから、「本当に魚なんかいるのかな」とほかの子どもたちの信濃川に対する見方が少し揺らぎ始めてきました。

「信濃川に行ってみようよ」という子どもたちの声に私は信濃川とのつながりをつくるきっかけになると考え、子どもたちといっしょに出かけることにしました。

自転車で一五分。信濃川に到着です。

「魚は釣れるのかな」と釣竿を手に川の中に入っていく子ども。

「捕まえたよ」と友達に稚魚を見せる子ども。中には、小さなエビを網で捕まえた子どももいました。

子どもたちは、信濃川から元気をもらっているようでした。

「けっこう、魚がいるんだね」

「もう一度行ってみたいな」

信濃川に対する見方が少し変わってきた子どもたちです。こんな子どもたちに、信濃川の魚の種類と数を示した資料を見せました。十日町付近を流れる信濃川の現状を知ってほしいと願ったからです。

「あれ、おかしいよ。十日町付近の信濃川にだけ魚が少ないよ」

「下流の小千谷では、十日町にいない魚もいる。十日町の信濃川は汚れているのかな」

「魚のいっぱいの信濃川がいいな」

「どうして、十日町市だけ魚が少ないの」

こんなやりとりから、子どもたちは、魚がいっぱいの信濃川になってほしい、どうして十日町市の信濃川には魚が少ないの？といった思いを強くしていきました。子どもたちが地域を流れる川とつながってきたのです。

信濃川で遊ぶ

昔の信濃川は、どんなようすだったの？

子どもたちは十日町の信濃川に魚が少ない理由をはっきりさせようと、まず昔の信濃川のようすについて調べ始めました。昔の信濃川のようすを知るにはどうすればいいのでしょう。子どもたちは、自分のお爺さんに知っているか聞いたり、近所の人に聞いたりしました。中には、博物館にいって聞いてくる子どももいました。

「昔の信濃川は、どんなようすだったのですか?」「川の水がいっぱいあってね。魚もたくさんいたものだよ」「魚は、昔にくらべて少なくなってきているのですか?」「ああ、少なくなっているとも。昔は、いっぱいいたものさ」「どうして、少なくなってきたのですか?」「水が少なくなったからじゃないかな」

神宮寺への取材

昔から信濃川で漁をしている田中さんにも話を聞くことができました。

「昔はね、信濃川に魚がいっぱいいてね。今の妻有大橋のあたりには、鮭がいっぱいいたものさ」

田中さんの話は、魚の数が少ない理由にまでおよびました。「今の信濃川に魚が少なくなったのは、ダムのせいだな。外来魚も関係しているよ」

田中さんの言っていたダムとは何だろう。聞いたことはあるが、実際に見たことがない。こんなことから、十日町市の上流にあるダムを、そしてダムからとられた水がどこへ行っているのか見学に行くことになりました。ちょうど学年PTA行事がこの時期に予定されていたので、親子での信濃川学習を行うことになりました。信濃川が、子どもを親とも結びつけてきたのです。

信濃川が、東京の電車を動かしている?

まず、行ったのは中里村にある宮中ダム。「ここで、信濃川の水が減っていくんだね」「ダムの上流と下流では、水の量がぜんぜんちがうね。お母さんが小さい時にここに遊びに来た時があったけど、その時よりもまた少なくなっているわ」

次に行ったのは浅川原の調整池。宮中ダムからとられた水は、一旦、この池にためられ、その一部は千手発電所に行くのです。

親子で行った次の見学地は、小千谷市にあるJR信濃川発電所。ここで、発電所の方から説明を聞きました。

「この信濃川発電所では、信濃川の水を利用して発電をしています。作られた電気は、主に東京の山手線などの電車を動かすために使われます」。

発電所の見学が終って、数日後、教室で見学のまとめをしました。その中で新しい疑問も生まれてきました。「タービンに巻き込まれる魚は、死んでしまうのか」「東京で動く電車の電気をわざわざ新潟県の十日町市の信濃川の水を使って作るのは、どうして？」といったものです。怒りにも近い思いを持ち始めた子どももいました。

これらの疑問を解決するために、信濃川をよみがえらせる会の会長さんや市長さんに話を聞いてみることにしました。子どもは、こんな感想を持ってきました。

　今は「信濃川をよみがえらせる会」がある。昔は、そんなことをしなくてもよかった。そういうことをするのは、人間の生活が乱れたから？

　私は、そんな人間にはなりたくない。私は、信濃川によいことをする人間になりたい。初めは無理かもしれないけれど、私は、なりたい。なりたい。そのためには、早すぎるかもしれないけど、おとなの人のお手伝いをしたい。

　そして、信濃川をもっと、日本一にしてみたい。

川がつないだもの

この後、子どもたちは、信濃川をよみがえらせようと自分たちなりにできることに挑戦していきました。

この学習の子どもたちのようすから、私はさまざまなことを教えられました。その中でもとくに印象的だったのが、つながりを意識すると子どもは自ら動き出すということです。

川に住むいのちとのつながり、親とのつながり、地域の人とのつながり、地域社会とのつながり。これらのつながりが、子どもの問題意識を高めさせ、豊かな気づきを可能にし、活き活きとした活動を生み出したのだと思います。

もともとは、すべてつながっていたものです。しかし、それらが時代の流れで見えなくなってきつつあります。つながりを大切にすること、これが今、大事にされなければならないと考えています。

教室でただ待ちながら…

―ホリスティックとの出会い―

公立小学校　教員　西田　千寿子
Nishida Chizuko

登校できないＡ君と

教職経験六年目に、はじめて情緒障害児学級を受け持ちました。児童は、軽度の発達遅滞と情緒不安定のＡ君一人。しかも、入学して以来三年間、数回しか学校に来たことがない子どもだったため、情緒障害児学級の開級さえあやぶまれていました。

しかし、このＡ君との出会いが「教育とは何？」ということを真剣に考える機会となり、ホリスティック教育と引き合わせてくれたように思います。

Ａ君を受け持った当初は、今、思い起こせば、Ａ君に申しわけない気持ちでいっぱいになります。

Ａ君一人の情緒障害児学級は開級したものの、しばらくの間、Ａ君は学校に登校できませんでした。子どもが来ないと、もちろん私の仕事はありません。ほかの先生方は学級開きであわただしくしているのに、私にはすることがありませんでした。

何もすることがない教師というものは、学校ではたいへん居心地が悪く、なんとしても学校に来てもらいたいという思いでいっぱいでした。そのため、毎日、家庭訪問をし、一人では登校することがむずかしいＡ君を、当時一六歳の姉についてきてもらっては登校させていました。Ａ君のことを考えるよりも、ほかの先生方の視線が気になり、自分の立場を守ることの方が大切だったのです。

そんな私にＡ君が心開いてくれるまでは、手を触れることさえできず、近づこうとすると奇声をあげられたり、逃げられたり、時には校外脱出も図られました。四月後半に、教育相談を受ける機会に恵まれ、カウンセリング専門の先生にＡ君のことを相談しました。「今、やっていることがずっと続けられますか？　しっかりとした枠組みをしましょう。Ａ君との関係を組みなおし、それを続けましょう」ということになりました。具体的には、家庭訪問は週一回、Ａ君が学校に来ていなければ、朝の会が終わったときに電話をかける。それ以外は、A君がいつ来てもいいように教室で待つ、これだけのことでした。

教育相談を受けた後から、A君が一人で毎日登校できるようになるまでの二ヵ月間が、私にとって一番苦しい時期となりました。

ただひたすら教室で待つ

教育相談を受けたからといってA君が、すぐ登校できるわけではなく、私の仕事は、教室でただひたすら待つことしかありませんでした。教室で待っていると、ほかの学級から教科書を読む声や歌声など、先生と子どもがいっしょに活動しているようすがうかがえます。先輩の先生方が忙しくしているなか、まだ年の若い私が教室でぼうっと待つことしかできません。「何か、用はないか」と聞きまわり、仕事をもらっていた四月ごろの方がずっと気が楽でした。

「教室の中で、ただ待つ。朝、登校していなかったら電話をかけ、調子などを聞く。学校に出ておいでとは誘わない。体の調子をたずね、今日の予定を伝えるだけの電話。その後は、A君の指導に役立ちそうな本を読みながら、教室でただ待つ」このくり返しでした。まわりの先生方の視線を気にしながら、ただ教室で待つだけの時間は、A君がどうなるかわからないだけに私には一番苦しい時期でした。

「待つこと」を続けていると、A君にだんだん変化が起こり始めました。決まった時間に電話をかけ続けていると、電話口で私に心を開きだすようすがうかがわれました。姉と話しているのに電話を取りあげて、いろんな動物の鳴き声をまねしてみたり、今日の予定をA君からたずねるようになってきたのです。

今まで連れに行かないと来なかったA君でしたが、昼から姉といっしょに学校に来るようになってきました。最初のうちは教室に入れず、玄関や保健室、事務室、中庭などで遊んでいましたが、この時も、私は教室から出ず、ただA君が教室に来ることを待ち続けました。「A君が来たのなら、A君のそばにいてまわりに迷惑をかけないように指導すべきではないのか」という意見もありましたが、これからのA君のためにも、決められた枠組をしっかりと守ることにしました。

五月の中ごろには、A君は教室に入って遊ぶことができるようになり、徐々に教室にいる時間が増えてきました。

居場所になった教室

六月の末、A君と姉が息を切らして教室にかけこんできたことがありました。家でこわいことがあったらしいのです。ずいぶん動揺していたらしく「こわいよう、こわいよう」を連発するばかりでした。

このころは、教室に入るようになってきたといっても、校内のいたるところを回ってから、ようやく教室に入るといった状態だったのですが、この時は自分を待ってくれている場所、教室に一直線に走り込んできました。何も考えずに走り込んで逃げこめる場所がA君にとって教室になっていたのです。

この日を境に、A君にとって教室は安心できるところになったのです。それから、A君は夏休みの間も毎日学校に来るぐらい学校が好きな子どもになったのです。

A君が毎日登校するようになってからは「A君に何を教えるか」ということで悩む日が続きました。

今までは、その学年に応じた教科書をもとにして教えることを当たり前のように思い込んでいました。そこでまず、登校し始めたA君には、一年生の子どもたちがまず学習する平仮名の五〇音と簡単な計算から教え始めようとしていました。教科書はないので、できるだけ楽しく覚えられるようにいろんな方法を使いながらも、文字を覚えさせることに必死になっていました。なかなか覚えられないA君のようすを見て、「何かちがう、このままではいけない」という思いのまま時間だけがすぎていきました。

A君は登校できるようになったものの、A君のおかれている環境では、落ち着いて学習することは難しく、家族の関係にも気を配らなければならなくなりました。

教室がA君の安心する場所になったということは、姉やまたすぐ上の兄にとっても、教室が安心できる場所となったわけです。A君の登校に伴って、小学校に来なくてもいい姉と兄もが登校してくることになりました。A君も姉や兄といっしょではなかなか学習することはできません。姉も兄もいっしょになってしまえば一つの家族が場所を移動しただけになってしまいます。教室のほかに姉や兄のための居場所作りも必要になってきたのです。

学校って何するところ？

学習する場所の教室のほかに、A君、姉、兄の擬似家庭の場として空き部屋を「A君家」として使うようにもなりました。

また、今まで姉にずっとつきまとっていたA君が自立の兆しを見せて、一人で登校し教室で学習することができるようになると、今度は姉が不安定になってきました。A君を安定させるためにも、姉をサポートするための相談も必要になり、「姉のために毎朝の電話をかける、週一回の相談」という役割も増えました。

「学校がそこまでしなくても…」そんな声が聞こえてきそうな状況でしたが、その時、目の前のA君に、今の私ができること、今の学校ができることを大切にしていきました。

「例外は認めにくい」という学校現場の中で、少し逸脱しているようにもみえますが、一人の子どものために、校長をはじめ教職員が動けたことは、そのときは必死でしたが、今思い返せばすごいことだったように思います。かかわることが難しいといわれたA君や、その兄弟がどこに行ってもあたたかく見守ってくれた学校の環境は、A君の心の安定にもつながり、その後、A君はのびのびと活動していけました。

A君とともに障害児学級で過ごした三年間は、「教育って何？」「学校って何をするところ？」そう深く考え出した時期でもありました。

ホリスティックとの出会い

その間に、シュタイナーの治療教育との出会いがあり、何かおぼろげながら、日に見える部分だけの教育が先行されているおかしさに目が行き始めた時期でもありました。「自分の力量を高めるため、教育に対する問いの答えを求めるため」に国内留学をすることにしました。

障害児教育を学びながらも、どこかで問いに対する答えを求めていました。そこで、偶然にもゼミの時間にホリスティック教育に出会ったのです。

まず、「もうひとつの学びの場」に行き始めました。そこで『ホリスティック教育入門』（柏樹社）の本を手に入れ、読み始めました。本を読み終えたとき、胸がすっきりした気分になりました。何かつかえていたものが、溶け出していくようでした。

外からの目を気遣いながらの教育、見えるものだけで子どもを判断しようとする教育、価値基準に学力というものさしだけが幅を利かせている教育に振り回されていた自分に気がつきました。「今ここにいる目の前の子どもたちと、今ここにいる私にできること」、その実践を重ねていくことの大切さを学んだのです。

現在、私は、全校生徒一二〇名ほどの小さな学校の五年生を受け持っています。

ホリスティック教育と出会った事で、私が私らしく穏やかに学校現場に立っていることができているように思います。そうすると、子どもたちも外からの目を気にすることなく、自分が自分らしく穏やかな学校生活が送れているように思えます。

耳を澄ませて、太平洋の波の音を聞いてから、給食をいただく毎日を過ごしています。

ホリスティックに求めるもの、それは「つながり感覚」への気づき

小千谷市立小千谷小学校　平澤　健一
Hirasawa Kenichi

よって立つ足場への気づきをもたらした三つの喜び

私の勤務する小千谷小学校では、できる喜び・わかる喜び・心を決める喜びの三つの喜びを教育課程編成の基本に据えています。この三つの喜びは、元校長の山之内義一郎先生が理論立てて残していかれたものです。三つの喜びですべての教育活動をくくる。このことによって、私たち教師は自らにおいて教育の足場を得る事ができます。算数を教える。何のために。国語を教える。何のために。理科を教える。何のために。現場で教育を担う者はこの問いに正対しなくてはなりません。もちろん正対しなくても教育活動を行うことは可能です。可能ですが、それでは教育という名の下に目の前のものを消化するだけの活動になってしまう可能性があります。今までは教えるということにおいても、学ぶということにおいてもバラバラだった教科の学習や道徳や特別活動が「喜びの実現」ということで一つにつながりました。これは、八つの教科を背負い、道徳を背負い特別活動を背負って子どもたちの前に立つ教師にしっかりとした足場を与えてくれます。教科を類型化し三つの喜びと結びつけた教育課程編成はまさにホリスティックであるといえます。

小千谷小学校では、三つの喜びをより多くの子により多くの機会において感得してもらうために「学習参加」「学習参画」「学校ボランティアの導入」を進めています。学習参加は従来の授業参観のスタイルを改めたものです。保護者は授業のようすを参観するために学校に来るのではなく、学習に参加するために学校に足を運びます。子どもたちはこの学習参加の授業が大好きです。低学年だけでなく、高学年も学習参加の授業を好んでいます。保護者が学習に参加する事によって学習活動に広がりと深まりが生まれます。そして、保護者に開かれた教室は日常的に自然と同僚にも開かれた教室へと変わってきています。

また、参加だけでなく専門的知識をもった方から授業づくりに参画してもらう学習参画も軌道に乗ってきています。参加・参画・学校ボランティアなどを通していろいろなおとなと関わることによって子どもの学ぶ喜びがより豊かになってきていることは確かです。

ホリスティックな教育課程を編成するためには、教育目標が明確でなくてはなりません。そして、その教育目標と日々の授業がダイレクトに結びついていなくてはなりません。ここが明確であれば、あとは味つけだけの問題になります。学習参加にしても、学習参画、ボランティアにしても味つけのしかたは多様であっていい。むしろ多様であるほうがいいということになります。

子どもと対象とのつながり感覚への気づき

森に生きる「葉っぱのフレディ」の実践を通して

教育課程編成に教育環境は欠かせない味つけといえます。どういう環境があるか、どういう環境をどのように使うかは大きな問題です。山之内義一郎氏によって進められた学校の森づくりは今、教育界の一つの大きなうねりになろうとしています。小千谷小学校には山之内氏が手がけられた二つ目の学校の森があります。詳しくはすでに『森と牧場のある学校』（春秋社）で紹介されている通りです。

小千谷小学校の森は小さな小さな森ですが、私はこの森が大好きです。外からみると小さい森ですが中に身を置いてみるとホッとします。中に入ると森の気分が十分味わえます。四年生の理科の授業はこの森一つで学習内容の三分の一近くをこなすことができます。しかも、学習内容がほかから与えられるのではなく子ども自身自ら獲得しながら。

出張授業で四年生の理科の授業を担当した時、森の中から自分の木を決めさせました。自分が植えた木でもない森の木に子どもたちは愛着を示すだろうかという不安は授業の回数を重ねるごとに払拭されていきました。森の中での簡単なネイチャーゲーム・自分の木の健康診断・木登りなどを通して、自分の木への愛着は日増しに高まっていきました。木に名前をつけ、自分の木を友達のように呼んでいる子がいとおしいと思うようになりました。

小千谷小学校のふるさとの森の木には木の名前を示す札がついていません。木に名札をつけなくていいというのは山之内氏の考えです。最近、授業を通してその理由が少しわかったような気がしてきました。子どもにとっては名札のない木の方がいいようです。自分の感性でその木にあった名前をつける。子どもと木のつながりはその木の命名から始まる。どっしりとして筋がたくさんある木に「あいぼう」と名前をつけた子がいました。森に行くと、いつも「私のあいぼう」と言っては木に近寄っていました。理科の学習という視点からしたら、木の正式名称くらい教えなくてはならないところもあります。しかし、子どもたちは自分の命名した名前で呼んでいます。これでいいのかと迷ったこともありました。ところがある日、「先生、この木の本当の名前は何というの？」と聞いてきた子がいました。そのとき思いました。「そうか。木の名前はここで教えればいいんだ」いや「ここで調べさせればいいんだ」と。子どもにとってはまずそこに木がある。その木がどういう名前であるかということは大きな問題ではありません。自分が関わった木の本当の名前が知りたくなるような関わり。そんな関わりこそすてきではないかと思えるようになってきました。

四年生の理科の出張授業二年目。「自分の木」から「自分の葉」に焦点を移してみました。そのきっかけとして『葉っぱのフレディ』（童話屋）を読んでやりました。読み終えた後、「自分の木の中からフレディを見つけて決めよう」と働きかけてみました。子どもたちは自分の木の多くの葉の中から一枚を選んでその葉におもいおもいの名前をつけました。強い雨風の後の理科の授業で森に行って、自分の葉が残っていたことに喜びの声を出す子。葉がなくなっていたことを残念がる子など、一枚の葉をめぐって子どもの感性がとぎすまされていきました。冬を越え、春先に自分の葉が残っているのを見つけた子は歓喜の声を張りあげていました。どの子もその葉の生命の強さに感心させられた瞬間でもありました。

ホリスティックな教育課程編成にむけ、今私が追い求めているものは教育目標と一時間一時間の授業のつながりが明確になるような足場を、六年間というサイクルの中で明確にしていくことです。なぜなら、教育は一時間一時間の授業を通してなされるものですから。

自他のつながりへの気づきを高める

日常の生徒指導を通して

人が生活する場には衝突はつきものです。その点、学校も例外ではありません。些細な口げんかも含めれば、衝突は日常につきものです。AさんとBさんがけんかをした時には、基本的にはけんか両成敗です。もちろん、両者の言い分を聞いた上でのことです。指導という点からするとけんか両成敗で十分ですが、このごろは、両成敗をしなくなりました。両成敗の代わりに橋渡しを心がけています。

たとえば、こんなことをやります。けんかをしたAさんとBさんの二人を呼んで事情を聞いた上で、二人に言います。「一〇点のうち自分が悪いと思う点数を先生の掌に指で書いてみなさい」と。そして、そっと掌を差し出します。お互いに相手が書いているところを見せないようにして私の掌に自分が受け持つべき点数を書かせます。この後、二人が書いた点数を合計してやります。たいていの場合、合計点が一〇点より多くなります。そんな時は、二人をうんと褒めてやります。お互いに自分が悪いと思えるその心をうんと褒めてやります。けんかをした二人が褒められるのですからおかしなものです。でも、両成敗に比べ、成長への気づきをもたらしているこ とはまちがいないと信じています。相手のマイナスしか見えなくてけんかした二人が、自分のマイナスに自ら気づく事ができたのですから。もちろん、いつも一〇点以上とは限りません。合計しても二点くらいのこともあります。そんな時は、いっしょに残り八点を探してやればいいのです。これも楽しい作業です。ホリスティックで大切な視点は「つながりをつくること」「包み込むこと」「バランスをとること」の三点です。この三点を意識するだけでけんか両成敗だけでは済ませてはいけない何かがみえてくるようになりました。

以上、自分の足場をまるごととらえる、子どもと対象との関わりをまるごととらえる、子ども同士の関わりをまるごととらえるということをホリスティックとつないで書いてみました。いずれにせよ、まるごととらえることのベースになっているものは「つながり感覚への気づき」ということになります。あれども見えずではなく、常に、あるはずのつながり感覚に気づける感性をいっそう磨いていかねばと思う日々です。

III

開かれた世界と　出会う学び

【中学校】

「学校の森」づくり
元公立中学校 教員 佐川 通（新潟県） 65

「森ができて子どもたちは、どう変わりましたか」と、よく聞かれます。森に入った人は「森っていいですね」、森をつくった人は「森は〈いのち〉そのものですね」と答えます。「学校の森」づくりを追っていくうちに、従来の学校の枠を越えて、地域の、地球の〈いのち〉の〈つながり〉を活かす観点から、教育改革を発信できることに気づきました。あなたも、「学校の森」をつくってみませんか。

数えることから見えてくる世界といのちの想像力
奈良教育大学教育学部附属中学校 竹村 景生（奈良県） 69

今、ホリスティックな教育とは何かと問われたら、わたくしは、あらゆるつながりとかかわりの中でひらめきやとまどい（問い）を愛し、互いに心ゆくまで聴き合い、そして、ともに学び続けることではないかとこたえるだろう。さらに、その営みは、じっくりゆっくりうっとりと進んでゆくのだと言い添えるだろう。

ひかりとかげとその狭間より
東京学芸大学教育学部附属大泉中学校 成田 喜一郎（東京都） 76

わたくしは、あらゆるつながりとかかわりの中でひらめきやとまどい（問い）を愛し、互いに心ゆくまで聴き合い、そして、ともに学び続けることではないかとこたえるだろう。さらに、その営みは、じっくりゆっくりうっとりと進んでゆくのだと言い添えるだろう。

私の中のホリスティック教育
―覚え書き―
渡辺 昭（京都府） 81

たいしたこともできずに時間ばかりすぎていく中で書きとめてきたもの。私のつぶやきみたいなものです。

●訂正とおわび

小社のミスにより、64ページの印刷に誤りがありました。深くおわびします。お手数をおかけしますが、左の正しい印刷とのさしかえをお願いいたします。

せせらぎ出版

「学校の森」づくり
元公立中学校 教員 佐川 通（新潟県） 65

「森ができて子どもたちは、どう変わりましたか」と、よく聞かれます。森に入った人は「森っていいですね」、森をつくった人は「森は〈いのち〉そのものですね」と答えます。「学校の森」づくりを追っていくうちに、従来の学校の枠を越えて、地域の、地球の〈いのち〉の〈つながり〉を活かす観点から、教育改革を発信できることに気づきました。あなたも、「学校の森」をつくってみませんか。

数えることから見えてくる世界といのちの想像力
奈良教育大学教育学部附属中学校 竹村 景生（奈良県） 69

ひふみ…から、1＋1へ。誰もが知ってる一見単純な数と式の世界から、何が見えてくるのでしょうか。数学を歴史と美とリズムの体験に求めたとき、この単純な数式に、いのちの曼陀羅模様が見えてきます。それが、数学における創造的想像力ではないでしょうか。

ひかりとかげとその狭間より
東京学芸大学教育学部附属大泉中学校 成田 喜一郎（東京都） 76

今、ホリスティックな教育とは何かと問われたら、わたくしは、あらゆるつながりとかかわりの中でひらめきやとまどい（問い）を愛し、互いに心ゆくまで聴き合い、そして、ともに学び続けることではないかとこたえるだろう。さらに、その営みは、じっくりゆっくりうっとりと進んでゆくのだと言い添えるだろう。

私の中のホリスティック教育
—覚え書き—
渡辺 昭（京都府） 81

たいしたこともできずに時間ばかりすぎていく中で書きとめてきたもの。私のつぶやきみたいなものです。

「学校の森」づくり

元公立中学校 教員　佐川　通
Sagawa Tohru

一九九八年一一月七日。新潟県十日町市立南中学校に、小さな「学校の森」が生まれました。「南の森」を創ったのは、南中学校の生徒、教師、PTAと地域の人たちです。いまでも、森をつくったとき、赤子を抱くように苗木を運び、土を掘り、木を植え、水をかけていた生徒たちの姿が、まぶたに焼きついています。森づくりのニュースが伝わると、思いがけない人から訪問を受けたり、はげましのメッセージをいただきました。

森づくりの体験―生徒の記録から

＊植樹を無事に終えて教室へ戻ったきて、いま自分たちが植えた森をみると、まだ禿山のようだ。それに比べて、ふだん何気なく見ていた自然の森が何十年何百年もかかって、生長してきたのだと、あらためて驚かされた。（二年生）

＊きびしい冬を乗り切った森の中で、苗が浮いているのがありました。それを友達が、もう一度植え直して水をくれていました。私は感心しました。（一年生）

＊いま本当に自然破壊が進んでいて、鳥も住まない絶滅動物のニュースが多い。周囲に見える山々も、とても寂しく感じられる。それだけに南中で森づくりができて、とてもうれしい。この森に何十年もすれば鳥もやってくるだろう。何百年もたてば、教室から見える風景も木々で見えなくなるだろう。私はうれしい。きっとこれから一生自慢できる宝物になると思う。（注1）（三年生）

市民の人は、「南中はいいことをしてくれたね」と喜んでくれました。信濃川河口の寺泊町の人から「森は海の友達」という手紙をそえて「森の脈動をぜひ子どもたちに聞かせてやってほしい」と、聴診器が送られてきました。地域づくりの人たちや森林インストラクターの人たちは、森を囲んで「学校の夢はみんなの夢」というフォーラムを開いてくれました。また、トロントのOISE大学院教授のジョン・ミラー博士、吉田敦彦さんをはじめ協会の方々や韓国の金顕幸さん、宋民英さんなども訪問してくれました。

森づくりのきっかけ

私が、南中学校に赴任した、平成六年の秋。三年生の二クラスの生徒が、後輩たちに木陰をつくってやりたいと、学校の中庭のまわりにヒバとカシの木を植えてくれました。それはある意味で、私のそれまでの教師観をうち破るでき事でした。

あの日のことは、今でも忘れません。中庭にこだまする子どもたちの弾んだ声、親達が持ちこんだ農機のエンジン音、カチッカチッとスコップで土を掘る音、担任教師の励ます声……。作業は、二時間ほどで終わり、中庭を囲んでヒバとカシの並木が誕生しました。この話には、さらに奥がありました。その後、親と担任教師は「ヒバカシの会」をつくって、豪雪から木を守るために、四年間も木に支柱をつける作業を続けてくれました。木の生長と我が子の成長のイメージを重ね合わせて、心のこもった世話でした。そして、その子どもたちは、今年の五月、成人式の日にヒバとカシの木の下に集まって同級会を開いたのです。そして、三〇歳になったら、またこの森で会うことを約束して全国へ別れていきました。

木を植えると子どもも親も教師も元気になる。この学級活動の枠を越えたすばらしい活動を、私たちは学校づくりに活かすことにしました。(注2)

森づくりを核にした学校経営

平成七年度から、私たちは「〈いのち〉の〈つながり〉を活かす教育の創造」を研究テーマに、総合的な活動に取り組みました。これは、地域の自然、文化、歴史、生産を活かした教育の方向性を模索する実践でした。吉田敦彦さんは、それを〈つながり〉を育むホリスティックな観点から、次のように整理しています。(注3)

(1)学校と地域社会との開かれた〈つながり〉。
(2)空間的に広く時間的に長い自然生態系との〈つながり〉。
(3)生徒の全人的な、知と心と身体、感受性、創造力、精神性などの〈つながり〉。

一年目は地域との〈つながり〉活動に重点がおかれ、二年目から本格的な「学校の森」づくりが行われました。学校の強力な支援母体である後援会、ＰＴＡ、同窓会、部活動振興後援会が「整備委員会」を特設し、森づくりを推進することになりました。さらに力強いことに、日本ホリスティック教育協会相談役の山之内義一郎さんと、国際生態学会会長の宮脇昭さんに指導を受けた小日向孝さんを迎えて、森づくりの理念や技術を教えてもらうことになりました。

「学校の森」づくり

私たちが、人間の手が入らない、地域本来の潜在自然植生に沿った森を選んだのは、まず雪に強い、手入れがそう難しくない、森の教材性が高まる、そして最大の魅力は生態的な森が再現できるからでした。実際に取り組んでみると、それ以上のものがありました。

南中学校の周囲五キロに現存する樹木が、生態学的、植物社会学的に調査され、三つの森の家族…ヒメアオキブナ群集、マルバマンサクブナ群集、ヤマトアオダモコナラ群集の中から、約一〇〇種類、八〇〇本の高木、亜高木、中木、低木が選定されました。木を植えるマウンドは、一・五メートルの高さに築かれ、水の循環をよくする砂礫層と樹木が生活根をはる表土層が盛られ、土の生態系が準備されました。

一九九九年、新潟県の「学校の森」を視察する目的で、韓国から教育視察団がやってきました。「南の森」を訪れたとき、森林学者の全《ちゅん》英宇《ようん》博士が講演をされました。そして冒頭に「私たちは、韓国で名も知られていない十日町市の南中学校を訪れたのは、なぜ親や地域の人が学校に木を植えたのか、その精神を学びに来たのです」と話されました。それは、生態的な森のノウハウに関心が止まっていた私たちにとって、「学校の森」の精神性について問われた根源的な問題でした。「学校になぜ森か」。これは、それまで私の中で何度もフィードバックし、そして、今もなお問い続けている問題です。

退職して数ヵ月たったある日のことです。私は「南の森」の写真集を開いて、子どもたちが森の中に入って木の生長を調査しているページを見ていました。すると写真の中の森が、子どもたちと笑っているように見えたのです。いや、本当に子どもたちは、森と感応していたのです！　すると、ふしぎなことに教育効果とは別口から、森の意味がストーンと入ってきました。それは、幼いころ自然豊かな会津で育んだ私の原風景の再発見でもありました。まさにセンス・オブ・ワンダーというか、理屈を越えて通じた喜びでした。

実践を凝視する

昨年の一一月。「夢のある学校づくり」のビデオ制作のために、私はスタッフの一人として、長岡市の川崎小学校を訪れました。取材目的は、子どもたちの「森の秋を楽しむ日」の活動を撮ることでした。四年生の子どもたちは、自分たちで取り組んだ「川崎の森」をよみがえらせる活動を、自作自演のドラマにして、全校生徒に発表していました。

この過程を、担任の先生は語ってくれました。子どもたちは、日ごろなにげなく見ていた「川崎の森」を、「最近、川崎の森は荒れているよ」という、先輩からの手紙にショックを受けて、なんとか森を元気にしようと、立ち上がりました。そして自ら調べたり、先輩たちの実践記録「森、森大辞典」を読んだりして、落ち葉を森へ返すキャンペーンに気づきました。秋になると、落ち葉は校地を越えて、毎日のように周辺の道路や宅地に落ちました。それを、子どもたちは「落ち葉は森の食べ物です。森が元気になるために、落ち葉を森へ返す運動に協力してください！」と、呼びかけました。その結果、近所の人の中から協力してくれる人も現れました。(注4)

こうした現象について、コメンテーターであり「川崎の森」をつくった当時の校長である山之内さんは、「落ち葉が、学校の枠を越えて落ちるのは、学校にとってないチャンスです。子どもたちは、一年に一回しか体験できない落ち葉を森へ返す運動を通して、学校と地域の〈いのち〉の〈つながり〉を実感したのです。その体験を通して、森の〈いのち〉の循環と再生と永劫を感じたのです。なにも難しい説明をしなくても、体験そのものの中に思想形成の根幹があるのです」と。

私は、教育現場からのホリスティックな展開とは、これだと思いました。カリキュラム編成の原理が、森をとおして、よく見えてきました。(注5)

「南の森」の〈つながり〉

平成一三年度に入って、「南の森」に新しい〈いのち〉の〈つながり〉が誕生しました。一つは、「南の森の会」です。これは異動のはげしい南中学校の教師を支援しようと、森づくりに関わってきた親や住民と学校側が、子どもと森を話題に交流する会です。

二つは、静岡県の浜松城北工業高等学校が、〈いのち〉の〈つながり〉を活かす森のコンセプトを発展させ「城北の森」をつくりました。環境教育に熱心な飯尾教諭は、二月の豪雪の中を十日町を訪れて、「南の森」を視察した上での決断でした。行政や業者を動かして、公立の高等学校が一体となって、「学校の森」づくりを発信した意義は、大きいものがあります。今後の発展や影響が期待されます。

時の目覚めを

森には、たくさん入口があります。学校、企業、病院、平和運動、地域づくりなど、森には、いろいろな人が自由に入れます。そして森は、いったん〈いのち〉に目覚め〈つながり〉感覚を求めている人に出会うと、今度は森の方から、時間や空間を超えて近づいていきます。この秋には、韓国から教科書問題を超えて、再び教育視察団がやってきます。

教育的国難を克服し、持続可能な社会の確立に向けて、教育の方向性が模索されている中で、いま「学校の森」は、静かにスタンバイして、時代の目覚めを待っています。

【参考図書】

注1　山之内義一郎・佐川通・清水義晴『森と夢のある学校』（博進堂文庫　一九九七年）

注2　佐川通『「学校の森」をつくる　―月刊「子どもの文化」子どもの参画―』（子どもの文化研究所　二〇〇一年）

注3　吉田敦彦『ホリスティック教育論』（日本評論社　一九九九年）

注4　子どもの夢が育つ学校づくりプロジェクト『夢のある学校づくり』（にいがた映画塾　二〇〇二年）

注5　山之内義一郎『森をつくった校長』（春秋社　二〇〇一年）

数えることから見えてくる世界といのちの想像力

奈良教育大学教育学部附属中学校　竹村　景生
Takemura Kageki

はじめに

科学技術の発展を無条件に良しとする大きな物語が説得力を持っていた時代に、私たちは学んできましたし、そして教えてきました。しかし、連日繰り広げられるニューヨークのテロ事件や、一連の報復攻撃に関する報道をみるにつれ、私の原稿の手はまったくとまってしまいました。この目の前に突きつけられた現実と、私が書こうとしていた実践との隔たりを計りかねていたからです。ただ、自分の中で明らかに変化してきたことがあります。それは、生徒たちの「わからない」というつぶやきに、以前よりもっと耳を傾け、対話をしていこうということです。「わからない」に対して「わからせる」指導だけではなく、生徒の「わからない」に「問い」をたてる、そしてお互いがその「問い」の意味を話し合い、わからなくなった躓《つまづ》きの意味と、本当にわかりたかったことは何なのかという気づきの場をつくろう（次元を深めていく）という自覚を授業で持ち始めたことです。

数学というのは、論理の世界だとよくいわれます。論理だから、その論理の通り丁寧に読み進め、スキルを繰り返せば誰でも理解でき、扱えるようになるはずなのですが、大方の人が経験してきたことは、きっと「そうではなかった」のではないでしょうか。というのも、数学には論理だけではなく、「想像力」がはたらいているからです。小平邦彦は「そこに数覚がはたらく」からだと述べています。[注1] 数覚とは聞き慣れない言葉ですが、「そこには見えないものに見えるはたらきをつくる」というか、別の言葉で「創造的想像力」と呼べばいいのでしょうか。想像力がイメージを生み、そしてかたちに表していく、そのようなはたらきが数覚ではないかと思います。その意味で創造的といえます。

「総合的な学習の時間」は、TV世代の「想像力」の育成を、（ブラウン管を介して私たちの眼前に現れてきたさまざまな「現実」に対し）バーチャルにシュミレーションして問題解決を図れることに求めたりします。そして、そのための教科の基礎・基本の徹底であったりします。ある意味で、他者の「痛み」を自らの内に経ない、非身体的な「想像力」といえます。それに対し、私たちの総合学習や教科の実践は、創造的想像力を求める学び、すなわち〈いのちのつながりと出会う〉（吉田）[注2] 学びといえるでしょう。

「数学離れ」という、（場所性と身体性を伴った）問題の解決を、私は数学との根気強い対話と、数学の背景にある歴史と美とリズムの体験に求めます。その実践の場に教室があります。以下に、授業で取り組んだ「数えることから始まる」「1＋1＝東大寺南大門!?」の内容から、主にその語りの部分を紹介してゆきます。

数えることから始まる

ひふみよいむな　やこともちろらねし　きるゆいつわ
ぬそ　をたはくめか　うおえにさりへて　のますあせ
ほれけ（ひふみ祝詞）

数えることのリズム感、それは私たちのふとした生活場面にあらわれたりします。前に記した「ひふみ」もそ

図１

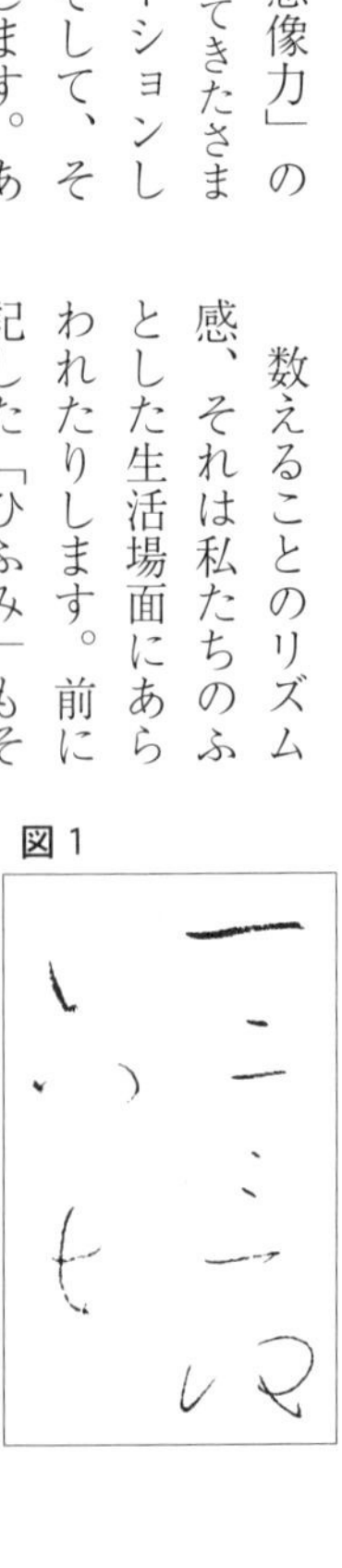

のひとつです。松岡正剛は、良寛さんの書について、それは「調子の書」だといいます。良寛さんは「一二三」という「ひい、ふう、みい」という蹴鞠歌の言葉をよく好んで揮毫《きごう》されました。これは、この世の現れは言葉によって姿を現すのだが、その姿を表す言葉には必ず「一二三」のどれかが漢字の中に占めているからだと言います。また、「ひい、ふう、みい…」というリズムが「生きること」、すなわち『生』の調子がそこにはあるからだと松岡は述べています(注3)。私には、シュタイナー学校で授業の前に数えることを唱えさせたり、かつての和算家が五・七・五の俳句を嗜《たしな》んだこととのつながりを、そこに感じます。

話は少し横道にそれますが、数詞の四は「し」よりも「よ」「よん」とよく読まれています。「し」は「死」に通じると忌みきらったためだと思います。「ひふみよ」の「よ」は、すでにありましたが「よん」という読み方はいつごろから始まったのでしょうか。江戸時代にはすでに四月を「し」を忌むからと、「卯月」と読むこともあったそうです。ただ、一六〇四〜一六〇八年刊の西洋で発行されたロドリゲスの『日本語大文典』では、四、四〇、四〇〇は「し」「しじゅう」「しひゃく」と読んでいて、「よん」とはあまりいわなかったようです(注4)。日本人の民衆レベルでの死生観から生と死が分離し、死を日常から遠ざけ忌みきらうようになったのはいつごろからのことなのでしょうか。私にはそれが、都市化とともに、生かされて生きるいのちの感覚を喪失したこと。複雑につながりあって生きる私たちの存在が、マスコミュニケーションという手段の登場で、価値が単純化され、大量消費されるようになった近代文明の発達と軌を一にしているように思えてなりません。死を日常から遠ざけ、人のこころと身体、魂と肉体が分離していった歴史でもあります(注5)。数も（そして「死」も）私たちの生活とともに、時代の背景を刻みながら移りゆくものかもしれません。ここでは紙数の関係で省略しましたが、郷土に残る「数え歌」からの学びには、私の中（身体）をくぐらすことによって、そこに込められた民衆の知恵や喜怒哀楽を、「今ここにある私」との歴史のつながりとしてよみがえらすことができるでしょう(注6)。

1＋1＝？

「ひふみ」と、数え方がくれば、次は「1＋1」の足し算がくるのは自然な流れでしょう。私事で恐縮ですが、私が高校生だったころ、先生が「1＋1は2というのは常識だけど、これから（高校二年）習っていく数学と君

図2

左辺の式　右辺の式		
$1 =$		$= 1$
$x+1 = x+1$	以下の右辺の式のxに1を代入すると……⇒	$= 1+1$
$(x+1)^2 = x^2+2x+1$		$= 1+2+1$
$(x+1)^3 = x^3+3x^2+3x+1$		$= 1+3+3+1$
$(x+1)^4 = x^4+4x^3+6x^2+4x+1$		$= 1+4+6+4+1$
$(x+1)^5 = x^5+5x^4+10x^3+10x^2+5x+1$		$=$
$(x+1)^6 =$		$=$
$(x+1)^7 =$		$=$

たちが向き合うことによって、将来ひょっとしたら〈1＋1＝2〉という常識をひっくり返してしまう数学と出会うかもしれないよ」と、おっしゃったことが、結果的にはその後の自分の進路を決定させてしまう言霊となりました。ひとが数学を自ら学び始める動機は、問題解決の楽しさの体験が一般には考えられていますが、案外このような授業中の教師の雑談や問題解決の最中での友だちからの助言といった「語り」が契機になっているのではないかと思うのです。以下に、授業の概略を紹介しておきます。

ここでは、中学三年生「式の計算」の乗法公式を使っていきます。右辺の式は、左辺の式を展開（カッコをはずしていく）したかたちです（図2）。

この左辺の展開式を右辺の式をよく見て、予想しながら書いてみましょう。どのような規則性が見えてくるでしょうか？　矢印の右側は、左側の展開式のxに1を代入して計算した形となっています。以下、予想がつきますか？（1は何乗しても1です）どうぞ、鉛筆で書き込んでみてください。

ここで、右側に現れた式から＋記号を省略すると図3のようになります。これをパスカルの三角形といいます（一般には、展開式のxの係数を取り出します）。特徴として、隣り合う二項の和が、一段下のその間の数になっていることがわかります。（図3のV印を参照）この、パスカル

図3　パスカルの三角形

1
1　1
1　2　1
1　3　3　1
1　4　6　4　1
1　5　10　10　5　1
1　6　15　20　15　6　1
…………………………

図4

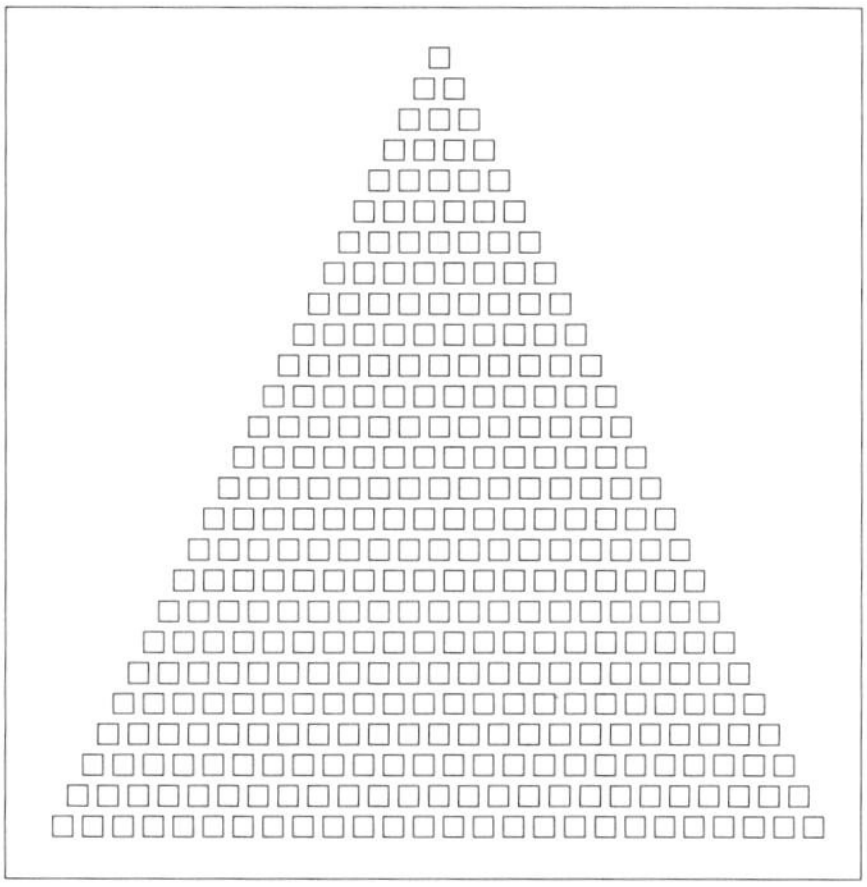

の三角形だけでも十分数学の世界が楽しめるのですが、ここでは数学にはあまり関わりのないように思われている、色彩とのコラボレーションを楽しんでみましょう。図4は、パスカルの三角形の数字の部分を、□におき換えたものです。ここで、次のような手順で作業を行っていきます。パスカルの三角形に表された数字を三色で塗り分けてみます。つまり、各数字を3で割ったときのあまりで分類します。÷3で、あまりが0……空白、÷3であまりが1……赤、÷3であまりが2……青　と、□を塗り分けてみます。同様に、÷4の時は四色で、÷5の時は…と、図4をコピーして試してみてください。すると、一つの織物（ペルシャ絨毯）のように曼陀羅模様にも似たフラクタル図形が現れてきます。これを、シルピンスキーのガスケットと呼んでいます。授業はこの後、パスカルの三角形からフィボナッチ数列（図5）と黄金比(注7)を導き出し、フィボナッチの枝わかれをもつ東大寺南大門の造形**（それは一本の巨木の似姿である）**へと展開します。

このフィボナッチ数列は、自然界の造形に現れてくることで有名で、うさぎの生殖や葉序（葉のつきかた）、木の枝わかれ（図6）などで知られています（詳しくは、ベングト・ウリーン『シュタイナー学校の数学読本』三省堂参照）。このフィボナッチ数列からは、黄金比（黄金分割）という興味深い話題へと広がっていくのですが、ここではほかの書に譲

図5
フィボナッチ数列の出現

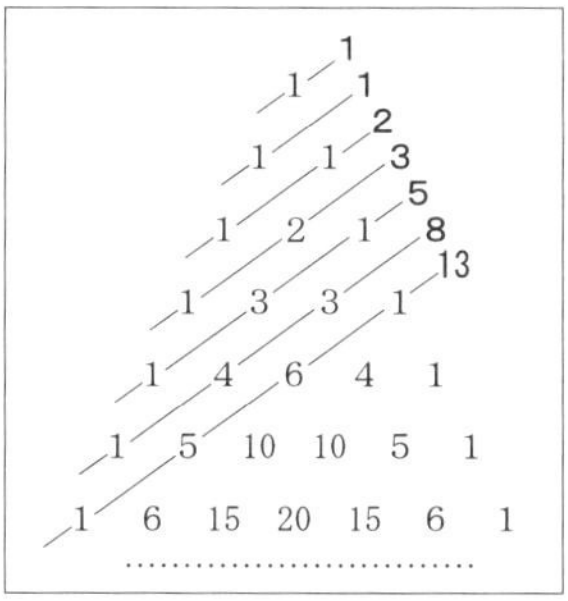

図6　フィボナッチの枝分かれ

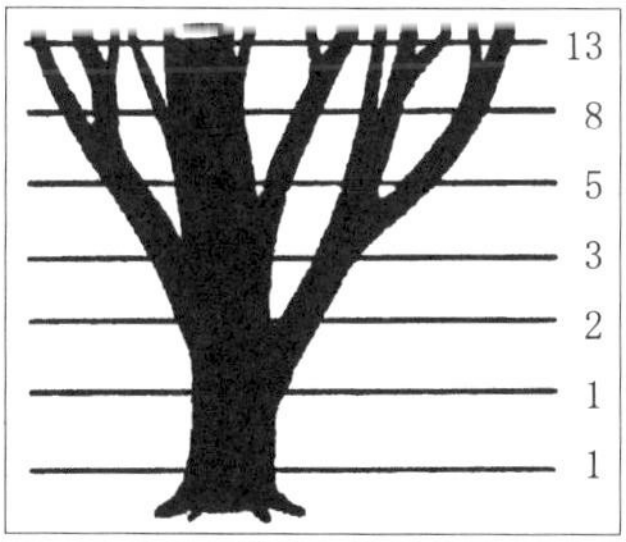

フィボナッチの木

図7　東大寺南大門断面図

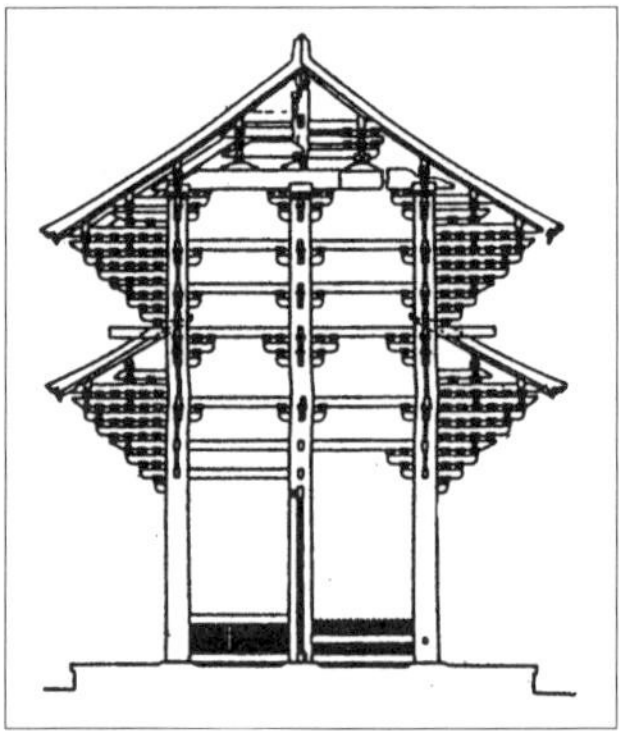

図8　斗《ます》と肘木《ひじき》に埋め込んだパスカルの三角形

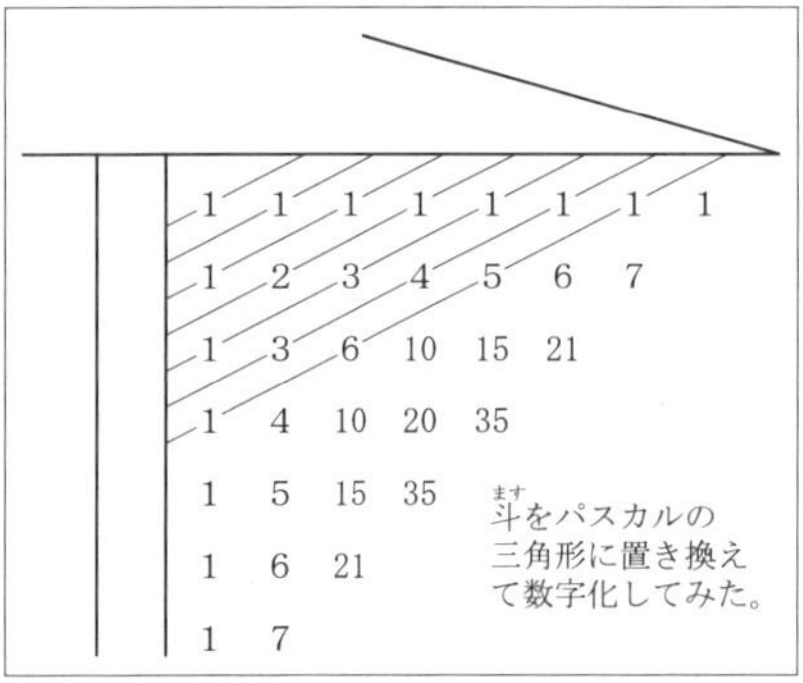

ります。

　この図5を、東大寺南大門の断面図（図7）より、パスカルの三角形状になった「斗《ます》」と「肘木《ひじき》」に埋め込んでみたのが図8です。

　ここから、何が見えてくるでしょうか。宮大工棟梁の西岡常一は、「木の使い方というのは、一つの山の木でもって一つのものをつくる。これが原則ですわ。木のはえている場所を考えて、その性質を見抜かなあきません。われわれはそういうのを木の心と呼んでいます」と言い、宮大工に伝わる口伝として「堂塔造営用の用材は木を買わずに山を買え」を紹介しています。つまり、東西南北の用材を堂塔の東西南北に配置するのです。それが、「木の癖組み」であり、「木のいのち」を考えることになるのだと。また、その用材は一本の大樹でなければならないといいます。西岡棟梁は、「……（災難を）はね返したからこそ大樹になれたのか、大樹だからこそはね返せるのか……」と、これは大樹のいのちのたくましさへの畏敬ではないでしょうか。つまり、木のいのちが宿る南大門は、一本の大樹そのものといえます（注8）。なに気なく階段状に積み上げられた斗と肘木には、想像力によってしか見えない枝が埋め込まれていたといえます。また、雪や雨の重さにも耐えていける柔構造や、適度な湿度を吸収しながらいのちを保つ南大門は、樹木の特質そのものでもあります。そして、より早く、より遠くへ（軒に入らぬよう）雨水を流す瓦や屋根の反りは、サイクロイド（最加速度曲線）であり、葉の模式図であり、日本の気候風土に合致したものとなっています。しかし、宮大工のその直観力の凄さは、これだけにとどまりません。それは、解体した南大門は、決して元の南大門そのものには、復元され得ないという凄さです。それが、生

図9　縄文杉

命あるものの姿ではないかと、南大門は私たちに語りかけてきます。

図9の縄文杉のなかに、南大門を想像する。

または、南大門に隠された1＋1に始まったフラクタル模様の向こう側に、遠くアフガニスタンへと続くシルクロードの終着駅である古都奈良がイメージできたでしょうか。出発は1＋1という、ただそれだけの働きにしかすぎないことなのですが、数の世界のイメージがかぎりなく広がっていきそうです。このようなフラクタル図形は、今日ではCGに応用されたりします。(注9) ガスケットにアゲハチョウの羽を想像し、ブラウン管の中で飛ばすことは今日では容易なことでしょう。しかし、「わたしたちは、一匹のアゲハチョウも創造し得ない」という、いのちの深さと出会える(気づける)感性をむしろ大切にしたいと思います。次の機会には、この授業の後に生まれた、生徒たちの数学絵本の話を紹介したいと思います。

注1　小平邦彦『怠け数学者の記』(岩波現代文庫　二〇〇〇年)

注2　吉田敦彦『ホリスティック教育論』(日本評論社　二〇〇〇年)

注3　松岡正剛『外は良寛』(芸術新聞社　一九九三年)

注4　田野村忠温「現代日本語の数詞と助数詞」奈良大学研究紀要第一八号

注5　河合隼雄「『援助交際』とムーブメント」(『世界』岩波書店一九九七年三月号)

注6　牧野英三編『五線譜に生きる大和の歌』(音楽の友社)「竜門の数え歌」
一つとや　龍門騒動は大騒動　二つとや　札の如何を　無理として　二十まで作りた　手まり歌　お江戸へ捕られた　又兵衛さん　歌おうかいな　いとしいわいな………

注7　フィボナッチ数列　1、1、2、3、5、7、12、19、……より、5／3、7／5、12／7、19／12……をとっていくと、ある値に近づいてゆきます。それが、1.618……となり、黄金数(ゴールデンナンバー)と言います。古来より、「1：1.618」を黄金分割比と言って、もっとも美しい比のひとつと考えてきました。つまり、彫刻や建造物、もちろん人体も含めて、その美は黄金分割比を備えているからと考えていました。関心のある方は、河田直樹『世界を解く数学』(河出書房新社　一九九九年)ジョージ・ドーチ『デザインの自然学』(青土社　一九九七年)などを参照してください。

注8　西岡常一『木に学べ』(小学館　一九九一年)

注9　インターネットでフラクタルやシルピンスキーのガスケッ

トについて、さまざまなサイトがあります。ここでは次のサイトを紹介しておきます。検索は「シルピンスキーのガスケット」「フラクタル」で行ってください。

URL http://www.bunkyo.ac.jp/faculty/kyouken/shiraishi/shiraishi.html

※ここでは、平面で扱いましたが、関心のある方は、立体（でのパスカルの三角形）でも試みてください。新たな想像力が南大門のイメージを一変させるかもしれません。

【引用・参考文献】
吉田武『素数夜曲』（海鳴社）

ひかりとかげとその狭間より

東京学芸大学教育学部附属大泉中学校　成田 喜一郎　*Narita Kiichirou*

ひかりを求めて

私が行ってきた社会科教育の実践史（一九七八年～現在）は、「指導の履歴」だけではなく、教師としての「学びの履歴」でもあります。

教師における「学び」とは、教材研究をしたり、指導方法をくふうしたりすることを意味するだけではありません。それは、授業を通して子どもたちの「学びの履歴」から学ぶことをも意味しています。否、むしろ、子どもたちの「学びの履歴」に学ぶことがあってはじめて、教材研究や指導法のくふうができるものなのかもしれません。

これまでもっとも深く私の心に残っているのは、海外から帰国した中学二年生のK・Rさんからの質問でした。

ある日のこと、K・Rさんが目をキラキラ輝かせながら社会科教室にやって来ました。

「先生、わたし、歴史がぜんぜんわからないの。授業や教科書にでてくる漢字もむずかしいし……。何とかしてちょうだい！」とK・Rさんは訴えます。「じゃあ、具体的にどんなことがわからないの」とたずねると、「農民って、何だかよくわからない。教科書に出てくる農民はいつもちがうじゃない。何が本当なのかわからないわ」と言います。

そこで、私は、原始時代から順に時代を追って、農民生活のあゆみを話していきました。「なるほど、そういうわけか。土地をにげ出した農民が、あとの時代になると、うったえをしたり、いっきをおこしたりするのね。農民はどんどん力をもってくるんだあ」

その後も、Ｋ・Ｒさんはたびたび質問に来ては、私との対話を重ねていきました。

Ｋ・Ｒさんは、農民を単に「農業に従事する民」と辞書的に理解するに止まらず、「農民」という歴史的な意味内容の変化に気づき、その変化の意味が「わからない」と問題意識を持ったところに、私は深い感銘を受けました。

また、教科書に出てくる言葉は「農民」ではありますが、事実、史料にあたってみると、それぞれの時代に生きた「農業に従事する民」を示す言葉は異なっています。むしろ、すべてを「農民」という言葉でくくってしまうことで、各時代で異なる「農業に従事する民」の暮らしや生き方をよけいに見えなくしてしまいます。

Ｋ・Ｒさんは、「農民って、何だかよくわからない」と疑問を私にぶつけることによって、その結果、飛躍的に歴史認識を深めてしまいました。日本にずっといるほかの生徒にとっては、「農民は農民、わかり切ったこと」であり、おそらく疑問の余地はありません。いわゆる帰国生のＫ・Ｒさんは、日本語力や日本史の知識の不足というハンディをユニークな問題意識と鋭い思考力、そして自ら質問にやってくるという積極的な行動力でカバーし、むしろほかの子どもたちにはできない深い歴史認識を自ら手に入れたのです。

こうしてＫ・Ｒさんから「わからない」という質問の輝き、その意味の深さとたくましさを学びました。

それ以来、私は、子どもたちの「わからない」という言葉から、新たな認識への深まりや広がりが期待できると確信するようになり、子どもたちの疑問に注目してきました。

しかし、Ｋ・Ｒさんのように、自ら質問に来る子どもたちばかりではありません。

そこで私は、いつしか小さなカード（Ａ５判）を持って授業に臨むようになりました。授業中や授業後に配っては、しばしば、こんなことをたずねています。

《キーワード＆コメントを書こう》

きょうの授業でもっとも印象に残った言葉（キーワード）は何ですか、一つあげてください。そして、なぜ、その言葉を選んだのか、理由も書いてください。なければ、ないで結構。ないということも大切な事実です。

《さあ、愛Qしよう》

きょうの授業や教科書の記述などでよくわからないなあと思ったこと、それはおかしいなあと思ったことなど、少なくとも一つは探し出して書いてください。これもなければ、ないで結構。ないということも大切な事実です。

この小さなカードは、子どもたちの「学びの履歴」の一つとなって蓄積されてきます。教師である私は、子どもたちの「学びの履歴」に学び、次なる授業づくりに生かしていきます。

《キーワード&コメントを書こう》では、教師と子どもたちにある変化が起こります。教師はふつう学習指導案を書いたり、思い描いたりしながら授業に臨みます。そこには、当然、「単元の目標」や「本時の目標」が設定されます。しかし、子どもたちの書いたキーワード&コメントには、教師の設定した目標を遙かに超えたことを学んだり、心に刻んだりしていることが見えてくるのです。子どもたちの学びがいかに多様で異なるかということに気づくからふしぎです。そして、このキーワード&コメントは、子どもたちの「復習」観を変え、広げていきます。学習内容を整理するだけの復習から学習内容と自分とのつながりを発見する復習へと。

《さあ、愛Qしよう》では、私の行った授業、みんなが持っている教科書の中の叙述に対して、子どもたちはどんどん疑問や質問をぶつけてくれます。ある子どもの疑問・質問が、教師である私自身が行うべき教材研究の課題や宿題となったり、子どもたちみんなで考える課題やテーマになったりすることがあります。そして、何よりも子どもたちの「授業観」「教科書観」をひっくり返していきます。聞き覚える授業から問い質す授業へ、習い覚える教科書から問い学ぶ教科書へと。

グレーゾーンを求めて

子どもたちの「学びの履歴」に学びつつ、自らの「学びの履歴」をワクワクドキドキしながら生きられるということは、中学校社会科教師として、光輝く幸せな「時間」「空間」「人間《じんかん》」を生きていると言っても過言ではありません。

しかし、「ひかり」というものは光源が強ければ強いほど、そのかげは深く濃くなるものです。中学校教師としての私が教育現場で光輝けば輝くほど、かげを落とすところが出てきてしまったのも事実です。

私の場合、自らの家庭がそうでした。

家族の言葉を借りるならば、「ひとの子にはあんなに熱心になれるのに、うちの子にはどうして……!」ということが起こりました。家庭内で幾たびかの「嵐」も吹き荒れました。中学校教師としての私と家庭における父親としての私とのギャップはなかなか埋まらず、自分自身に対してもどかしさやいらだちさえ覚えてきました。

私自身、子どもとのつながりやかかわりを求めて、子どもをありのまま包み込む「ホリスティック」な教師をめざしてきたはずですが、ことわが家庭、わが子に対してはどれほど「ホリスティック」なつながりやかかわりを持つことができたのでしょうか?

私自身の未熟さゆえなのでしょうか、わが家では「ホリスティック」という言葉は今でも禁句です。もしかすると、私が語ってきた「ホリスティック」という言葉は、父親としての私の立ち居振る舞いとのギャップを見続けた家族にとって、空理空論であり「非ホリスティック」であり、ときに「ヒステリック」に聞こえていたのかもしれません。

もちろん、そうした状況をほったらかしにしていたわけではありません。いろいろ思索を重ねたり、努力を試みたりしてきました。

たとえば、高一と小六のわが子に月一回の通信「トモピー&ヨッシーに贈る本」を発行したことがありました。『読書』への旅に出る前に」と題された第一号通信の冒頭に、こんな一文を添えました。

お父さんは、これまでに何度も、君たちに「本を読みなさい」「こんな本もあるんだぞ」と言い続けてきた。でも、君たちはそんなお父さんの忠告や警告をほとんど聞いたためしがなかった。それどころか携帯にうつつをぬかしたり、ゲームボーイに明け暮れたりしている姿をみると、お父さんは、怒りを通り越してとても悲しい気持ちになってしまう。本当は、お父さんは心の中で泣いていたのだ。でも、お父さんは、気を取りなして君たちふたりのために本を書くことにした。本とは言っても、厚くもなければ、表紙もないただのプリント。でも、コツコツと貯めていけば、いつかはきっと厚い本になるはず。本を読むことによって、今、この日本や世界で起こっているでき事や人間の身体や心の中で起こっていることについて、しっかりじっくり自由に考えられる人間になってもらいたくって、この本を書き始めることにした。

（二〇〇〇年九月七日）

その後、私は、通信を何回か発行しましたが、子どもたちはプリント一枚の通信でさえほとんど読んではくれず、その上私も過激で多忙な校務が重なり、とうとう挫折してしまいました。

私は、もう子どもたちに「本を読みなさい」とは言えなくなりました。否、もう言う必要もないと思うようにもなりました。

今もなお、私は、学校の教え子たちの「学びの履歴」を読み学び続けています。

一方、私は、わが子たちの学校での「学びの履歴」についてはほとんど知りません。そして、家庭で子どもたちとじっくりゆっくりうっとり語り合う時間もほとんどありません。

ただ、できるかぎりわが子といっしょにいる時間を増やし、子どもたちの「学びの履歴」に少しでも多くふれられたらいいがなあとは思っています。

確かに少しずつ実行に移してはいるものの、今また、こうした文章を書いている自分がいます。

ともかく、今、「ひかりの人」と「かげの人」という二役を演ずるのはもうやめにして、ひかりとかげの狭間をもっと「グレー」に生きてみようかと心密かに思っています。

その「グレー」に生きる場が、悩みとまどうだけの「狭間」ではなく、ほどよいひかりとかげの溶け合う素敵なグレーゾーン、しかも「中広間」ぐらいになることを期待して……。

〝Slow is Beautiful!　Gray is Beautiful!〟

私の中のホリスティック教育

—覚え書き—

渡辺　昭
Watanabe Akira

がんばれの功罪

「がんばれ」「がんばりましょう」

学校では常用語である。あたりまえのように私も使っていた。

数年前のことである。

「渡辺さんに会うと、いつもがんばれっていわれるけれど……」

「がんばれ、がんばれってイヤな感じ……」

重度重複障害児のお母さんに言われハッとさせられた。

寄宿舎生のHくんも同じようなことを私に聞かせてくれた。

「たとえば、今、(自分の力で)一〇パーセントでやっているんやったら、お父さんはもうはや三〇パーセントぐらい出せと。三〇パーセントが出なかったらだめやと。で、とりあえず、三〇パーセントいくやろ、疲れるやろ。つぎは六〇パーセントでいけと。もうお父さん、あかん、あかん、というひまもなく、もう八〇パーセント、九〇パーセントでいけと……」

私たちは生徒に、あまりにも「がんばれ」と言いすぎてはいないだろうか。相手がどのように受け止めているのかわからずに。

誰しも自分の生活を向上させようと力いっぱい生きようとしている。それを「もっとがんばれ」「まだだめだ、もっと」というのは一〇〇点を取れない生徒はダメだといっているに等しい。

「がんばれ」というのは「がんばったら成功する」という価値観があるのだと思う。

「がんばることはすばらしい」確かにそれは一面では事実である。しかし、がんばってもどうしようもないということがあるのも事実である。

どちらかに偏らず、両方のことを生徒に語っていくことが必要だと思う。

「がんばってばかりいたら、しんどいね」
そんな声かけを私はしている。

生徒の話をきく

Hくんは「きいてーや」とくりかえし言う。

生徒の話を「きく」のは難しい。なかなかきけない自分にガックリしてしまう。

「きく」という場合、私たちが使っているのは「聞く」という言葉である。Hくんが「きいてーや」というのは、「聞く」ではなく、「聴く」ではないかと思う。つまり、生徒自身が本当に話したいことを心からきいてもらっているか、ということなのである。

たとえば、生徒の話を五分間、いや、三分間でも黙って聴いてみてほしい。これがなかなかできない。つい言いたくなってしまう。がまんすることができない。会議の時、発言の途中で口をはさむ人が必ずいる。話が終わるのを待てないのである。こういう人はなかなか人の話がきけない。

また、私たちは議論が好きである。批判や反論をすぐする。これがくせものである。相手を言い負かしたと喜んでみても、きいてもらったという満足を相手が得ることはない。反発を引き起こすだけである。

Tさんは「もう来たくありません。きいてくれなかったんです」といって卒業していった。もう少し彼女に寄り添うことができていたらと思うと残念でならない。話をきくことの難しさを彼女から学ばせてもらった。

じっくりと生徒の話を聴くという心のゆとりをもち続けていたいものである。

ステキなあなたへ

「自分はダメだ」と自己否定している時は、いちばんつらい。

信頼している人、愛情をささげている人からの拒否はいっそうのダメージを受ける。「自分なんかなくなってしまえー」とさえ思うほどに。

だけど何かにすがりつきたい。なんとか脱したいと必死になる。自己否定のままでは、やっていけないのだから。

教育に携わる者として、自己否定の自分をどう扱っていいのかわからなくなる。誰にも相談できない中で、もんもんとした日々が続く――。

そんな風に苦しんでいるあなたがステキに見えました。今はよかったなとホッとしています。お話しできて少し楽になれたのでしょうか。

自分自身を大切にしてほしい。どれほどあなたが生徒や教職員から必要とされているか。どれほどあなたのことを思っている人がいるのか。浮かべてほしいのです。あなたにほほえむ何人かの顔を。

教え方がうまいとか、臨時教員だからというのではないのです。今のあなたそのものを大切にしてほしい。あなたのよさをあなた自身で探し続けていってほしい。あなたはもっともっとステキな人に変わっていけるんじゃないか。

私は期待をもってこれからも見守っていきたい。

自分がいちばん難しい

どうしても好きになれないという生徒がいる。うまが合わない。なんとかならないかと思うと、よけいにややこしくなったりする。しかし、ずっとつきあっていくなかで、あれ？　こんない い面もあったのか、知らなかったという発見をすることがある。これはなんなのだろう……。

今までは、生徒が問題なんだ、生徒が変わらなければ改善されないと考えていた。生徒より、自分自身が変わらなければ何も変わらないのではないか。自分の見方、かかわり方の問題なのでは。長所、短所があってこそ生徒なのである。ありのままに生徒を受け止めることができないだろうか。

生徒が私という人間を選んできたわけではない。この学校に来て、偶然、顔を会わすことになっただけのことである。生徒のことをろくに知りもしない私が、自分自身の浅い人生経験で、生徒の人間性をうんぬんすることに無理があるのではないか。自分自身の狭い人間性こそ問題にされるべきであろう。

そうはいっても自分の見方はなかなか変えられない。いやな奴だと思ったら、顔も見たくないというのが人間の感情である。そんなときはあきらめるようにしている。どうしようもない。いやでもつきあっていくしかないと、開き直るようにしている。そうすると少し自分が成長できたかなと思う。

どの人間関係も同じかもしれない。自分がいちばん難しい。

今がスタート

知らず知らずに人をダメにしていることがある。その人の言ったこと、したことをいとも簡単に否定した後に気がつく。

私が今までやってきたことがそうである。

「理想の生徒像」「模範的生徒」を評価の対象にし、それに当てはまらない生徒はダメだと言ってきた。考えてみれば自分の価値観を生徒に押しつけてきただけのことである。うまくいくはずがなかった。

「あんた何やってんの、それじゃアカンやない」

同僚からの叱責は、私が生徒に言ってきた言葉そのものであった。そんなこと言われても、今これしかできないのに。

否定も肯定もない。まず今あるところからしかスタートできないのである。あるがままを認めていくしかない。

「私もわからんのやけどいっしょに考えていこうよ」

頼りないと不安を感じるかもしれないが、私にとって実りの多いかかわり方である。生徒も私も、今生きているというところからスタートするしかないと思う。常にスタートの繰り返しである。

生徒と顔を会わすと思わず笑みが浮かぶ。今日も何が起こるかわからない。ぞくぞくするような期待。何か楽しいことが起こる予感。生徒とかかわる中でいっしょに創り出していく経験は私自身を充実させてくれる。

人生は人とどうかかわり、どのような関係を創り出していくか。その瞬間瞬間にかかっていると思う。今あるがままに生きている人との出会いの中で、ともに生きていこうとすることにほかならない。

今、この瞬間こそ。

Ⅳ

人生の問いに　向きあって

【高校】

自己表現、自己のわかちあい、そこから見えてくるもの
―グループワーク「ホピ・インディアンの儀式」の実践報告―
公立高等学校　教員　竜門　佳弘（岡山県）　87

今ドキの高校生がいきなり本音で語ってくれるなんて思っちゃいない。もちろん、いきなりつながれるとも…。でも、自分を語り、となりの人を知り、それらがうまくつながっていく様を目の当たりにする時って、多くはないけど、ホントにあるし、心がふるえる。そんな時を求めての、日常の中の非日常的な一場面、グループワーク「ホピ・インディアンの儀式」です。

思春期の危機
―ひとつの言葉が人生を変える―
奈良女子高等学校　北西　敏男（奈良県）　92

高校生時代は、すべての面で大きな成長をみせます。しかし、人間関係のトラブル、理想と現実、あこがれと失望、不安と孤独感で、苦しみ悩むのも高校生時代です。誰にでもある思春期の危機のなかで、友だちのたった一言が、たった一人の先生との出会いが、人生を変え、その後の一生を決めていく…。そんな高校生たちへの、メダカ先生自身の体験的メッセージ。

今、この瞬間を生きる
―筋ジストロフィーの子ども達から学んだこと―
元国立八雲養護学校　加賀　京子（北海道）　96

「天上天下唯我独尊」人はどんな状態でもかけがえのない独り、命あるものです。しかし一人ではかけがえのない独りにはなりえません。かけがえのない独りの証、誰がどのような思いで受け止めるのかはわかりませんが、確かに人間《ひと》はともに学び、ともに育つ、これがホリスティックなのでしょう。

ホリスティックな「気づき」とカウンセリング
―自殺未遂の男子高校生とのケースから―
広島国際大学　鶴田　一郎（広島県）　100

一人ひとりの心に寄り添っていく営みがホリスティック教育であり、カウンセリングであると考えています。ここではカウンセリングの実践事例を通じて「ホリスティックな気づき」について考察を試みました。具体的には、いじめで傷ついた青年とのカウンセリング過程を振り返ることによって、「ホリスティック教育とは何か」を探ろうとしています。

私の教員生活とホリスティック教育との出会い
―子どもの活躍して輝くときを求めて―
元公立高等学校　教員　奥村　知亜子（大阪府）　106

ホリスティック教育と出会ったのは、子どもの心の闇と環境問題の悪化が両輪のように見え、それを統合して教育活動を進めていける道を模索していたころでした。この出会いによって、これまでしてきたことを統合し、さらに進む方向性を見い出すことができたように思います。一八年間の教員生活を振り返って、自分の変容を見つめ直してみたいと思います。

自己表現、自己のわかちあい、そこから見えてくるもの

―グループワーク「ホピ・インディアンの儀式」の実践報告―

公立高等学校　教員　竜門　佳弘
Ryumon Yoshihiro

公立高校の教師になってしばらくになります。が、その間、「自分の指導力は磨かれているか」という振り返り方はあまりしなかったように思います。そうではなく、自分がやろうとしてきたことは「その時の自分」を表現しようとすることでした。そうすることで、こんな僕に興味を持つ次の世代の若者もいて、そういう若者たちの生き方に大きく影響を与えるということに気づきました。その世代の「今」を表現してもらうことによって、「つながっている」という感覚を得られました。そして、そこから見えてくる「さらなるその時の自分」は、過去の自分よりはるかに重く迫ってきました。そうした中で得られる充実感は、大げさに言えば、そのまま生き方につながるように思います。そして、そういう感覚を持つことは、僕自身はもちろん彼らにとっても大切なことであるように思い、そう多くはないそんな瞬間を願って、さまざまな試みを繰り返してきました。以下で報告するのは、その中でも印象的なお気に入りの実践、グループワーク「ホピ・インディアンの儀式」です。

グループワーク「ホピ・インディアンの儀式」

ダイアナ・ホイットモア著『喜びの教育　―サイコシンセシス教育入門―』（春秋社　一九九〇年）の中で紹介されているエクササイズの一つです。簡単に流れを紹介すると、グループ各人に「自分を象徴するもの」を持ってきてもらいます。みんなで円を作り、一人ずつ持ってきたものをみんなに見せ、それが何であるか説明します。それから、円の真ん中の「ここ」と思う場所にそれを置きます。そうやって、一人ずつがだんだんにつけ加えていって、全部が出そろったら置きかえたりしながら、そのグループを象徴する一つのシンボルを作っていくというものです。さて、実際のようすはというと……。

年間数回あるクラス独自で企画できるロングホームルーム、その中の一回を生徒からもらいました。「一時間だけ僕の趣味で使わせてくれー」と一生懸命お願いして。当然、

「先生、何するん?」

とくる。そこですかさず、

「そりゃー言えんな」

と返す。そして、指令を出す。

「〝自分グッズ〟を持って来い!」

さあ、騒然となる。

「〝自分グッズ〟って何?」

「〝自分グッズ〟っちゅーたら、自分を象徴するものに決まっとるやんけー!」

ますます騒ぎは大きくなる。

「まあ簡単に言うたら、自分を表現するものやな」

「いっこも簡単になっとらんやん!」「たとえば、どんなもの?」

「それ、言いたくないんや。言うてしもうたら、ほかのイメージ、湧きにくいやんか。まあ、ゆっくり考えてみ」

「先生も持って来るん?」

「当たり前や!」

「何?」

「そりゃー言えんな」

こんなやりとりをしながら僕自身も悩みます。「何を持って来よーかなー」と。「どんなふうに表現しようかなー」と。

そして迎えたその時間、中庭でみんなで輪になって座り……。

「さあ、目をつぶって。今日はこれからインディアンの儀式をやる」

「おいおい、インディアンときたで……」

「そうや、インディアンや。儀式をするには儀式ができる神聖な場所に行かなあかん。じゃあ、まず、ここから抜け出そう。空高く飛び上がるぞ。さあ、飛んでけー!」と、イメージワークから入ります。イメージワーク自体はそれまでにも何回かやったことがあったので、それほど違和感はありませんが、かといってこの時点でみんながシーンと静まってイメージに入っているのともちがいます。むしろ、ペチャクチャ、ザワザワ、落ち着かない感じです。ですが、そのまま続けていくと……。

「たかーく、上がっていってるか? 校舎が見えて……、岡山の町が見えて……。十分高く上がったら、アメリカに行くぞー」

「アメリカやこー、といーし、こえーわー(アメリカな

んて遠いしこわいわ）」

「でも、私もう、太平洋、渡りょーるよー（渡っているわよ）」

「えー、ほんなら（それじゃあ）、私も行くー」

「あんた、ちょっと待たれー（待ちなさいよー）」

「いやじゃー。追いつけるもんなら追いついてみー」

「そんなん言うたら、ほんまに行くよー」

「わー、来たー！」

この会話には驚きました。目をつぶったもの同士がイメージを共有したと考えてもいいのでしょうか。そして、アメリカ大陸、その中で一番神聖な場所、インディアンの聖地に自分グッズを持って降りて行きます。ふしぎなことに、このころになるとなぜだかみんなシーンとなっています。目をつぶらず、イメージに入っていない子もいますが、その子もその子なりにシーンとなっています。

「さあ、そろそろ、降り立とうか。聖地やからな。できるだけ静かーに降りてみな」

「みんなが、今降りた場所が、インディアンの聖地です。この聖なる地を、しっかりと感じてみてください。そこの風を感じてみてください。どんなですか？」

こうして、みんなにはまだ目をつぶってイメージを湧き立たせてもらっている間に、僕は僕の自分グッズを準備します。それまで悩みに悩んでやっと決めた僕のモノを、輪の真ん中に広げました。

「さあ、今みんなが感じている聖なる地は、このクラスみんなの聖なる地です。それを十分に感じられたら、ゆっくりと目を開けて……。今、僕の自分を、みんなの真ん中に置きました。僕が昔、オーストラリアをバイクで旅したときに持っていた、日を走り終えるごとに、その日走った道をマジックで印していった地図です。今日ここに、何を持って来ようかずいぶんと考えたけれど、やっぱり、これです。これが僕の原点です、きっと。で、これから、ここに、みんなのモノを置いていってほしい。自分が一番いいと思う場所に、やっぱ、ここやなって、思う場所に、誰からでもいい、一人ずつ、置いていってください。置くときに、今、僕が言ったみたいに、ちょっと、説明入れてくれたら、わかりやすいかもしれない」

少し待つと、存在感のある野球部のキャプテン（クラス委員長でもありましたが）と目が合いました。

「やっぱ、お前から行くか？」

真ん中に出て、グローブを置く。

「あ、あの、グローブです」

「見りゃーわかるわ！」

それから、いろいろ出てきました。自分が好きなタレントものから、幼いころの思い出のもの、はてはペットのリスまでが。いろんなものが出てくる度に、その説明を聞く度に、「ワーッ」とか「へーッ」と盛り上がりましたが、逆におもしろかったのは、クソ真面目なおとなしい男子生徒が、

「すみません、持ってきてません……」

ときた時。僕が何か言う前に、

「おめー、何でもあろーがー（お前、何でもあるだろう）。ほんなら（それじゃあ）、スリッパでも出せやー」

と、仲のいいお祭り隊長に突っ込まれる。で、その通りに自分のスリッパ片方を、それでもそれなりに考えて置く（さすがに、「スリッパです」とは言いませんでしたが）。そして、一通り出てきたところで、「いろいろあるけど、まだまだバラバラ。これからみんなでクラスのシンボルにしていきたい。いろいろ自由に手直しして」と告げると、やがて、こっちが手を出す余地はなくなり、その場を完全に持っていってくれました。ああだこうだと、ワイワイガヤガヤ、いろいろやって、やってるうちに落ち着きました。これまたふしぎなもので、そのシンボルが一つの形で落ち着いてくると、その場の空気も、僕らの気持ちも、ホントに、スーッと落ち着いたのです。「これしかない！」っていう感じで……。

その後、このシンボルの写真を撮り、大きく引き伸ばして、教室にはりました。「ありがとう」と一言書き添えて。

このワークはその後も数回行いました。その度に新鮮に緊張しワクワクします。そして、そのどの回も最後には、どれもちがった、その回なりの、いい感じに落ち着きます。二回目に行ったときには、クラスの半分が一回目を経験していて、残りの半分が初めてという構成であったためか、手順を知っているものが先行しすぎ、ほかの生徒がおいていかれ、乗り切れないような感じで、場がもう一つしっくりこない、浮き足だった感じがありましたが、少しがまんしてようすを見ていると彼らの方でうまくバランスを取り、やはりその時間の終わりにはしっかり完成しました。勤務校が変わっても自分を表現する生徒の姿に、大きなちがいは感じられず、その度ごとに新しい発見と感動があります。それには、手順に頼らない、その時かぎりの「ライブ感」が大きく関わって

いるように思います。また、僕自身も「その時の自分」をとらえ、それを元に「自分グッズ」を決めるわけですから、その度ごとに自分を確認できているように思います。ちなみに、二回目の時には、「バイク乗りの自分」をちゃんと持っていたくて、革ジャケットを、また、ネイティブアメリカンの文化に心惹かれてアメリカを旅した直後には、その旅で手に入れたインディアンドラムを持ち込み、表現しました。「今やるとしたら、何を持って来るだろうか」とよく思います。僕自身にとって、この「その時の自分を持てているか」ということは非常に大きく感じられます。この実践にかぎらず、常に必要とされているのはこれではないでしょうか。過去にどんなすごいことをしていても、時間がたてば、年を取れば、過去を過去として語ってしまえば、彼らにとっては色あせたものでしかなくなります。ですが、それを過去のことだと切り捨てるのでもなく、今とのつながりにおいて語るのであれば、それは彼らの「今」に語りかけ、彼らの「これから」につながるように思います。だからこそ、彼らの方もそれまでにはしなかったような自己表現を試みてくれるのだし、そういう一人ひとりが見えてくるから、共有されるからこそ、でき上がるシンボルも「これしかない」形に落ち着くのではないでしょうか。

　さて、ここで報告させていただいた実践、もちろん、日々の学校生活のほんの一コマにすぎません。そして、ここだけを切り取ればとてもきれいで素敵な世界に見えるのかもしれませんが、実際に現場で日々やっていることと言えば、いわゆる泥臭い、いっぱいいっぱいの、なんとかかんとかでしかありません。そのことを自覚して、でもあきらめることなく、「その時の自分」を表現できればと思います。見つめていればあふれてくる、それを滲み出させられればと思います。「その時の彼ら」を表現してもらえる、それを感じられる自分でありたいと思います。そして、それらを共有できれば、現実の中であたふたとしながらも、お互いが、あるいはお互いのあり方が変容してくる、目に見えないところで。そう思いながら、また今日もあたふたとするのでしょう。

思春期の危機

―ひとつの言葉が人生を変える―

奈良女子高等学校　北西　敏男
Kitanishi Toshio

高校生時代は、すべての面で大きな成長をみせます。しかし、人間関係のトラブル、理想と現実、あこがれと失望、不安と孤独感で、苦しみ悩むのも高校生時代です。誰にでもある思春期の危機のなかで、友だちのたった一言が、たった一人の先生との出会いが、人生を変え、その後の一生を決めていく……。そんな高校生たちへの、メダカ先生自身の体験的メッセージ。

危機を乗り越える出会い

DEAR メダカ先生

今日でやっと卒業です。

長かった三年間でした。

いろんな事がありました。私はバレーボール推薦で、この学校に入学しましたが、六ヵ月というとても短い時間で辞めてしまいました。

その理由は、自分の実力とまわりの人間への不信感、ライバル意識を通り越してしまった、敵対心からでした。

苦しいことで始まった高校生活でも楽しいことはいっぱいありました。それは、ほんとうに一瞬のささやかな笑いの中で、友達との深い信頼が生まれたこと。

今から思い返してみると、入学当時には、人を信じることができなくなってしまったけど、それは、自分のほしがっていたものに気づく一歩手前だったと思う。

人を信じる幸せな気持ちを見つけたかった私が高校生の私だったと思う。

今は先生や、いろんな人たちの中で、とても幸せに夢を持って歩き出そうと思える自分がいます。今となっては、たくさんの人を許せるまでに……。

どんなに辛い事の後でも、大切な者を失った後でも、人間は、また、希望とか夢を持つ事ができて、人を大切に思えるようになるんだね……。

「本」ありがとうございました。大切にするね。

先生も、いつまでも元気で夢を持ちつづけてください。

私も宇宙一幸せになります。夢は文章を書く仕事と、自分が昔辛かったことがあるから、私みたいな人の助けになれるカウンセラーになります。応援よろしく。
P.S. メダカのようにすきとおったきれいさがほしい。
先生に出会えてよかったよ!!
二〇〇一・三・一
FROM　卒業生　F・U

卒業式終了後のことでした。何となく学校中に厳粛な空気が漂う中、校庭にいつまでも別れを惜しむ姿、記念写真を写す姿がありました。

その風景を窓越しに眺めているとき、ドアをノックする音。卒業生のFさんが、

「先生、写真写そう。これ読んどいてね!」

進学先も決まった卒業前のFさんは、新刊書を次々買い込んでは読んでいました。そんなFさんと本の話をよくしたものです。

明るいFさんでしたが、苦しい時があったことを知りました。

乗り越えたのは、持ち前の明るさに新しくできた友だち、理解してくれる先生との出会いでした。

思春期には誰でも危機があります。危機を乗り越えたことが、今後の人生の生き方の基本になり、生きる目標になります。危機を経験することなく通りすぎる方が、問題のあるおとなになりそうです。

誰にでも危機がある

ある先生の思春期の危機です。

わたしは、子どものころから生き物が好きでした。昆虫、小鳥、犬、ネコ、アヒル、鶏などいろんな生き物を飼いました。小学生はいつも、飼育委員でした。

中学生のとき、我が家の飼い猫が自宅前の道路で交通事故にあいました。顔が砕け、血だらけでした。助からないと思われたのですが、獣医の手術を受けました。二度の大手術、一ヵ月の入院、口が動かないので、食べ物を胃へ流し込む毎日でした。でも、何とか食事ができ、歩けるようになり、元気になったのです。

これがきっかけなのか、将来は獣医になろうと考えるようになりました。高校は進学コースに入学しました。

友達の雰囲気が変わりました。みんな、勉強に夢中です。話すこともレベルが高く感じられました。

生き物の話など、真剣に聞いてもらえません。小学生のとき買ってもらったヒヨコが大きな鶏になって、今でも大切に世話をしている話をすると、ばかにされてしまいました。みんなから、取り残されたように感じ、自分の幼稚さに落ち込みました。

それでも、なんとか二年生になりました。

友達は中学校から同じクラスのAさんだけです。そのAさんも勉強に力を入れ始め、親しく話をすることが少なくなりました。

孤独感に勉強もだんだんする気がしなくなりました。また、担任は高圧的で、成績だけで生徒をみる感じで好きになれず、つい反抗的な目でみるようになりました。

勉強も学校もまったくおもしろくなく、修学旅行も参加しない、暗い二年生でした。もちろん生物を除いて落第に近い成績でした。頭のなかは、獣医の資格の取れる大学さがしや空想の世界にとじこもる毎日でした。

三年生、始業式当日、組変えがあり、氏名が運動場に張り出されました。ところが自分の名前がないのです。

友達のたった一言が

進学コースのクラスに、名前がない。何度見てもないのです。横にいるAさんと同じクラスになりたい。それだけが、希望でしたが……。

忘れられたのかと思っているとき、Aさんが、呼びにきてくれました。

「あったよ。三組だよ」

「え、え、就職コース」

すぐに、職員室へ走りました。

担任に、抗議。でも、感情が高ぶり、うまく、しゃべれなかった。

「勉強もしあがらんと、何を一人前な事いってんね」

顔をそむけたままで吐き捨てるような言葉が、残っています。学校としては、進学第一に、できの悪いのは、どうでもいいクラスに集められたのでしょう。

自宅で部屋に閉じこもり、泣きました。

自分には獣医しか進む道は考えられません。まわりも、「動物好きだからね。獣医さんむいてるね」とにかく、学校をやめよう。行く元気を失ってしまいました。

その夕方、Aさんが来てくれたのです。

「学校やめたらあかんよ。明日、駅で待ってるからね。いっしょに行こう。教室、新校舎やで、担任、〇〇や。いい先生らしいよ」

誰か助けて！　と叫びつづけていただけに、Aさんのこの言葉に救われた気がしました。

幸い、おだやかな担任でした。クラスも明るくのんびりした雰囲気でした。

高校生活で一生がきまる

受験勉強をする気になりだしました。しかし、生物を二年生で半分しか習ってないこと、一年生で習った化学をもう一度習うようになったことなど、変な具合になり、獣医に必修の生物の半分は独学でしなければなりませんでした。

結局、獣医の大学は不合格でしたが、教育大学に合格しました。

今では教員の仕事に生きがいを感じる人生を送っています。

もし、クラスが希望通りなら、獣医になってちがう人生を歩んでいたでしょう。

しかし、Aさんの訪問と助けがなかったら、自分の人生はどうなっていたかわかりません。たぶん、落伍者の暗い人生を背負っていたことでしょう。Aさんに感謝すると同時に、あぶない人生のわかれめでした。

高校生時代は、将来の方向や運命が決まる大切な時期であるわけですが、同時に、不安定で危険な時期でもあります。親離れが進み、家族の中でも孤立したり批判的になったりします。一方、友達関係が重要になりますし、生徒と先生の関係を見直すことも大切です。ともすると教師は指導中心になりやすく、校則とテストの点数で管理する教育では真の生徒の姿が見えなくなります。

誰でも、どうすることもできないことがあります。生徒の危機をキャッチ、相談相手になりましょう。しんどそうなら、しんどいね。暑いといえば暑いね、寒いといえば寒いね。その生徒の気持ちになれば、やがて、暗いトンネルを脱出するでしょう。

思春期には失敗することも大切な経験で、失敗の経験が将来役にたちます。「先生に会えてよかった……」教師冥利につきます。

今、この瞬間を生きる
―筋ジストロフィーの子ども達から学んだこと―

元国立八雲養護学校　加賀　京子
Kaga Kyoko

「筋ジストロフィー」の高等部へ

私の経歴は、ちょっと変わっています。函館の教育大学を卒業後、結婚のため、教員採用試験、学校事務のどちらにも受かりながら、仕事の案内が来ませんでした。そのため、医療事務、民間中小企業、聾学校の学校事務などの仕事をしていました。その後二年ほど、代替教員として函館の学校で、子ども達や親御さん、そして仲間とごいっしょさせていただきました。

そして私は、八雲にある「筋ジストロフィー」の子ども達が通う病院内学校に採用となりました。高等部に所属し、高校一年生の副担任になりました。指導教科は家庭科と音楽で、持ち時間の不足から、併設の中学部の家庭科と音楽も担当することになりました。

この時に、私には生涯忘れることができない次のようなことにぶつかりました。

着任時のとまどい

新学期が始まる前に、高等部で、時間配分の話し合いをしました。同時に、中学部でも、時間割の相談を行っていたようです。私は中学部の時間表をいただいたわけですが、最初の「家庭科」の授業時間が変更になることは、全く知らされませんでした。

初めての「家庭科」の授業、中学部の子は「どんな授業かな?」という期待で、ワクワクしていたでしょう。しかし、時間割の変更を知らない私は、「家庭科」の授業へは行けませんでした。

中学部の生徒から、「なぜ授業に来なかったのか?」とすごい勢いで責められました。ビックリして、「なぜ?」としか考えられない私がいました。わけのわからないことでした。

もう一つ「わけのわからなかったこと」は、一生、病院から出ることのない生徒に、「どのようにして家庭科を教えていくとよいのか？」ということでした。病院から出ることができない生徒に一体、今、この時に何を教えることができるのか、私には、わからないことでした。「衣服」「調理」「家族関係」など、とうていできないのではないかと思ったのです。

何のための家庭科？

高等部の家庭科の訪問教育を受けていた寝たきりの女生徒が、亡くなりました。自分では何もできなくても、私がしているレース編みが早く完成することを楽しみにしていたのです。この女生徒は、なぜ自分がしてもいないレース編みを楽しみにしていたのか、その心が、私には届きませんでした。亡くなったその夜、病院へ行ったのですが、会うこともできませんでした。とうとうレース編みの完成品を見せることもなかったわけです。

私の心の中では、この二つのことが、大きな渦になりました。なぜ、四五分の授業に出られなかったことが、あれほど生徒には許せなかったことなのか。そしてなぜ、亡くなった訪問指導の女生徒は、自分ができないレース編みの完成を楽しみに待っていたのだろう？　私には、理解できなかったことでした。

しかし、私は「なぜ？」など考える余裕はなく、今、させていただけることは何なのかが、大きな問題となりました。前に中学部の家庭科の時間がつぶれた時の、真剣な眼差しが忘れられず、そこで私が考えたことは、今、この瞬間が大事であるなら、たとえ病院を出ることがなくても、すべての中・高校生が「学ぶこと」を教えるのが、生徒には必要な事だと考えたのでした。私は、すべての中学・高校生が「学ぶこと」を教えることが、これらの生徒にとっても私にとっても大事なのではないかと考えたのです。

そのことが、生徒にとってたいへんなことであっても、今、ここで、どのように生きるか、そして、どのようにくふうするとよいのかを「学ぶこと」が大事だと思うようになりました。私にできることを一生懸命させていただきたいと思いました。そこで、ミシンも調理実習もすべて、生徒ができるように、その子がもっている力を最大限に出し合い、生徒と私の授業の組み立てを始めました。しかし、このころはまだ、中学部の生徒が怒った原因は、私にはわからなかったので、全く自信がありませんでした。

今ここに生きている証

生徒は、自分一人では着ることができない自分の洋服を、楽しそうに黙々と作りました。そして、調理実習は、婦長さんに許可を得て行いました。何ということはない、ホットドッグを作ったのです。「病棟で食べるようにすること」という婦長さんとの約束があったからです。包丁は持てません。キャベツの葉を一枚一枚、切りやすいように彼女たちに渡しました。それを一生懸命に果物ナイフで切っていきます。それを炒めて、味つけをして、ソーセージも切れ目を入れて、炒めて、味つけをします。それをパンにはさむ。それだけの作業が彼女たちにとって、今、ここ、に生きている証で、彼女たちも懸命だったのでしょう。でき上がって、病棟へ持ち帰りました。

次の日、婦長さんから「いやぁー！　先生。ほかの子が羨ましがるから、今度からの調理実習は、学校で食べさせて。サクション（誤って飲み込んだ時に吸引する機械）と看護婦一人つけるから」という言葉をいただきました。それが今までは調理実習厳禁であった病棟での大きな前進でした。

その婦長さんの言葉から、結局、私にとっても、生徒にとっても、家庭科の授業は、今、ここで（病院で）人と人とのかかわりを勉強していくこと、そしてこの時に生かされているから、いろいろトライすることが必要なのではないかと気づかされたのでした。

懸命なエネルギー

このような中で、同時に私は、音楽も担当していました。私は実を言うと、リコーダーはできるのですが、ピアノは全く弾けない音楽教師でした。私は、時間のあるかぎり、授業を受ける人に失礼のないようにと、毎朝一人で「バイエル」（ピアノの初歩教則本）の勉強をしていました。指揮をしたこともなかったので、八雲養護学校の音楽の先生の家に泊まりこみで、指揮のしかたを習いました。私は、来る日も、来る日も、ピアノの練習に明け暮れました。「今度の先生、ピアノへたくそだね」という噂が流れました。

こんなことがありました。音楽発表会の前日、どうしても合わない指揮と音楽。「これでも、一生懸命にがんばったのだから、これでいいじゃない」と私は思いましたが、生徒たちは、これに満足していなかったようです。生徒たちは、各自の病棟の婦長に頼み込み、全員で練習する場所を確保し、自分たちで練習をしました。一体どのようにして連絡しあったのでしょうか。私は、人間のエネルギーの尊さを感じざるを得ませんでした。見事、音楽発表会には、全員そろって大成功でした。いやぁ、人間の力はすばらしい！の一語でした。生徒の音楽に対する思いには、すごいものがあるのです。

限られた生命の時間を

高二の男子が、肺炎を起こしました。絶対安静の指示を受けていたにもかかわらず、この子は、婦長に頼み込みました。「絶対に音楽だけは出たい！」と。

婦長は、彼のこの主張には負けたようで、音楽だけ、と言って授業に彼を出しました。肺炎の身体では、メロディオンの演奏は無理なのです。でも彼はメロディオンをしたかったのです。「先生、疲れたー」と何回言ったでしょう。彼は最後まで音楽の授業を受けたのです。「楽しかった？」の答えは、「先生、楽しかった」でした。

その夜、彼は息を引き取りました。私はしばらく、何でこんなにへたな授業でも、彼は最後まで、苦しいのに出てきて受けたかったのだろうという疑問でいっぱいでした。私は今でも、その時の彼の顔や表情を忘れることはできません。

ある日、ようやく彼からの伝言が伝わりました。「自分が生きている証、自分の精いっぱい、自己表現」、そういうことなのだろうか、と思いました。今でも、私の中で生きている生徒、私の生きる根っことして、自分を育てるための大事な人なんだと思わざるを得ません。

そしてようやく、最初の家庭科の授業がつぶれたとき、生徒たちが真剣な眼差しで何が言いたかったのか、わかりました。彼女たちにとっては、自分たちが生きる証としての時間を、私が取ってしまっていたのです。その四五分の空白の時間、「生きていたいよ」との叫びが聞こえてきました。

生死の境にいても

私が、筋ジストロフィーの生徒から学んだことは、人間の生死の境にいても、いつも自分を見失わずに生きること。

生徒から、「先生、僕達は何もできないけど、できることがある。死んでも、後の人には、自分が実験材料になって、これからの医療に役に立つ。それだけでも、僕たちの死は無駄にはならない」と聞いたこともあります。「それに、先生。僕たちは恵まれているんだよ」「エー！なんで？」の答えには、『僕たちは二〇歳前後までは生きていられるでしょう。世の中の人は、いつ死ぬかわからないんだよ』それから、「先生、私たちでも、できることがある。何だかわかる?」私は、これにも答えることはできませんでした。「私たちは、何もできないけど、目を落とす寸前まで、人の幸せを祈ることができる。私たちは、それだけで生きる価値がある」と伝えてくれました。

筋ジストロフィーの生徒の担当、筋ジストロフィーと知的発達障害を併せ持った子の担当、その後普通小学校へと、私は異動しました。

今この瞬間を生きる

実は、私は、公務災害で脊髄損傷になり、六年前から休職しています。脊髄損傷で、身障者手帳の一級です。電動車いすの生活で、学校へ籍を残しています。

私の心の中には、手術の時も、だんだん歩けなくなりながら仕事をさせていただいていた時も、今も、筋ジストロフィーの生徒とともに学んだ、「今、この瞬間を生きる」ということが生き続けています。また、児童、生徒、まわりの人達、これから応援してくださる人がいるかぎり、私にはまだ、やることがあることに気づきました。カウンセリング、心理学の勉強を通して職場復帰を願っています。

今の私にもできることがあるのなら、子どもといっしょにいたい。人といっしょにいたい。これが、ホリスティック教育なのでしょう。

ホリスティックな「気づき」とカウンセリング

—自殺未遂の男子高校生とのケースから—

広島国際大学
鶴田 一郎
Tsuruta Ichiro

カウンセリングの目標は「気づき」（awareness）にある、と考える立場に共感しながら、日ごろのカウンセリング活動を行なっています。

そこで、実践事例を提示しながら、この問題について考えてみたいと思います。

事例の概要

クライエント（カウンセリングの世界では来談者の方をクライエントと呼びます）は、一七歳の男子高校生（二年生）のA君でした。A君は、全寮制の学校に通っていましたが、そこで、同級生のいじめが原因と思われる自殺未遂を起こして、私（＝筆者、カウンセラー、以下、Coと略）が勤務していた教育相談室を訪れました。

ご家族は、お父さんは四八歳・会社員、お母さんは四八歳・専業主婦、お兄さんは二二歳・元自衛官・現運送店勤務、そしてA君の四人家族でした。

カウンセリングは、A君の希望により、A君だけ継続来談し、お母さんはインテーク（受理面接）のみ来談しただけで、その後は来談されませんでした。

カウンセリングの過程

以下、X年九月～X＋一年一二月まで、週一回一時間五〇回にわたって行われたカウンセリング過程の概略を四期に分けて報告します。

［第一期］　1～6回（X年九月～一〇月）
Coに理解できなかったA君の明るい表情やようす

●**1回**　Coは自殺未遂のクライエントが来るというので、かなり緊張して初回の面接に臨みました。しかし、それに反してA君は明るい表情で「今日は」と元気に相談室に入ってきました。A君は体格もよく、背をまっすぐにいすに座り、にこやかに世間話をして初回は終了しました。

●**2回**　A君の今、熱中しているファミコンの話。Coが「おもしろそうだなあ」と言うと、次の回に説明書を持ってきて説明してくれる、ということでした。

●**3～6回**　ファミコンの話。説明を受けてもなかなかわからないCoにA君少々あきれ顔でした。A君「主人公（＝A君が操作している）がいろいろな困難を克服しながら成長していくところがおもしろいんです」。

［第二期］　7～22回（X年一一月～X＋一年三月）
A君の心の中の空洞

●**7回**　この面接の数日前、ある町の中学生が同級生のいじめが原因と思われる自殺を起こしたという報道がありました。たぶんA君も、このニュースを見ただろうと思い、Coは極力この話題には触れないように、と思っていました。しかし逆にA君の方からこのことについて話し始めました。A君「この子も誰も助けてくれる人がいなかったんですね」。Coは一言も語れず、二人して沈黙の内に、この回を終わりました。

●8回　Co「この前（7回）の言葉はズシリとこたえたよ」。（しばらく沈黙の後）A君「（相談室に来談し始めてから）今まで、僕、明るくしてたでしょ。あれはうそじゃないんですけど、今思うと、事の核心（自殺未遂のこと）に触れるのがいやだったのかもしれません。先生はどう感じてました？」。Co「よく人間は困難なことを克服して成長するというけど、ファミコンなら現実のことじゃないからできるけど…実際生きていく上では時には逃げたり、時には立ち向かっていくもんじゃないのかな」。

●9〜22回　自殺未遂の話は直接ありませんでしたが、この間の面接のA君の発言を要約すると「なぜ生きなければならないかわからない」「今まで幸せに生きているとと感じたことがない」「将来の見通しがつかないし、生きる自信がない」の三つにまとめられます。

その話には具体性がなく、展開もなく、同じ題目を沈鬱な表情で繰り返して言っているような感じでした。

［第三期］23〜34回（X＋一年四月〜七月）A君、自殺未遂、過去のこと、自分と家族のことを語る

●23回　（春休みの一週間をおいて二週間ぶりの面接）少し晴れ晴れとした表情で、A君「春休みの間、自分のことを少し考えてみました。いろいろなことが頭に浮かんだ」。そのA君の話をまとめると次のようになります。「自殺を図った時、『これでやっと楽になれる』と思った。死への恐怖よりも、いじめられている状況から逃れたい気持ちの方が勝っていた。また自分が死ぬということで、いじめている連中へ思い知らせたかった」。

●24〜27回　自殺未遂の話の続き。徐々にいじめられていたことへの怒りが湧き上がってきたようです。A君「僕はいろいろな奴に復讐したかった。いじめた連中は高校入学後、いつも自分の話し方（少しこもった声）をからかい、何か気にいらないことがあると、自分を殴ったり蹴ったりした。時には反攻したこともあったが、自分は動作が遅く、その姿を見ていじめた連中は笑っていた。先生にも相談したが、けんか両成敗と言って自分の方も叱られた。一年のころ、歯をある奴から折られた。親に相手の親に話してもらったが、『子ども同士のけんかだから』と、とりあってもらえなかった」。CoはA君から出てき

た「怒り」をあえて抑制させることはせず、そのままを受け取る一方で、「こんな状況にあったA君は、さぞかし辛かっただろう」と心の中で思いました。

●32～34回　家族の話。Co「今までご両親の話があまり聞かれないけど……」。A君「ええ、そういえばそうですね。（しばらくして）今まで親父もお袋もいやでいやで仕様がなかったんですけど、最近、少し見方が変わってきた。前は親父は仕事人間で僕が子どもの時から何かいっしょにした記憶がないし、自分とは関係ないと思っていた。お袋はいつもオドオドしていて、きらいだった。でも、あの事件（自殺未遂）の時、本当に心から心配してくれたのは、親父、お袋、兄貴だった。そんなことを思い出していると、今でも親父、お袋は好きじゃないけど、きらおうと思っても、どうしてもきらうことができない。『血のつながり』とでも言うんですか。また自分は結局、親の中に自分と同じ小心者で、すぐクヨクヨするいやな部分を見ていていやだったのではないかと思います。兄貴の方は昔から自分は尊敬していて……」。Co「お兄さんってどんな人？」。A君「僕とは違って本当のつっぱり。けんかも強いし、僕には子どものころから優しかった。僕が誰かにいじめられていると必ず助けてくれた。数年前まで自衛隊員で、今は運送店で働いている」。Co「本当にA君はお兄さんのことを尊敬しているんだね。話している時の表情でわかるよ」。A君「え、わかりますか（満面笑み）」。

［第四期］35～50回（X十一年九月～一二月）

A君の新しい生き方の模索

●35回（夏休みをはさんで約一ヵ月ぶりの面接）。

●42～45回　死について。A君「先生（Co）は死にたくなったことない？」。Co「あるよ。学生時代、山での事故で大けがして、どうにか助かったんだけど、治ってから数年たって、自分のまわりにいた友人たちが立派な社会人になっていて、自分はまだ学生で、『何て俺は人より遅れているんだろう。ダメなんだろう』と悩んで、死のうと思ったことあったよ。とくに、そのころ、先輩や後輩が山の事故で相次いで亡くなったりしたことが重なって、うまく言えないけど『遭難して死んだ彼らに較べれば、俺なんか生きている意味はないと思ってしまって…」。A君「先生もけっこうクヨクヨするほうなんだね」。Co「そうそう」。A君「僕と同じだ（笑い）。僕の方は今の心境としては、せっかく死なかったんだから人より長く生きてやろうかって思ってる。自殺した時は『自分が死んだって誰一人悲しまない』と思っていたけど、今、もし死のうとしたらたぶん悲しんでくれる人がいる。たとえば親、兄貴、親友、先生（Co）……」。

●46〜50回　一〇月をすぎ、進学・就職準備の時期となりました。A君の将来の希望は兄と同じく自衛隊に行くことであり、受験に向かって動き出しました。そして、A君は自衛隊に無事合格しました。

自衛隊入隊後のA君は年何回かの外出許可日には必ずCoの勤務する相談室に顔を見せてくれました。三年後、A君は自衛隊の任期を終え、入隊前に言っていたトラックの運転手に本当になりました。しかし数年前、急にA君は「糖尿病」になり、一時はしばらく入院して危機的状況にありましたが、その後、数ヵ月で退院して、現在は毎朝インシュリン注射を打ちながらも、糖尿病に負けることなく、トラックの運転手の仕事を続けています。

考察　―ホリスティックな「気づき」について―

人間性心理学者の故・伊東博先生は[注1]、カウンセリングの目標はアウェアネス（awareness）ではないかと提案されています。アウェアネスとは日本語に直すと「覚醒＝自己の内外で起こっていることに敏感に注意をゆきわたらせている状態」[注2]ですが、ホリスティック教育・臨床教育心理学の提唱者、伊藤隆二先生は[注3]、これをカウンセリングの立場から「自己覚醒」、つまりは「自分という存在に目覚め、どう生きるかを自覚する作用」ととらえ、それは「自己創造の中核をなす」と述べています。

クライエントとカウンセラーが相互主体的にかかわり、お互いに内面的変革が起き、自己（自分らしさ）を創り出すこと、つまりは自己創造のプロセスを歩むことが、アウェアネスを中核としたカウンセリングの中心課題です。

この場合の自己創造とは、「生きがい」を持って主体的に「よりよく生きる」プロセスのことだと言えるでしょう。つまり「よく生きる」とは、ほかならぬ「この私」が自分の生きる意味を探究しつつ、その人なりの「生きがい」を持って自分の人生を歩んでいくことだと言える、と思います。

A君の場合、自殺企図の直接の原因は高等学校入学以来の長期にわたる「いじめ」であることは明白です。しかしCoとの面接が深まるにつれ、A君が表明したのは「なぜ生きなければならないのかわからない」「今までに幸せに生きている、と感じたことがない」「将来の見通しがつかないし、生きる自信がない」といったことでした（9〜21回）。

「いじめ」ということが自殺企図の直接の引き金（23

回）だとしても、その背景にはA君の心の内奥での空虚感、生きる意味や目的の欠如したフランクル（Frankl,V.E.）[注4]の言う「実存的空虚」（Die existentielle Frustration）の状態があり、よく生きること、自分なりに生きていくことが妨げられていたと考えられます。

それはいわゆる「生きがい喪失」の状態であり、アウェアネスを中核とした自己創造の過程へ参入していくことを阻むものが、A君の内界にあった、と言えるでしょう。その後のA君はCoとのカウンセリングを通じて自分というものを見つめ直し、生きる張り合いや充実感を感じつつ、新しい生き方を模索していきました（とくに面接第四期）。

A君にとってのアウェアネスとは、生きがい喪失の状態にあった自分の姿に自身で気づくことから出発して、さらに自己を深く掘り下げて見つめ、考えていくことによって、「生きる張り合いや充実感」を感じつつ、ほかならぬ自分が生きていることの意味を実感し、新しい生き方を模索していったプロセスの中核にあったものだ、と言えます。それが、A君とのかかわりからCoが学ばせていただいた「ホリスティックな気づき」の意味です。つまりホリスティックとは「途切れない自分の人生を精いっぱい生きる人間のあり方」を問う時に用いられる言葉であり、また気づきとは「自分がホリスティックな存在であることに覚醒していく、そしてそれを自分の生き方に還流していく」その人の姿勢を指すということです。

※ご紹介した事例は、クライエントのプライバシーへの配慮のために、事実関係が損なわれない程度に一部脚色されています。

【参考文献】

注1　伊東博『カウンセリング』〔第四版〕（誠信書房　一九九五年）

注2　伊藤隆二「『こころ』の教育と教育相談」『月刊　学校教育相談』（一二月増刊号）（一九九四年　16―22頁）

注3　伊藤隆二「臨床心理学と『臨床教育心理学』」『東洋大学文学部紀要』第四九集（一九九六年　13―31頁）

注4　Frankl,V.E., Das Leiden am sinnlosen Leben; Psychotherapie für heute.（sechst Auflage）Freiburg, Basel, Wien: Herder.（一九八一年）

私の教員生活とホリスティック教育との出会い

―子どもの活躍して輝くときを求めて―

元公立高等学校　教員
奥村　知亜子
Okumura Chiako

私は高等学校の教師になって十数年、ずっと悩んでいました。それは、生徒が心や身体のバランスを崩して人間関係や社会とのつながりを作ることに困難を抱いていることに対して何ができるかということです。

自分が無力に思えて教育現場での生活に絶望感を抱いた時も幾度もありました。彼らをとりまく自然界を収奪してなり立つ暮らしをおとなが（無意識にしても）続けていることが問題なのではないかと思い、自然保護のＮＧＯ活動に参加し始めました。たまたま出会った活動は熱帯雨林保護運動でした。

太古の昔から美しい姿を保ち続けてきた熱帯雨林の樹木を安く買っては切り刻み、有害な化学物質を使用して大量生産をして大量消費をするというような暮らし。日本の植林材は高いからと捨ておかれて山が荒れていくという状況を知り、私たちおとなの無責任を痛感したのです。教員生活をしているだけでは子どもへの責任が果たせないという思いがしました。環境問題を教壇で子どもに教えるだけではなく、社会を変革しつつ子どもの心を開く道はないものかと。

子どもの心の闇と環境問題の劣悪化が両輪のように見え、それを統合して教育活動を進めていける道を模索していたころでした。我が子を自然分娩で出産し、自分の内側からいのちの力があふれ出てくるというすばらしい体験をしました。そのころ、私の幼なじみが吉田敦彦氏を紹介してくれたのが縁で、ホリスティック教育と出会ったのです。

そこでは、おおいなる自然界の中に生きるいのちとしての自分、他者のつながりを大切にする教育が提唱されていました。瞑想や祈りといったものが排除されることなく、自分の精神性をさらに高次なものにするものとして位置づけられていました。幼いころから座禅や瞑想に親しんできて集中力や判断力が強まってきた経験から、私には納得するものがありました。ホリスティック教育は、自分のすべてを統合して私が社会と関わり続けるいのちを灯すための羅針盤となるのではと思いました。

ここで、一八年間の教員生活を振り返って自分の変容をみつめ直してみたいのです。

初任八年
―教育の深い意味に気づかされた出会い―

最初に赴任した学校で担任をしてみて、生徒たちがすさまじいまでの学力差別に苦しめられているということを知りました。

「先生にはおいらの受けてる学力差別がわからんのか」差別についての授業をしたときに、私に投げかけられた問でした。ある生徒は、その高校に入学したとたんに隣の家の方が嫌味を言いにきたと嘆きました。進学校に通った私は、学力格差の中で子どもが受けている心の傷に気づかずに育ったのです。彼らは校章や制服すら恥ずかしいと訴えました。最初のこの赴任校での出会いはかけがえのないものだと受け止めています。学校は荒れていてさまざまな事件が起こりましたが、生徒は知識の詰め込みを免れ豊かな感覚を残していて、自分の心で感じ、考え、身体中でぶつかってきてくれました。

彼らのおかげで、人間とはどういうものだろうか、人間にとって本当にいい社会とはどういう社会だろうかと毎日考え続けました。彼らは、鋭い感性で、人の言葉をうのみにせず、それが純粋なものかどうか確かめてきました。おとなとしての生き方を問われているように思えました。

ヘレン・ケラーが従順にサリバン先生に従ったという教科書のくだりでは、「従順ということは本当にいいことなのやろうか」と食い下がる生徒がいました。また、『かもめのジョナサン』を読んだときには、ジョナサンの自分だけは飛べるという優越感がきらいだという生徒がいました。障害者のための施設の充実について話し合ったときには、優先座席が必要な社会は貧しいという意見が出ました。席を替わってあげる優しさに欠けている証拠だと指摘があがりました。そういえば、私がフィリピン旅行の際に道を聞いた女性は、赤ちゃんを右手に抱え、見ず知らずの私の手を左手で握って五〇〇メートルほども歩いて連れて行ってくれたし、タイの学生たちは、私がバスに乗ってきたらすぐに何人もが席を立って替わっていたなあと思い出したりもしました。大学で国際交流クラブに参加して以来、特にアジアの精神的豊かさに惹かれていたので、なるほどそのとおりだと思いました。彼らのさまざまな指摘に、自分の人間としてのあり方や日本社会について深く考えさせられたのです。

国語の授業でたまたま取りあげた文学作品を読み、自分を取り戻して自殺を思い直したと泣いて語ってくれた子どもがいました。授業とは人のいのちと関わることなんだと気づかされることもあったのです。この八年は、本当に意味深いものでした。

教育の仕事は、人が癒されて輝いて生きていくお手伝いをする仕事だと思うようになりました。

二校目の一〇年
―いのちの深い意味を知る機会―

二校目の赴任校では、教育相談の仕事や保健の仕事をしつつも、育休、痴呆の母の介護という自分の生活のことで、なかなか担任になれずに悩みました。でも、痴呆の母の介護をして、人間は、痴呆になっても人間として誇り高い存在で、人の中にいて役割をはたし、自分の使命をもはたしてゆくことができるということを学びました。それは、担任をすること以上の大きな学びだったと思います。

この一〇年の間に、子どもを二人出産し、母、同僚、生徒たちといった私の身近な人々が次々に亡くなりました。私に、生と死について考えるという課題が与えられたのです。人間は何のために生まれてきて死んでいくのか。痴呆の母を見送り、人間は一人ひとり使命を持ってこの世に降り立っているのだと気づきました。また、生徒を亡くした闇のような苦しみの中で、どの苦しみもみな自分のために与えられたものであり、その中にこそ自分の学ぶ課題が与えられているのだということがわかりました。

生徒のことで悩み、鬱状態になり、思考力も失っていた時期もありました。

この鬱状態の時に新潟のホリスティック協会の集会でオイリュトミストの大橋さんと出会いました。出会いの一瞬の深さに感じて、自らオイリュトミーやバイオダイナミック農業を学ぶと、短期間で私の鬱が劇的に癒されたのです。

教育相談係として何年か働いてきて、生徒の心的病状の治癒に関して取り組もうとしてきたものの、自分が鬱状態になってしまえば生徒の心を癒すどころか生徒の語る話さえ理解できなくなっている自分に愕然としました。鬱の回復は、私に新しい目覚めを与えました。シュタイナー教育は、子どもたちの心身の不安定を緩和し、本来の成長を促す助力となるのではないか、そこで、自分の求めてきた「人が癒される教育」というものをさらに求めていけるのではないかと感じました。

自分にいいと思うものを、子どもにすすめたい。子どもが自分に与えられた使命を生き生きと生きて一人ひとりの花を咲かす。子どもが活躍して、輝いて過ごし合えるお手伝いがしたい。それには、もっと子どもの力を引き出すことのできる力が必要だと思い、その時の教え子を卒業させた後に、退職してシュタイナー教育を学ぼうと決めました。

生徒の卒業を見送る中で得られた希望への意志

公立高校での最後の生徒を、一人ひとりが生きた証を刻んで個として立ち上がり卒業していってほしいと願い、卒業式係になりました。生徒の意見を取り入れ、生徒の実行委員会制で作る卒業式で、彼らの堂々とした自分らしい言葉で締めくくってほしかったのです。この一日は彼らの三年間の集約の日です。思春期の三年間は重要で重いです。自分の価値を確かめようと、自己とは何かを求めて、身体中で模索してきたのです。この間にいのちを失った生徒もいました。学校を去った生徒もいます。生徒会で学校のためにつくした子ども、クラブに打ち込んだ子ども、行事を通して変わった子ども、恋に生きた子ども、不登校を乗り越えてきた子ども、いじめの苦しみを乗り越えた子ども、一生の友を得た子ども、源氏物語や英語の魅力に出会った子ども、一生の仕事を決めた子ども……、一人ひとり、それぞれの三年間がありました。日の丸・君が代と卒業証書授与だけの決まりきった与えられただけの式ではなくて、子どもたちの顔が一人ひとり浮き出るような式。これまでを思いつつこれからの希望を胸にそれぞれが刻めるような最後。答辞一人ひとりの言葉で、みんなの心や身体をどんどんつなげていくような最後を生徒が参加して作りあげてくれるよう祈りました。

高等学校の最終段階で、締めくくりの時期にきているのだということを自覚し、自分の今やこれからのことをしっかりと見つめていくために、各クラスで「高校生活の思い出」という振り返りの文章を書いてもらいました。私たち教員は、生徒の答辞委員といっしょに、三年間で自分が確実に変わっていったと認識でき、自分の成長に感動しているという文章を選びました。また、個人的な体験ながら、その人の体験が、誰もが自分の人生のこととしても深い喜びとなりえる体験であるのではと思うものを選びました。一人の個的なものでありながら、それが一人ひとりをつないでいくという力を持つ作文を探したのです。

答辞委員と教員の推薦で選ばれた人たちは、自主的にかつ、みんなのためにも答辞を読みたいと納得した五人でした。

＊コンプレックスを乗り越えて自分らしさに出会えた生徒
＊人間不信に悩んでいたけれど、高校に入って少しずつ友を信用しようという思いが持てる自分になれたという生徒
＊行きたいのに行けずに死さえ考えた、不登校を乗り越えて学校行事などで再び強く輝く自分を見つけたという生徒
＊先生や教科、友人との出会いの中での学びに感謝する生徒
＊クラブ活動で成長し、先輩への思いや後輩への思いを強く持ち続けてきた生徒

彼らは、自分の言葉にこだわり、また、自分の気持ちにこだわり、それぞれが何度も何度も書き直しました。言語造型による空間の把握のしかた（四隅を意識する）、声の飛ばし方（声を遠くへ投げ渡すような感じ）などを応用させてもらい、紙に書かれた言葉（文章）を見て読むのではなく、自分の言葉で原稿（紙）から自由になって語るという語りの方法で練習してもらいました。

三年間の思いは深く重く、自分の言葉を慈しみ、家で相当練習してきたのか、当日空で言える生徒もありました。彼らの肉声は心に響き、久々に声の重さを感じたと言ってくれた人もありました。私も、先生方も生徒も、いろいろな生徒たちの三年間を思い出し感動しました。答辞を読まなかった生徒の作文は、文集という形で冊子にまとめました。

高校の卒業は、人生の中で一つの大きな節目です。節目を大切に過ごして人生を最後まで生き生きと成長を遂げて生きていってほしいものです。自分自身も、最後の一日まで、新しい成長の過程を過ごしていきたいと思います。卒業生を送りだし、私が子どもといっしょにしていくことは希望を抱こうとし続けることでしょう。もし、明日世界が終ったり、自分に死が訪れるとしても、希望を意志することはできるのではないかと、今は思います。

公立高校での教員生活は、期待で始まり、絶望に悩みはて、希望を意志するという変容を遂げました。この間に、応援してもらい支えてくださった多くの方々には心より感謝しています。

これからも、今を大切にしながら、苦しみの中にも学びの機会を感謝して歩みたいです。

V

身体から知を　編みなおす

【大学】

大学体育におけるホリスティックな授業づくりの探求
―「人間知恵の輪」と「松ぼっくりの観察」から―
島根大学教育学部　廣兼 志保（島根県）
オーストラリア・フェルデンクライス・ギルド　高尾 明子（島根県）
113

二人の授業者が出会い、大学で体育のホリスティックな授業づくりを試みました。それは、教科の学習を通して、学習者が自分自身に気づいていく学びとなりました。

看護教育とホリスティック
―まるごとの存在のうけとめ―
東海大学医療技術短期大学　堀 喜久子（神奈川県）
120

人間は「まるごと」で生きている・生活しています。看護や教育は、目の前にいるあるいは未来を生きる人々の「今」に向き合う関わりです。まるごとの私とまるごとのあなた、それぞれが発信し、それぞれが受けとめ、それをまた相手に返す。互いに伝え合う存在として信じるとき、そこにホリステックな関係が生まれるでしょう。

新しい時代の大学教養体育への挑戦
―モダンスポーツから、コンテンポラリースポーツへ―
新潟医療福祉大学　髙橋 一榮（新潟県）
124

本来、体育は楽しいもの、魅力的なものであると思っています。うまい、へたにかかわらず、だれもがそのすばらしさに触れることができると考えています。でも、現実は、違っています。わたしたちは、もっともっと多くの人に体育の楽しさを味わってほしいと願っています。それが命のつながりでもあると確信しながら。

〈いのち〉が響き合うホリスティックな成長の場
―臨床看護実習―
東京女子医科大学看護学部　守屋 治代（静岡県）
128

「臨床看護実習」は、患者さん、学生さん、そして私のホリスティックな成長へ向けたそれぞれの〈いのち〉が作用し合い、響き合う〈場〉です。そして、ホリスティックな成長とは、〈完全性〉をめざすのではなく、障害や弱さ、苦悩を含んだ〈十全性〉に近づくことを意味しているのではないでしょうか。

大学体育におけるホリスティックな授業づくりの探求

―「人間知恵の輪」と「松ぼっくりの観察」から―

島根大学教育学部　廣兼　志保　*Hirokane Shiho*
オーストラリア・フェルデンクライス・ギルド　高尾　明子　*Takao Akiko*

はじめに

以下にご紹介する実践は島根大学教育学部で専門科目の授業として行われたものです（一九九九年前期）。この授業は「幼児体育論」および「生涯健康運動論」という名で開講され、一〜四年生の三九名（男子六名、女子三三名）が参加しました。

授業者たちは、授業(注1)を構成するにあたり、「人間・動き・幼児」というキーワードを考えました。そして《学習者自身の体→仲間の体→乳幼児→人間一般→生物（とくに動物）→生命》へと気づきがひろがってほしいと考え、五感やメタファーを通しての学びをめざしました。毎時間の学習内容と手順は、二人の授業者がそのつど相談して決めました。ここでは、この授業の五時間目に実践した「人間知恵の輪」と「松ぼっくりの観察」をとりあげてご紹介します。この時間の授業は、授業者たちが考える「学び方」を学習者に伝えるうえで、とても大きな意味をもっていました。

「学び方」を学ぶ

この授業を行うにあたって、授業者たちは一つひとつの活動にできるだけたっぷり時間をかけ、学習者が何度でもいろいろなやり方を試すことができる場をつくろうとしました。そこから、ゆっくりと何かを感じ・見つけ・組み立てていくような「学び方」をしてほしいと願ったのです。

しかし、このような学習の進め方は、与えられた課題を正確にマスターしていくことに慣れた学習者にとってとまどいを感じるものでもありました。そこで、授業者たちはこの授業でどんな「学び方」を目指そうとしているのかを学習者に伝える必要があると判断しました。

「人間知恵の輪」

そのため、一〇人ぐらいのグループで「人間知恵の輪」(注2)を行いました。この活動では「ほどいていく過程」が大切なのであって、手がうまくほどけなかったとしても、それは偶然生じた結果の一つにすぎず、大きな問題ではありません。

それまで学習者は、授業中、仲間の前で自分の意見や感想を述べるのをためらっているようでした。けれどもこの活動では、一人が何かを提案し皆が実行しなければ、絡まりあった手をほどくことはできません。授業者たちは、学習者が協力し合ってほどき方を探るのをゆっくりと見守りました。それは、自分や仲間の試行錯誤を何度でも受け入れたり、自分の意見を結果を恐れずに言い合える環境をつくりたかったからです。そして、ひらめく・考える・共有する・試してみる・何度もやり直す……そんな学び方を、学習者は体験することができたのです。

「松ぼっくりの観察」

この時間の二つめの活動として、三人程度のグループになって一つの松ぼっくりを観察しました。よく見たり触ったりして自分の中に生じたことをそのまま紙に書き出しました。次に、学習者は松ぼっくりに名前をつけました。このことで、一つひとつの松ぼっくりは特定の個体となったわけです。さらに、二つめの松ぼっくりについても、一つめと同様の活動をしました。最後に、学習者は、二つの松ぼっくりに優劣をつけ、その理由を記すよう求められました。優劣を判断する基準は、学習者自身が自分で決めました。

この一連の活動から学習者が気づいたのは、以下の事柄でした(注3)。

「松ぼっくりに優劣をつけるのはむずかしい。しかし、同じものは二つとない。だからむずかしい」「松ぼっくりに優劣をつけるのは無意味だ。優劣つけても、松ぼっくりは松ぼっくりだ」「自然につくられてきたものは、同じものは全くないと思った。それぞれの特徴によい悪いをつけるよりも、その特徴を個性として、認めていくことが必要だと思った」。

学習者は、二つの松ぼっくりを比べて、何を良しとし、何を悪いと判断するかということにとまどいを感じたようです。判断基準を自分に問うほど疑問が生まれ、学習者が悩んだ末に出した結論は、対象を比較し優劣をつけることよりも「それぞれの特徴を個性として認める」ことでした。

また、次のような感想もありました。

「先生が〝優劣をつけるのに意味はあるのか〟とおっしゃったとき、〝ない〟と思った。人に優劣をつけるのと同じだ」そこにはメタファーとして、松ぼっくりに自分達の姿を重ねてみる視線があります。

そして、「いい松ぼっくりと悪い松ぼっくりをきめるとき心がいたみました」「今日は松ぼっくりに優劣をつけてといわれたが、ちょっとかわいそうで、私は、好みについて書くしかしませんでした」と感じた学習者もありました。これらの感想からは、「よい・悪い」「優れている・劣っている」という価値づけをもって生命をみることへの心の痛みや、そんな見方をされる松ぼっくりの悲しみに寄り添おうとする心が感じられました。

また、「優劣をつける」という行為を通して、自分の内面の動きに目を向けようとしていた学習者もいました。「優劣をつけるというのは、その人自身がすることであって、何気なくしていることかもしれないけれど、何かが感じとれるもとみたいなものになるような気がした」「松ぼっくりの優劣をつけることで自分の中の価値観ってどこからきたんだろうと考えさせられた。きっと今まで生きてきてそこからゆっくり確実につくられたものなんだろう」「人は（私はかな）物が二つ以上あると無意識にそれらを比較しているのでは？と思った。その基準がいつごろ自分に身についたのか、わからないけど」

これらの感想は学習者が自らの力で気づいたものです。学習者が自分のからだやこころの感覚・直観・連想・記憶・イメージ・知識などの力を相互にはたらかせ、総合的に用いて「自らの力で〈学習活動や学習課題の中に潜む本質〉に気づく」ところに大きな価値があると思います。このような気づきのあり方を、授業者たちは「ホリスティックな気づき」と考えました。

授業をふりかえって

この、「人間知恵の輪」と「松ぼっくりの観察」は、一見体育の学習には関係ないようですが、授業者たちにとっては、その後の授業を展開させるための大きな役割を担っていました。それは、

●自分が選んだ答えは、たくさんの可能性のうちから選んだ一つであり、正解は一つではないこと

●人も松ぼっくりも自然の中で生まれてきたものには同じものは二つとないこと

●「対象のありのままをみること」と、「優劣や善悪の判断をもって対象をみること」とのちがいを感じること

を、学習者に伝えることです。その伝え方も「〇〇のような見方をしよう」と言葉で一斉に伝えるのでなく、授業の予定を変更してまでもたっぷりと一時間を費やして、学習者自身がそのような「見方」に気づく機会を提供しました。それは、授業者たちから与えられた「見方」をうけいれるのではなく、感覚・心・頭を通して、学習者自身が気づいた「見方」であってほしいと願ったからです。

この授業のなかで授業者たち自身もさまざまな試行錯誤をし、次の点を再確認することができました。

●学習者が静かな雰囲気の中で自分のものの見方や考えに意識を向けられるような環境をつくる

- 学習者のようすをよく見て学習を進める
- 当たり前のことをゆっくり丁寧に感じとる
- 結果を得ることを急がない
- 必要とあらば進むのを止めて立ち止まる

●授業者たちは、学習者のあるがままを受け止める

- 学習者の態度や意見を評価したり批判したりしない
- 授業者たち自身の考えを述べたり学習者を一定の意見に誘導することをしない

これらは何も目新しいことではなく、考えてみればごく当たり前のことです。しかし、この当たり前のことを実際に行うのは、時には勇気のいることでした。また、学習者が自らの力で学ぶようすを手も口も出さずに黙って見守るのは、私達授業者の度量を試されることでもありました。

学期末の感想に、以下のように記した学習者がありました。

「『毎回のまとめ』(注4)にいつも書いてあるのが、人ってすごい、ふしぎだということです。これまでこの授業を受けて感じたことは、ヒトの発達の過程とは、非常にすばらしいものであるということです。普段はなにげなくやってるさまざまなことが成長する過程の中で自ら得ているなんて今まで考えたことも感じたこともありませんでした」

人は誰でも自ら学ぶ力・成長する力を持っています。みる・聞く・触るなど五感を通した経験や、感情やイメージを感じる体験が積み重なり、つながり合って有機的にはたらき合っていくうちに、それらの深層の中にある何かに気づく瞬間が訪れるのです。そしてその気づきによって学習者が新しい知を獲得するとき、学びの扉が開かれ、新しい地平が拓かれます。新たな世界観がもたらされ、学習者の前に新しい世界がひろがるのです。まさにホリスティックな学びといえましょう。

学習者自身が潜在的に持つ力を信じてそれに寄り添っていると、私達授業者が何を語らずとも、いつの間にか学習者は自ら何かを吸収し、開発していくのです。それはまるで地下水が秘密の通路を通って湧き出てくるかのようです。まさに「人ってすごい、ふしぎ」です。それを目の当たりにするのは、授業者にとっての喜びです。また、学習者一人ひとりが感じとる力を持っていることに尊敬の念を感じます。この喜びと学習者への敬意があるからこそ、当たり前のことを日々丁寧に実行しようとする力が生まれるのだと思います。

授業者たちの歩み

フェルデンクライス・メソッドとの出会い――高尾　明子

フェルデンクライス・メソッド[注5]は、体を動かすことを通して「学び方を学ぶ」ためのメソッドです。このメソッドでは、体の各部分が統合されて動くように、細かい動きや自分の内面への気づきをともなって試行錯誤していきます。まさに、ホリスティックなメソッドということができます。私は、このメソッドと一九八九年に出会い、一九九六～二〇〇〇年には指導者講習を受けました。この講習の時の体験が、今回ご紹介する授業に大きな影響を与えています。そこでは、他者とともに学んでいく時の自分自身のあり方を、講習の指導者たちから学ぶことができました。

ここでいう「学び」は、指導者が何かを生徒に与え、生徒はそれをそのまま記憶したり、マスターするといったことではありません。生徒が自発的に新しいことに気づくことから生まれる「学び」をいいます。その時の指導者の役割は、学びのための環境を作り、あとはただ生徒自身の学びの過程とともに「そこにいる」ことです。そうすることができれば、指導者の持つひとつの枠におさまることなく、生徒が四〇人いれば四〇の多様な学びが生まれます。生徒が安心して学ぶための指導者のあり方としては、生徒をそのまま受け入れる、生徒の可能性を信じる、生徒を主観的な判断（よい・悪い、できる・できないなど）をもってみない、生徒の試行錯誤の過程を尊重する、指導者のやり方を押しつけない、結果を示さない、生徒自身の気づきをうながすようにする、無理をしない、急がない、ゆっくりと待つ、ゴールへの到達をめざさないなどがあげられます。このような環境で学ぶとき、生徒は自己信頼感を高め、何か理不尽なことが起きたときにもそれに立ち向かっていく力＝生きる力を得られるように思います。

このようなことは、これまで教育の場でよくいわれてきたことです。しかし、本当に日々行われているでしょうか。また、「学び」は教育の場だけであらわれるものではありません。人間が生まれてきて、まわりの世界とつながりを持ち、自分の可能性を広げ、自分の魂を磨いていくうえで常に行われていくものだと思います。家庭での子どもに対するおとなのあり方、学校での生徒に対する教師のあり方、社会での他者に対するあり方など、私たちが見つめなおさなければいけないことがたくさんあるような気がします。

ホリスティック教育との出会い――廣兼　志保

私がホリスティック教育に出会ったのは、一九九四年です。そのころ、私は大学院生時代の友人達とともに、「からだ・こころ研究会」という自主的な勉強会を結成し、「体育授業におけるからだ観の捉え直し」や「心とからだのつながりから出発する体育授業」を模索していました。それは私達にとって切実な問題でした。そのころ私達は大学教員の職を得てやっと数年目というところ。自分達の思いはあるものの、それをどうやって言葉にしたらいいのか、どうやって形にしたらいいのか、本当に手探りの状態で、何か手がかりになるものを、と、皆がそれぞれ「これがいいんじゃないか」と思うものを持ち寄っては仲間に紹介し合っていました。

勉強会の合間に、何かいい文献はないかと皆で書店探検に出かけたところ、一人の仲間が「この本いいよ」と手にとって見せてくれたのが John Miller 著『ホリスティック教育(注6)』でした。私はそれを読んで、直観的に「私のやりたかったこと・やろうとしていることを伝えるための言葉がみつかった！」と感じました。それが出会いです。

私は、その後、自分の中の思いを形にするための手がかりを求めて、各種のボディーワーク・セラピー、アート、クラフト、ダンス、音楽、自然体験学習、自然食、建築などさまざまな領域のワークショップに手当たりしだいに参加しました。それらのワークショップは私にさまざまな気づきをもたらしました。そして私は、領域は異なるけれどもそれらの中にある何か共通する本質やスタイルのようなものを感じとることもできました。何か一見当たり前のような物事を丁寧に見たり体験したりしていくうちに、新たな気づきを得ることができるということもわかりました。

そういった体験を積み重ねていくうちに、私は「ホリスティック」という概念を地図にすれば、自分は自分の道を歩んでいくことができるだろうと考えるようになりました。もともと、私は領域にこだわらずに物事を発想していくことが好きですし得意でもあります。ホリスティック教育の考え方は、そういった自分の特性を生かすのにもふさわしいものでした。

そして、私はそれらの体験から得られたさまざまなヒントをもとに、からだの感覚や記憶やイメージなどを呼び覚ましながら、直観の力をはたらかせて、自分自身の内側から何かを掴み取るような、そんな学びの実現を求めて、授業の中で少しずつさまざまな実践を試みるようになったのです。そんな時、共同授業者である高尾明子さんとの出会いがありました。

授業づくりにあたっての願い

互いが出会ったことによって、さらに互いが触発し合い、発想がふくらみ、どんどん思いが形になっていきました。そして、ともに実践をふりかえる中で互いの信念（教育に対するものだけでなく生き方そのものに対する信念をも含めて）を確かめ合うこともできました。学びに対する二人の思いを形にしたものが、今回ご紹介した授業実践です。授業を終え、前にご紹介したような〈気づき〉を学習者が持ってくれたことは、授業者にとって本当にうれしいことでした。授業者は授業に込められた願いを決して口には出しませんでした。けれども、確実に学習者にはその願いが伝わっていたのです。授業者は、このような気づきや学びのあり方を、授業という形式のなかで実現したいと願っていたからです。

今回ご紹介した実践は、私達が語り合い・気づき・学んだことのほんの一部です。それを文字にするたびに、私達の中の気づきと学びがさらにふくらんで、とても書ききれなくなってしまいます。私達は、それをとても幸せな悩みだと思っています。

もし、ここでご紹介した実践から、何か触発されたものがあれば、とてもうれしいです。ぜひ皆様とそれらを共有していけたらと願っています。

注1　授業の詳細については、次の文献を参照してください。
廣兼志保・高尾明子「ホリスティックな理念にもとづく体験型学習プログラムの開発と実践　―気づきから学ぶ大学

体育授業—」(「島根大学教育実践研究」第一二号　二〇〇〇年)

注2　偶然につないで絡まりあった手を知恵を出し合いながら一つの円へひらこうとする活動。

注3　「」内は毎時間の最後に学習者が無記名で書いた感想です。

注4　学習者は授業を通して考えたことや感想を毎時短くまとめて書いていました。

注5　いずれも、M. Feldenkrais 著、安井武 訳『フェルデンクライス身体訓練法　—からだからこころをひらく—』(大和書房　一九八二年)『心をひらく体のレッスン　—フェルデンクライスの自己開発法—』(新潮社　一九八八年／再版、一光社　二〇〇一年)『脳の迷路の冒険　—フェルデンクライスの治療の実際—』(壮神社　一九九一年)

注6　John P. Miller 著、吉田敦彦・中川吉晴・手塚郁恵 訳『ホリスティック教育』(春秋社　一九九四年)

看護教育とホリスティック

—まるごとの存在のうけとめ—

東海大学医療技術短期大学　堀　喜久子
Hori Kikuko

伝わる気持ち

昨日、手術を終えた乳児のAちゃんが泣いています。学生Bさんはベッドから少し離れて立っていました。肩を固くして身をそらし、腰が引けているように見えました。Aちゃんは、学生の顔をしっかりと見て泣き続けながら、しきりに点滴静脈注射が入っている左腕を動かそうとしています。注射部位の確保のため、Aちゃんの左腕はベッドに固定されています。学生は困ったような表情をして、何も話さず、ただAちゃんを見つめて立っていました。

私は学生の側に寄り、Aちゃんのようすをみました。そして、「Aちゃん、辛いね。昨日の手術がんばったね。指しゃぶりしたいのね。大好きな左の手が動かせないものね。辛いけど注射が入っているから、がまんしようね」と語りかけながら、Aちゃんの頭をゆっくりとなでました。Aちゃんの目が私の目を見つめます。もっと泣き声が大きくなり、何かを一生懸命訴えているように感じられました。「辛いよね。苦しいね。でも、病気を治すためだから、がんばろうね。この注射はね、Aちゃんの病気を治すために……」目を見つめ返し、繰り返し語りかけながら頭をなでました。泣き声が少しずつ小さくなり、表情がおだやかになってきました。手を止めると、すぐに泣き顔になります。ゆっくりと大きく頭をなでていると、泣き顔が消えました。「Bさん、同じようにしてみましょう。しっかり目を見て、話しかけて、ゆっくりと頭をなでてみましょうね」学生に話しかけて、ベッドサイドを離れました。三〇分くらい経ったころ、「Aちゃんが寝ました」とBさんが報告に来ました。

私から見えた学生の姿をBさんに伝え、どのような気持ちだったか質問しました。「どうしてよいかわからなかったのです。何か話しかけようと思ったのですが、言葉がわからないだろうし、どこかに触りたいと思ったのですが、どこに触ったらよいかもわからなくて……。ただ、辛いだろうな、私が話しかけてもっと泣いたらどうしよう、何もできなくて自分も泣きたいような気持ちでした」と目を潤ませながら話しました。

「でも、先生と同じようにして、一生懸命話しかけたら気持ちが通じたのかじっと目を見ていてくれて、そのうちにウトウトと眠り始めたんです。もういいかなぁと思って手を離すと、すぐに目覚めて泣くので、ずうっと頭をなでていました。そうしたら、眠ってしまって、お母さんとおばあさんが面会に来て、眠っているAちゃんを見て驚いていました。きっと、泣いているのにちがいない、会いに行くのが辛いなぁと考えながらいらっしゃったのだと話してくれました。自分がしていたことを話したら、とても喜んでくれました。うれしかったです。私でも役に立てたと思って……」と、その場のようすを話すBさんは、笑顔になっていました。

「あるがまま」の存在

人は「ホリスティック」な存在であると、私は考えています。看護は病気や傷のために療養が必要であったり産後の状態などで、生活しにくい状態におかれている人々に行われる営みです。病気は、人間の外側からやってきてその人に付着し、苦痛をもたらしたり生活しにくい状態にするのでしょうか。それとも人とともに存在し、病んでいる部分が大きくなったり小さくなるにつれて、その人が生きにくさや生活しにくさが変化するものなのでしょうか。病気を治療すべきもの取りのぞくべきもの、として捉える見方もあります。この場合、その人が感じる苦しさは、病気を治すためにしかたがないとみなされるかもしれません。苦痛や生活しにくさを感じている多くの人の状況に接してきた経験から、病気が人間の内部にあり、その人にさまざまな影響を与える、つまり病と人とを切り離すことができないものと考えるようになりました。病気をも内包したホリスティックな存在として人間を捉えているのです。

この場合の「ホリスティック」とは、その人の存在あるがまま、あるいは総体としての人という意味です。人を捉えようとする場合、身体的側面・精神的側面・社会的側面と分ける場合があります。これは、便宜的な分け方であって、全体として存在するという視点に立てば、どの部分から捉えても全体に波及し、人は分けられない存在であることに気づくでしょう。科学はあるものを細かく分けて、そのものを調べる所から出発したと聞いたことがあります。「科学する」と対極的な視点で捉えることが、「ホリスティック」な視点なのだと思います。

「まるごと」の人として

子どもの看護を学生に伝えている私にとって、人と病気の関係をどのように捉えるかは重要な問題です。病気はさまざまな苦痛を子どもに与えます。生き続けるということさえ難しくなる場合もあります。子どもの中に何かつごうの悪いところがあっても、子どもはそれとともに成長し発達していくのです。ホリスティックというカタカナ文字のことばをひらがなにすると、どのようなことばになるでしょう。私は「まるごと」「存在のすべて」という文字を当てたいと思います。私流に解釈すれば、この本の表題にある「ホリスティックな気づきと学び」は、「まるごとの人としての気づきと学び」ということになります。

先に述べた事例のAちゃんは、おとなであれば痛み止めの薬品を用いなければ苦痛を和らげることができない状態におかれていました。手術した部位を保護するために、抱くことさえ許されなかったのです。語りかけ頭をなでることが、Aちゃんに何をもたらしたのでしょう。痛みや抱いてもらえない辛さを受け止めてくれる人がいる、その人が自分の頭をなでている、静かな声や手のぬくもりがAちゃんに伝わり、しだいに気持ちが落ち着いてきたのでしょう。強烈な苦痛をも鎮める、何かを感じ受け止めていたのだと思います。その何かが、Aちゃんの苛立ちを鎮静化し、音声や暖かさがAちゃんにとって心地よさとして感じられたからこそまどろみ、やがて眠りへと導かれていったのでしょう。いま、現在、そこでおこっているありようを、まるごと受け止めていると児に伝える行為だったのだと考えています。

「ことばをかける」は心をかけること

インフォームド・コンセントは、説明の上での同意、あるいは説明の上での選択と、二つの訳がある言葉です。私は、説明を聞いた後に、その人自身が選択するという考え方に立っています。文字記号としての言葉をまだ理解できない発達段階にある子どもに、説明して理解してもらうことが可能か否かという議論もあります。子どもは、おとなのように説明された言葉を理解できなくても、説明されていることを理解する力をもっています。おとなであっても、すべての人が説明を理解できる状態にない場合もあります。そのような時でも、看護婦は説明を忘れてはならないのです。人は、説明しているその人のありようから何かを受け取り、それによって自己の存在を認めている人がいると確認し、安らぎを感じるのだと思います。

看護を学ぶ学生も、またホリスティックな存在です。先の例のBさんは、子どもの辛さを受け止めていても、どうしてよいかわからないことで自分を見つめ自己の内に閉じこもっていたのです。泣いている子どもを前にして、何もできないという無力感は看護者としての自己の存在を脅かすものです。全身でどうしてよいかわからないと訴えていたのが、Aちゃんの側で身を固くし、立ちつくしていた姿なのです。それから解き放たれたとき、学生のもっている「辛さを和らげたい・少しでも楽になってほしい」との願いが、声になり手のぬくもりとなり、さらには頭をなで続けるという行為になって表現されたのです。まるごとの子どもとまるごとの学生の間に生じていたこと、それはまさしく「ホリスティック」な関係であったのだと思います。

「いま・ここで」気づく

看護を学ぶ学生を支援する教師には、学生が看護を体験する瞬間を多く準備し、体験したことを学生自身が意味づける働きかけが要求されます。そのためには、教師自身もまたまるごとの存在として、場の状況を受け止め看護として表現できる力が不可欠になります。それは簡単なことではありません。まず、自分自身が「いま、ここで」感じていることに覚醒していなければならないからです。文字で書くと簡単なように思えますが、実際には教師自身も自己にとらわれる存在です。学生の状況を見て『何をしているの。もっとAちゃんの側によって、何かしなければ……。泣いている原因を探ったのかしら、点滴注射の場所が腫れていたりしないか見たのかしら……。全くもう、立っているだけでは看護にならないじゃない』と思うならば、何をしようとしているか質問したり行動をとがめるような言動を選択するかもしれません。教えようとすれば、言葉だけで行動を指示するだけに終わるかも知れません。臨床の現場で学生が立ちつくす状況は、看護の初心者として当然の行動なのだと思います。

何かを求めている子どもと何かをしたい学生の両方から、それぞれのおかれている状況を把握するためには、教師自身がそれぞれの存在に「気づく」必要があるのです。教師自身が気づくことは、教師自身が学ぶことでもあります。ここでいう「学ぶ」とは、経験を重ねると同義語です。これは、文字で書かれたものを読むことで得られる学びではありません。多くの場面に身をおき、そこから気づいたことを手がかりにして確かめて行動する、それによってしか学べないことなのだと考えます。看護者になることを目指して学ぶ学生にとっての教師もまた、まるごとの存在なのです。

学生と教師のホリスティックな関係が、学生が育つのを支えるのだと気づいた事例でした。

新しい時代の大学教養体育への挑戦

―モダンスポーツから、コンテンポラリースポーツへ―

新潟医療福祉大学　髙橋　一榮　*Takahashi Kazuei*

新潟医療福祉大学はどんな大学？

私たちの大学は、平成一三年四月新潟市に開学した医療福祉系の四年制大学です。現在、大学も氷河期を迎え、今後六～七年のうちに、全国の高等学校卒業生の数と、大学の募集人数がほぼ等しくなるといわれています。このような大学危機の時代にあって、二〇五〇年ごろまで医療福祉の分野は、専門職が確実に必要なことから、文部科学省では例外的に大学新設を認めています。そのような二一世紀型の大学として、本学は誕生しました。

そのコンセプトは?

私たちの大学の正面、図書館棟の屋上には、トップライトを点したペンタルーフがあり、また、大学のシンボルは五つの輪となっています。五角錐のルーフも、五つの輪も、実は五学科が手を結んでいることを象徴しています。「触れる、差し伸べる、その手からすべてが始まる」をコンセプトとしています。

とくに、これからの医療福祉は「長く生きる」から、「いかによく生きる」かが問われてきます。つまり、生活の質＝QOL（Quality of Life）を高めるサポーターが必要なのです。そのようなサポーターを育てることを、私たちはねらっています。

体育ではなにを学ぶのか?

これまで日本の学校体育では、モダンスポーツ、つまり、近代、イギリスで発祥し、世界的に発展してきたスポーツ（オリンピック種目に象徴される競技スポーツ）が中心でした。しかし、これまでの世紀でのよさを認め、新しい世紀を、「一人ひとりのらしさ」を認めていくためには、モダンスポーツ＝競技スポーツだけではなく、もっと、一人ひとりのらしさを大切にした、しかも、互いに手を差し伸べ、力を合わせて楽しんでいくスポーツが必要になってきます。

私たちはそれを、コンテンポラリースポーツととらえました。つまり、モダンスポーツのよさを味わいながらも、「自分を知る」「仲間を知る」ことを目的に、音楽に合わせてストレッチングやフィジカルフィットネスも取り入れたり、さらに、自然という環境に身をおくことにより、「命の連関」（互いに関わりあい、助け合って生きている）ということを体感的に理解させたいと考えました。

具体的にどんな授業が?

前述した本学のコンセプトから、体育は重視され、三年生まで体育の授業が行われます。現在一年生だけですが、一年生の前期の授業では、三つのねらいで授業を行ってきました。

その一つは、小・中・高校までの体育の学び方を確認し、うまい、へたにかかわらず、だれでも楽しむことを目的に、バドミントンコート六面を使った三人制のバレーボールを、学生が中心で進めること。

その二つは、ストレッチング（心地よい音楽に合わせて、自分のペースで）やフィジカルフィットネス（体育館二階のランニングマシーンやバイクなどフィットネスルームの機器を使って）を、自分の体力に応じて実施し、自分の身体や心、仲間のそれらを理解すること。

その三つは、大学近隣施設「海辺の森キャンプ場」を利用し、炊飯・テント泊活動を授業クラスごとに行い、自然との関わり、仲間との関わりを深めること（なお、自然の中で夕刻、『センス・オブ・ワンダー』（新潮社）を小グループで輪読し、レイチェル・カーソンの自然や自分自身に対する興味関心を持つことの大切さなどを、体感的に理解させる。**写真参照**）。

ローソクの光で
『センス・オブ・ワンダー』を読む

参加した学生の反応は？

抽出クラス（一六六名）の学生は次のように答えていました。

本学の授業を肯定……………93・6％
部分的肯定……………………6・4％

九〇％を越える学生が、モダンスポーツだけではなく、コンテンポラリースポーツの魅力を感じていることがわかりました。一年生後期、および二年生三年生の授業では、さらにカヌーやスキューバ・ダイビングなどもとり入れ、より深く多様なスポーツの魅力や価値を実感してほしいと願っています。

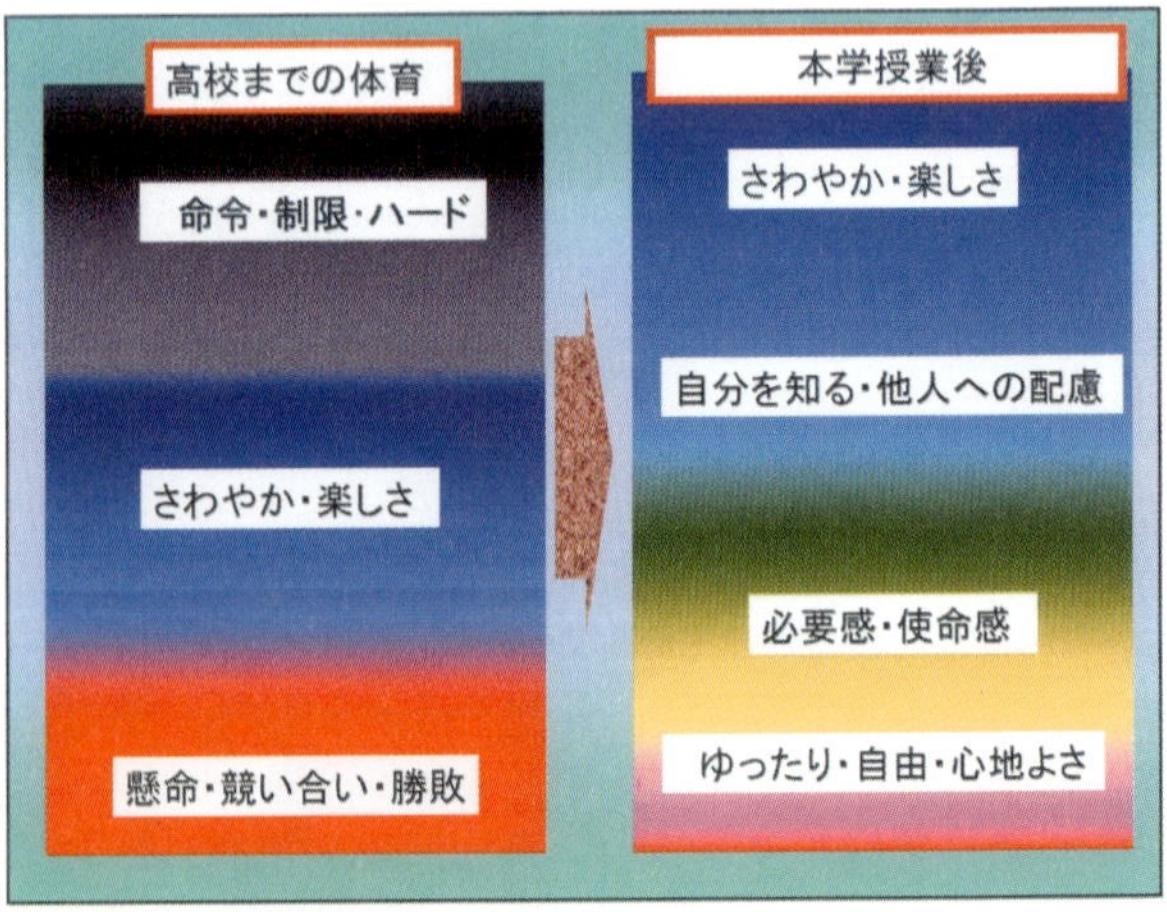

図　体育授業のカラーの変化

ホリスティックな気づきと学びとは？

このように、単にモダンスポーツだけでなく、コンテンポラリーなスポーツを学習していくことは、ある意味では、「ホリスティックな気づきと学び」に通じるように思われます。たとえば、海辺の森での『センス・オブ・ワンダー』の輪読は、その後レポートとして提出されることになります。どのレポートにも、これまで感じたことのない自然や仲間に対する関連の大切さが記され、「人は一人では生きられないこと」、「人間だけでなく、自然やまわりと共生することが大切であること」などが記述されていました（本頁下段参照）。

授業の最後のアンケートで、体育授業をカラーに例え、「小・中・高校までのカラーと、本学体育授業終了後のカラーの変化とその理由」を記述させました。この主な理由は、文章表現以上にカラーで表現することのほうが、よりストレートに、一人ひとりの体育観を把握できると考えたからです（前頁図参照）。

小・中・高校までの体育のカラーと、本学体育経験後のカラーは、大きく変化していました。古い時代の体育の持つ、「命令・制限・ハード」などのカラーであるブラックやグレー、そして、競技中心のカラーであるレッドなどから、「さわやか、自由度、安らぎ」などのカラーであるグリーンやイエロー、ピンクなどに大きく変化していました。その詳細はここでは述べる紙面がありませんが、興味のある方は日本体育学会第五二回大会紀要（北海道大学　平成一三年度）をお読みください。

今後、私たちは、この授業をさらに改善し、これからの世紀を背負っていく「ＱＯＬサポーター」としての、魅力あふれる学生を多く育てたいと考えています。

「自然とのかかわり」の大切さを学んで　　S・O

『センス・オブ・ワンダー』を初めて読んだキャンプの夜は、森のざわめきや突然降り出した雨によって、しばらく忘れていた自然との暮らしを、思い出させてくれた。私が幼いころは、家の近所の山に遊びに行き、虫を捕まえたり、一本一本の木が風で揺れている音や鳥の鳴き声を聞いたりして、自然を身近に感じていた。しかし、年齢を重ねていくにつれて、そういった自然とのふれあいが少なくなっていた。

今回の輪読によって、自然とのつき合い方を思い出すことができたし、同時に、今まで何気なく過ごしていた日々にも、自然と触れ合う機会があったことを改めて気づかされた。たとえばそれは、屋根を打つ雨の音であったり、新雪の上を歩くときであったりする。そういった時に私は自然が与えてくれる喜びに浸ることができたことを思い出した。

　この喜びは、私だけが味わえることではなく、誰もが味わえることだ。この自然を感じる気持ちを、将来、医療福祉の現場で出会う人々にすすめていきたい。建物の中で行う治療は、身体的な部分が多い。しかし、屋外で散歩したり、運動したり、場合によっては、じっと太陽の光を浴びるだけでも、そこに吹く風や日の光の暖かさを感じることができて、精神的に癒されることだろう。老化によって、あまり外出できなくなったお年寄りを屋外へ連れていくだけでも喜んでもらえるはずだ。

　自然を楽しみ味わうことは、健康な私たちにとっても、病気に冒されている人にとっても、喜びを感じることであり、また精神的に癒されることである。「病は気から」という言葉があるように、心がもつ影響力は大きい。その心を癒すことができる自然との触れ合いを、私たち医療従事者は取り入れていくべきだと考えている。

　このような取り組みによって、必ず高齢者や障害者、病気で苦しむ人々の生活の質を高めることができるはずだ。そのことを、私たちは今後忘れず生かしていかなければならないと、この本を読んで強く感じた。

〈いのち〉が響き合うホリスティックな成長の場

―臨床看護実習―

東京女子医科大学看護学部　守屋　治代
Moriya Haruyo

〈生きにくさ〉にかかわる看護

看護という仕事は、病いをかかえて生きている人々の日々の生活のなかに、その人が病いを超えて生きていける力を見いだそう、ひきだそうとする営みだといえます。生きていくうえでの〈生きにくさ〉をともなう日常性のなかに隠されている、その人の〈いのち〉の力は、目には見えませんが、確かにはたらいています。私にとって、この力をよく確認することができるのは、看護を志す学生さんとの臨床看護実習においてです。

八三歳のMさん（男性）は、交通事故による骨折の手術後の骨の癒合が遅れ、入院生活が五ヵ月と長引いていらっしゃいました。早く退院したいという思いとはうらはらに、歩行に向けてのリハビリテーションが思うように進まず焦っていらっしゃる時に、学生のOさんが受け持たせていただくことになりました。Mさんは元大工さんで、自分の腕一本で仕事をされてきた職人気質が伝わってくるような話をされる方でしたが、気弱になられていることがわかりました。

一方、Oさんは、学内では科目試験の成績はよく知的学力が高い学生さんでしたが、学内で見かける彼女は一人でいることが多く、講義が終わると一人でスーっと帰っていくようすが印象に残っていました。また、帰宅のバスに乗り合わせた際、食欲不振が続いていると言い疲れた表情をしていたことが気になったり、体調をくずすことが多く、学内の保健室で休憩しているところをケアしたことがある学生さんでした。

その学生Oさんは、初めてMさんに出会った実習初日、緊張してしまい自分を見失っていましたが、「Mさんに『また、明日も頼むね。今日はありがとう』と言われて、だいぶ安心した」「やってみたい看護が少しずつみえてきたので、私なりに看護ができたらいいなと思う」ようになっています。学生Oさんは、Mさんの歩行練習に毎日つき添い、声をかけ、足をマッサージしたり、日常生活の援助を続けていきます。

実習最終日の反省会で話す学生Oさんに、私は、はっとしました。声のようすと話し方が変化しているのです。以前の、だるそうで語尾がはっきりしない話し方ではなく、しっかりと一言一言に力が入っています。実習をふりかえったレポートには、次のように書かれています。

「よく、身体のケアだけでなく心のケアもするのが看護というが、授業では頭に入っていても具体的にはいまいちよくわからなかった。患者から家族のことや過去のことなどを聞くまで深く関わる必要性もわからなかったし、聞いたからって何がかわるのだろうと思っていた。しかし、今回受け持ち実習を行って少しずつその考えが変わっていった気がする。患者さんは交通事故という恐ろしい体験をしていてかなりのショックを受けていて、外へ出るのが恐いし、骨折したことで歩けないという切なさもあった。リハビリは毎日しているが、そのような消極的な気持ちでやっても効果がないと思い、なるべく前向きな気持ちでとりくめるように考えた。……患者さんは話しただけでも楽になったと言ってくれたり、私の拙いアドバイスにも勇気づけられたと言って涙する場面もあって、日を追うごとに前向きな気持ちになっていった。私はその時に初めて心のケアの大切さを身をもって感じた。患者さんの心のなかに入っていくのは容易なことではないが、入っていけたら相手の気持ちも理解できると思うし、自分の気持ちも相手に伝わると思う」

他者とのかかわりのなかで回復していく

生の全体性

学生Oさんは、人とかかわることへの不信を抱いていたといえます。「それで、何が変わるのか？」という。学生Oさんは、Mさんと出会い、〈生きにくさ〉を体現しているMさんの身体が示す事実に直面していきます。今まで学生Oさんが知っていたのは、授業のなかで聞いた〈知識としての患者〉でしたが、今目の前にいるのは、Mさんという〈生きている生身の人間〉です。そして、彼女自身も〈生きている生身の人間〉として、Mさんの前に立ちます。これにより、知識や理論としての看護が、彼女のなかで〈からだ性〉をおびていきます。こうして、中村の言う[注1]〈経験〉が成立していきます。「われわれ一人ひとりの経験が真にその名に値するものになるのは、われわれがなにかのでき事に出会って、〈能動的に〉、〈身体をそなえた主体として〉、〈他者からの働きかけを受けとめながら〉、振る舞うことだということになるだろう。この三つの条件こそ、経験がわれわれ一人ひとりの生の全体性と結びついた真の経験になるための不可欠な要因である」。中村はさらにいいます。他者からの働きかけを受けるということは、受動性を帯びざるを得ず、受苦的でもあり、だからこそいっそう具体的なもの、現実と深くかかわったものになる、と。

若く、他者とのかかわりが希薄であった学生Oさんにとって、〈生きている人間の現実にかかわる〉ということは、さぞ重い体験であったろうと想像できます。しかしだからこそ、この体験は、彼女の内面で大きな変容を起こしうる力をもち得たのだといえます。〈生きにくさ〉をかかえていたのは、Mさんだけではなかったわけです。学生Oさん自身が、人とかかわることの不安や不信といった〈生きにくさ〉を内在させていたといえます。彼女のなかの、人とかかわることへの信頼性を回復させたのは、相手の〈生きている時間と空間〉に自分の〈身〉をおきながら、人間関係を築き、相手の〈もてる力〉をみいだそうという〈かかわり〉でした。看護する者と看護される者といった目に見える構図のなかに、このような逆説的ともいえる真理を見いだすことができます。同時に、〈生きにくさ〉をかかえながら生きるMさんのなかから、〈いのち〉の力がひきだされていることをみてとることができます。

〈ホリスティック〉という概念の有効性

学生Oさんは、他者との関係性を築き他者と自分への信頼性を回復した時に、声が変わりました。学生さんたちとともに実習をしていると、各自が途中で何らかの〈行きづまり〉に直面します。最終的には、さまざまなプロセスを経てそれをのりこえていきます。そして、私自身も学生さんのことを考え悶々としながら翌日の実習に出ていくと、思わぬ変化が学生さんのなかに生まれ始めていることがあります。頑《かたく》なになり、状況に対して開かれていない自分に気づきます。変化していく状況がどんなに困難に見えても、そのなかに成長への促しが内在しているのだという、〈プロセス〉そのもの、あるいは患者さんと学生さんの〈いのち〉に対する全幅の信頼感が問われているのだと思います。

臨床看護実習において生成するでき事を、次のようなホリスティックな捉え方をすると、その意味がよりいっそう深く見えてくるように思います。

(1) それぞれの時間と空間を生きてきた人間が、今生きて感じているこころとからだをまるごと捉えようとすること

(2) その人間が出会うことによって互いの〈かかわり〉が生まれ、その関係性の質がさらにそれぞれの生活や生き方に影響を及ぼしていくというような、〈場の関係性〉全体をまるごと捉えようとすること

(3) その関係性が変化していく〈プロセス〉をまるごと捉えようとすること

(4) (1)(2)(3)を捉えようとする時に、現象として現れていることのより深い次元で何がおきているのかを捉えようとすること

このようなホリスティックな捉え方をすると、人間とは、細胞レベルで、個体レベルで、社会関係レベルで、さまざまな対立や葛藤する要素を抱えこみながら、より高次の統合をはかり安定性をはかっている存在だということができます。細胞の生と死、栄養や酸素の摂取と排泄、個人と他者との依存と自立、信頼と不信などの〈対立や矛盾の調和〉がはかられている状態が、健康なありかたです。たえず、非平衡を含みながら自己を生成、更

新させていくのが、人の〈いのち〉のありようです。そして、このような〈対立や矛盾を超える調和的（ホリスティックな）全体〉を創りだしているものを、〈いのち〉の力と言うことができると思います。患者のMさん、学生Oさんは、苦しみながらも、それぞれの内部で抱える障害や葛藤を超えた、より大きな全体性へと一歩先に進まれたといえるのではないでしょうか。

〈ホリスティック〉という概念を切り口にして、看護教育の現象を捉えなおすことは、一見ばらばらに存在しているかのように見えるさまざまな要素に、それぞれの位置と奥行きを与えてくれます。それによって切り離された個人やでき事が全体性を回復し、それぞれがもっているより深い意味が見えてくるのだと思います。患者のMさん、学生Oさん、そして私の〈いのち〉は、深い次元でつながりあっているように感じます。臨床看護実習は、患者さん、学生さん、教員の成長へ向けたそれぞれの〈いのち〉が作用し、響き合う〈場〉であり、目にみえないさまざまなテーマが布置されています。よりいっそう〈ホリスティックな成長〉へ向かうために内包している各自のテーマが、かかわりのなかで顕現してくるのだというように捉えられます。そして、〈ホリスティックな成長〉とは、個がより大きな全体性のなかに位置づけられているからこそ、〈完全性〉をめざすのではなく、障害や弱さ、苦悩を含んだ〈十全性〉[注2]に近づくことを意味しているのだといえます。〈ホリスティック〉という概念によって見えてくるこのような〈成長〉の姿からは、教育や看護のなかに〈癒し〉の可能性がひそんでいることがわかります。

※Mさんのことについては、プライバシーを守るために、意味が損なわれない程度に内容を変えています。また、Oさんのレポートは、本人の許可を得て使用していますことを、お断りしておきます。

注1　中村雄二郎『臨床の知とは何か』（岩波書店　一九九二年）
注2　日本ホリスティック医学協会編『生命のダイナミクス　―ホリスティック・パラダイム―』（柏樹社　一九九〇年）

【参考文献】
John P. Miller『ホリスティック教育　―いのちのつながりを求めて―』（春秋社　一九九四年）
吉田敦彦『ホリスティック教育論　―日本の動向と思想の地平―』（日本評論社　一九九九年）

Ⅵ

日々の暮らしの　かかわりのなかで

【家庭】

十四の瞳に囲まれて
もうひとつの学びの場　平野　慶次（京都府）　135

家族のつながりは、家族内に閉じられたものではなく、外に開かれたつながりだろう。そんな家族像にホリスティックな思想を重ねるとき、様々な気づきがもたらされたように思う。七人の子らとの暮らしの一頁を覗いてみて下さい。

ホリスティックな母の教え
長尾　操（京都府）　140

すべての人にとって自分が生まれでた親は、いいも悪いもそれぞれのホリスティックな影（陰）ではないでしょうか。普段は隠れて見えないけれど、自分のいのちが何であるかを問うたときに一〇〇パーセントつながっている別個のいのちとその人生。自分の親を好きといえることは、自分自身を含めた万物を愛することのはじまりだと私は確信しています。

生き方としてのファシリテーター
—「ホリスティック」を母に学んで—
大阪ＹＷＣＡ教育総合研究所　金　香百合（大阪府）　144

母が倒れた！　娘である私の日常生活は一変！　普段はワークショップのファシリテーターとして全国各地を飛び回る私。その学びの場で、多様なテーマ（人権、ジェンダー、国際理解、ボランティア、対人援助者教育、こころのケア、生と死、そのほか）を取りあげている私が、身近な母を通して気づき学んだ「もうひとつの体験学習」。

太陽は星のお父さん、月は星のお母さん
—障害がある娘との十二年間—
唐木　邦子（神奈川県）　149

どの子も自分自身を花開かせるいのちの種を持って生まれてきます。障害を持つ一二歳の娘の場合は、障害もその大切な色合いとして全体と溶けあいながら、花開いていくように感じられます。娘のホリスティックな成長に驚きを感じながら見つめているうちに、すこしずつ育ってきた私。そんな私の体験です。

十四の瞳に囲まれて

もうひとつの学びの場　平野　慶次
Hirano Yoshitsugu

家族とともに

「おーいご飯だよ！」のかけ声に食卓に飛んで来る子、遊びに夢中で気づかない子、おやつをこっそり食べお腹の減っていない子、中にはかけ声を待つ間も待てずにお腹を空かせて泣いている子、我が家の食事前のあわただしい光景は、他人様には恐らく想像しにくい状況と思います。現在一三歳の長女を筆頭に七人の子宝に恵まれ、核家族ですが九人の大家族という状態で暮らしています。長女の後は順に一〇歳、八歳、六歳、四歳、二歳と五人男の子が続き、〇歳の次女が控えています。ともに笑い、ともに泣き、ともに喜び、ともに怒りとさまざまな事情を共有しながら、バラバラになったり、ひとつになったりと、めまぐるしい変化の中で各人各様の生き方を探しています。

　時には家族そのものがストレス発生装置になることもあります。パートナーの怒鳴り声が響く時すら、怒鳴られていない子には笑いの種になることがあります。そんな時「何を笑ってるんじゃ！」とついでに怒鳴られても、へこたれずに笑い続け、終いには怒鳴っているパートナーすら笑い出してしまうことがしばしばです。そんな折りに思うのですが、「……であらねばならない」を「……にこしたことない」と読み替えるだけで、家族間ストレスはかなり減少するようです。とはいえ生活する上で、必ず発生する仕事の量は半端ではありませんから、いつも家の中にはした方がよいこと、しておくべきことが山積みになっています。

　こんな家族との日々の暮らしから、さまざまな気づきについて書くことにします。

「先生が言ってた!?」

　一三歳の長女が中学二年生、続いて小学校五年生と二年生、その後が幼稚園の年長児と年少児、保育園の一歳児クラス、最後の次女がパートナーと在宅です。四種の教育機関に関わりながら、まず実感するのは、機関も加齢とともに家庭拘束力が強くなることです。この拘束力は、物理的側面ばかりではなく、それ以上に辛い精神的拘束力も意味します。強くなる拘束力はむしろ精神的なものです。ですから関わらずに過ごすことも可能で、ために見ない聞かない言わない人も大勢いるようです。観て聴いて話すわたしなどは、実に「日々是悪日」と、嘯《うそぶ》きたくなることがあります。

特に気に入らないのは、子らに「先生は……と言ってた」と反発されるときです。些細なことから大事なことまで、さまざまな事柄に価値観を押しつけられているように思います。少しずつジワジワとそれらの価値観が家庭を蝕《むしば》むのです。

「なんで?」からはじまる対話

わかりやすい例えですと、忘れ物があります。先生方は半ば習慣的に「忘れ物は悪いことです」と言われます。そんな時、「なんで?」と子らに聴くと「先生が言ってた」との返答があります。そこでわたしは連絡帳に「忘れ物は悪いことという理由をわかりやすく説明してやって下さい」と書いて子どもに持たせます。帰宅すると早速返事を聴くのですが、たいてい「人に迷惑をかけるからだって」との返事が返ってきます。こんな先生に「やっぱりっ!」と思わずニヤリとしてしまうのです。なぜかと言うと、この「迷惑」は、いわゆる「人様への迷惑」であって自身の「困った!」という経験ではないからです。大切なのは、自身の「困った!」ではないか、と思うのです。そんな考え方を伝えますと、先生によってはとても暖かく見守ってさえくれます。が、当の子どもはというと、何分真剣に困っていないので、涼しい顔して忘れ物の常習犯を日々繰り返しています。一学期の間に一回しかドリルを持って行かずに過ごしていると、とうとう先生がご自身のドリルを渡し「全部やってきて下さい。おうちの方に協力してもらって下さい」と言われました。これには親子ともに少々参りました。

こんなやりとりを日々繰り返しながら、価値観の強制は拒んでいますが、子らは同様にわたしに向かって「なんで?」と問うことも珍しくはありません。時折強引に決断を押しつけることもありますから、そんな時に問われると参ってしまいます。ただ、そんな折りにも心掛けているのは、「あなたのためよ」とは言わないことです。「なんで?」にも時と場所を改めることはあってもつき合うことにしています。もちろん答えに窮することもありますが、そんな時にはいっしょに考える作業をします。

そしてわからないことは「わからない」と伝えることにしています。かくして子どもの忘れ物癖が直ったかと言うと、実は全然直っていません。深刻に困ったことに気がつかないと直らないのだろう、と確信を重ねる日々です。

子どもを育てる子ども？

子どもにもいろいろいます。減らず口の多い子から少ない子と。年齢的な時期もあるのでしょうが、よく観ていると兄弟間での減らず口は、親に向かう時に比べずっと少ないのです。親の言うことに比べ、姉・兄の言うことをよく聴くようです。もちろん兄弟げんかもありますが、中身は大体ワンポイント闘争なのです。ですから、そのワンポイントさえ決着すれば、たちどころに遊び仲間に変身してしまいます。お互いに切磋琢磨しながら、まさに「しのぎ」の技を身につけていくようです。

たとえば、食べたいものを弟が持っていることに気づいた兄が、何とかそれを弟からせしめようとするのです。始めは奪うという暴力的行為にでることもあります。これに対しては、弟は悲痛な叫びやうめき声を誰かに聴かせ、仲裁にはいることを期待して自分の身を守ります。たいていの場合、弟は自分の持っている食べ物を兄が欲しがっていることを素早く察知すると、兄の持ち物の中から交換に値する物を見定めるのです。ここがおもしろいのですが、年齢差で欲しい物のプライオリティーがちがうから実に不思議な交換が成立します。理不尽な、と思うことが多いのですが、本人たちはいたくご満悦の様子なのです。等価交換に成功したと言うよりも、自分の方が得をしたとお互いに思っているようです。

食べ物は直になくなりますからいいのですが、おもちゃなどの場合はしばらく経っても消えてなくなりませんから、どちらかがその交換の中止や撤回を求めることがかなりの頻度であります。よくよく話を聴くともうすでに三回目の交換だったなんてこともあります。つき合うのに飽き、放っておくとたいていは収まります。そんな交渉術も子らは互いに研鑽《けんさん》し合っています。数が増えてくると親の出る幕は減ってくると言えそうです。子どものことはやはり子どもが一番よく理解できるように思います。まさに子どもが子どもを育てる、です。そして親をも育てているようです。

「子育て」から「子育ち」へ

五男の通う保育園では、毎年暑い盛りの七月八月に先生方は交代で二日ずつくらいの保育研修に出かけられます。そして、必ず保育研修報告集が全家庭に配られます。

初めてこの報告集を戴いた時、先生方の熱心な態度に深く感動したことを今も覚えています。報告集への感想をお寄せ下さい、との呼びかけがあり、早速書くことを決意し、再度報告集をていねいに読み直しました。そうすると気づいたのは、実に「子育て」という言葉がそこら中にあふれていることでした。そこがとても気になり、「子どもは自身が成長力を持っており、育つものではないでしょうか?」との主旨の感想を先生にお渡ししました。それから、先生方との対話が始まったように思います。

「子育て」はサポートする側の主体性にスポットを当てるために、「……した」とか「……する」とかの、したことの積みあげに気持ちが傾きすぎるような気がするのです。ですから、「……もしてやれていない」とか「……もしてやれなかった」とのプレッシャーが大きくなるように思います。人の育ちには、さまざまなことが関わります。積みあげた「こと」だけが育ちに反映されるのではなく、積みあげられなかった「こと」もおおいに育ちに関わっているのです。その身に起こったことだけでなく、よそで起こったこともかなりの影響があるでしょう。

保育園で年三回の懇談会が開かれ、いわゆる子育ての悩みなどを話し合う機会があります。「複数の子どもの世話は一時にはできないし、二人目を躊躇しています」「二人目ができたのですが、どうやればうまく世話できるのでしょうか」というようなことで悩まれているお母さんがたくさんおられます。そんな時必ずわたしとパートナーに視線が集まります。わたしたちはそんなお母さん方に「そんなにたくさんのことができるはずないですよ。その時その場で必要最低限のことをこなそうとしているだけです。しかもそううまくはいきませんよ」と答えるのですが、この答えで悩みが解決されるわけはありません。そこで話を続けます。ポイントは、「してあげた」ことよりもむしろ「してあげられなかった」ことの方がその子の成長には寄与しているかもしれないということを伝えることです。そして「ねばならない」を「こしたことはない」に読み替えていくこと、その時々においてできることをただ誠実にすることではないでしょうか、と結びます。多くの若いお母さん方は、帰りに少し楽になれました、と言いながら帰られます。

待たせないことが待てることにつながる

一方「子育ち」は育つ側の主体性にスポットを当てますから、サポートする側は、もっぱら子どもを観ることが大切な役割になります。もっぱら観ると言っても何もしないのではないです。子どもは自ら育つのですが、そこには親の大切な役割があると思います。「待つこと」と「聴くこと」だと考えています。子どもは何かにつけ、「見て！　見て！」と親を呼びます。そういうときには、できるだけ待たせることなく見てみることです。親子のコミュニケーションがスムーズに行くかどうかがかかっているようです。お母さん方の口癖が「今忙しいから、ちょっと待ってね」ですが、こう言われ続けると、この口癖は子どもにまちがいなく移るようです。

我が家の二男は、生まれたときに姉が幼稚園の年長で、兄が幼稚園入園前でした。幼稚園が少し遠いのと、いっしょに通う近所の子を送らなければなりませんでしたから、朝のあわただしい時間には空腹を堪えてがまんしていたようでした。いつも「がまんのお口」とパートナーと笑ったものですが、下唇をかみながら口元をへの字にして泣かずに布団にいました。おとなしいな、と思っていたのですが、姉が出かけると突然火がついたように泣き始めるのが日課でした。二ヵ月目位からのことです。次女も同じ口をして待っています。二人とも朝は相手にしてもらえないことを知って待っていたのです。今二男が小学校の二年生ですが、何か用事を頼むと反射的に「待って！」と言います。待たせたつけが跳ね返って来ているようです。

子の求めに即座に応えるように心がけ始めてから、少しずつ状況は改善されてきました。さらに、必要な時には待ってくれるようになってきましたからおもしろいです。待たせると待てなくなり、待たせないと待てるようになる。これも子らが教えてくれたことでした。

みんなでつむぐ ものがたり

子どもの求めに親が応え、親の求めに子どもが応え、とまでは行きませんし、さまざまな音色で奏でるハーモニーは、完成度の高いオーケストラの演奏のようにはなりません。どこかしらファンキーな響きがあり、不協和音があり、テンポが急に変わったりと、目まぐるしく変化します。それは、世界にたったひとつしかない綴れ織りのようなもので、しっかりした縦糸に、一本一本手で染めあげた横糸を絡めて織りあげた布のようなものです。どんな模様ができあがるかは全体を観ないとわかりません。縦糸がなくなるまで、その布は織り続けることができます。縦糸がなくなれば、また別の縦糸を張ればいいのです。きっとこの縦糸が親の役割なのでしょう。そうして織られた布が何枚も集まり、どこかで縫い合わせられたりしながら、また新しい物語が始まるのです。

家族というつながりが、開かれたつながりであることに、ホリスティックな家族像を眺めて行きたいと思っています。シュタイナーは、子どもが親を選んで生まれてくると言ってます。七人の子どもに選んでもらえたことをパートナーとともに感謝し、この拙文を閉じることにします。

ホリスティックな母の教え

長尾　操
Nagao Misao

ホリスティックはあたりまえ？

言葉にするとおこがましいことですが、私がはじめてホリスティック教育に出会った時の感想は、「どうしてこんなあたりまえのことが学問になるのだろう」ということでした。しかし、その感想とは矛盾しながらも、私はホリスティック教育の内容に目の醒める思いがしました。そこから私の「あたりまえ」を再認識した時、身体中にひろがった感情は、あたりまえを大好きという気持ちと言葉にならないありがたみでした。その大好きという表現から私のあたりまえとは何かがわかりました。あたりまえとは母の教えだったのです。

今の私を動かしている思考パターンの教科書は母の言葉です。根気よく、言葉と態度で言い続け示し続けてくれたその内容や伝達方法は、私が子どもに接するときに無意識に出てくるようになりました。もちろん、私はほかの人からの教えもいただいて成長しました。けれども多くの教えや導きにもかかわらず、現在の私に根づいているほとんどの生きることや教えることに対する信念は、まちがいなく自分の母親のものなのです。このことに気づいたとき、前例のない試行錯誤の実践でしかなく、また他人が知ることのない「母がしてくれたこと」について改めて感激し、とても個人的ですが大事にしていきたいと思えることですので、感謝の意味をこめてここに記したいと思います。

教えの前例のなかった生い立ち

戦時中に母子家庭になった事情から、長女であった母は小学校の卒業を待たずにして、住み込みの仕事で田舎の商家に何年もお世話になりました。気性の激しかった実の母親から離れられるということで、どちらかというと肯定的に子ども時代から他人だけと暮らし成長したのです。仕事として家事を学び、青年時代には老舗料理旅館で働きました。しかしたとえいくら大事にしてもらったところで、いずれも住み込みという生活上、不自由さは実家の比ではなかったと思います。人にはたずねにくい状況の中で、調理法を目と舌で習得し、衣類などの必需品を自分で考えて製作することは、生きることへの必要に迫られて作った自らのカリキュラムでの実践授業ではなかったかと思います。

母は自分の思い出からさまざまな経験談をよく話してくれました。中には楽しかったこともあれば、辛いこともありました。どの話ももちろん母の主観の入った語りなのですが、それぞれにはちゃんとどういった気持ちだったのかが、表情・声色・身振りなどで表現されていました。いっしょにおやつを食べながら話を聞く時間には、どんな内容であっても最後にはなぜか笑いがありました。

生きるために大事なこと

生きるためには食べ物は何をおいても不可欠なものです。母は個人も社会も貧しい時代を経験し、またそれまでの仕事柄、食の大切さには人一倍関心があったようです。粗食でしたが食卓にはちゃんと旬のものをつかったおかずを作ってくれていました。

そんな母に小さいころから言われ続けたことは、地元特有のいい伝えも多いのですが、「食べ物は投げるな・残すな・粗末にするな」と、やはり食物に関することが多く、私はそれらを通して漠然ながらも生きる姿勢を学んだような気がします。

食が細かった私が小学校低学年の時には、担任教師から家庭で早く食べる指導をするようにと言われたらしいのですが、当時の私にはそのままとしては何も伝わってなかったように思います。何年か経ってから小さい時のことを聞かされたときに、「おとなでも食べたくない時があるのに、身体の小さい子が時間内におとなと同じ量を食べられるはずがない」と教師の指導を批判するでもなく、それ以上に自分の考えを示していました。それを聞いたとき、給食時のみじめさから抜けきれずに成長した私は、とても大きな味方をつけたような気持ちになったことを覚えています。

思う存分の意味

同じように、休みの日には寝たいだけ寝ていても起こされませんでした。遊ぶだけ遊んでいても、宿題はしたかどうかを問われるだけで、子どもの仕事は遊びと勉強だとは教えられていましたが、むやみに勉強しろとは言われませんでした。くだらないことをえんえんとしゃべっていても同じように笑ってくれるし、友達にされたことを一生懸命に話し、報告が悪口になっても、そうかそうかと聞きながら、最後に一言だけ「人のことだからよそでは言わないでおきなさいよ」と諭されるだけでした。その、思う存分という表現がぴったりの時間の使い方を小学校時代にはさせてもらったことを振り返って母に言うと、「人にはその時その年齢でしかできないことがあるのだからなんでもかんでも止めたらだめだろうと思うだけ。人様にさえ迷惑をかけなければそれでいいはず」との返事がありました。その言葉は軽く言い放たれるものなのですが、聞いている私にはとても重いものとして受けとめていた言葉でした。

コンプレックスからの強いメッセージ

そんな教えの中で、本当に何千回も言われたような感覚をともにしている言葉があります。

「学校の勉強は教えてあげたくてもお母さんはできないから、わからないところは自分で先生に聞いてきなさいよ」「お母さんは字がへたで恥ずかしい思いをしているよ。だから字は鉛筆をしっかり持って、ていねいに書きなさいよ」

この二言は、小学校一年生の時にさんざん聞かされた覚えがあります。たぶんそのころの私はこれらを使命のように感じて行動してたのでしょう。おかげさまでたずねることを恥ずかしくは思わない、そこそこの字面で書けるおとなになることができました。聞く側であった自分に少しでもその成果がでたことから、繰り返しの効果を実感することができました。この外向きのコンプレックスには感謝しつくしてもまだ足りません。

必死さと本気が生み出した導き

思春期にはかなり直接的に自殺についての見解を言われる時がありました。テレビで自殺のニュースが流れたときなどにうまく話がでるのですが、そのときにはいつも目の真っ芯を笑いながらもしっかりととらえられて、「うちでは自殺する子のお葬式はださないよ。そんな子はいらんよ」とこちらも何度となく言われていました。

笑いながら言われる真意が汲めなかった私は心の中で、「そうか、うちはいざとなったらよそよりやさしくないのかもしれないいな、真剣に怒られたらこわいものな」といいかげんに流していました。冗談めいた会話の向こうにある意味をさぐるよりも、まだ表層的なところを取ってしまう年齢です。目を見つめられてそらすことのできなかったことの方が重要で、こんなすごい人に見放されたらいやだという思いがあったのでしょう。おかげで自殺に関する話題だけでも母の言葉が浮かぶようになっていました。

母の必死さが生んだ、突き放したような言葉は、揺らぎやすい時期の私をしっかりと引き留め、受けとめてくれていたのです。

母がホリスティックな理由

必要なゆっくりには何も言わないけれど、いやいやにだらだらしていると喝が飛び、物事をいいかげんにすると「なんでも性根《しょうね》をいれてしなさい」と怒鳴り叱る母はなぜホリスティックな人間、そして生きるための教師として私の目に映るのでしょうか。その答えとして教えの要素をこう考えます。

＊頭を働かせて出てくる知識として得た「指導」ではなく、本人が自分で見つけた知恵からの「教え」であること

＊伝えたい相手、たとえば私たち子どもとその立場をよく見ていること

＊根気よく同じ言語表現をくりかえすこと

＊食生活、すなわち生きるための基本を大切にし、且つ楽しんでいること

＊くやしさや腹立たしさも隠さないあらゆる気持ちの入った経験談を話すこと

＊笑いが多いこと、言い換えれば一つの話に異なる見方をつけ加えること

など、詳しく検討すればまだまだありますが、少しあげただけでも懐かしくありがたく思える母の教えを、私はホリスティックな教育だと思わずにはいられません。そして、多くの他人から学んだそれぞれのよいところをうまく統合し教えることのできた人物だからこそ、母もまたホリスティックな人間なのです。

そんな教えをもらってながらも、私はまだまだいたらないところだらけのままです。いまだに好きなことばかりをさせてもらってもいます。社会的な親孝行もほとんどできていません。ですが、ホリスティック教育と出会っ

たことで、私は心の中での別の形の親孝行のしかたを見つけたような気がします。それは、生きようとする力から生み出された信念を受け継いでゆくことだと思うのです。

生まれたときから目の前にあった人と教えをあたりまえのものだと認識し大好きだと思えるのは、とても幸せなことだと思います。母には到底かないませんし、未熟な自分には笑ってしまいますが、これからのホリスティック教育の動きに参加し、貢献させていただけるよう努力することが私の「あたりまえ」への感謝の表現であり、親（教え）孝行のように思うのです。

生き方としてのファシリテーター

―「ホリスティック」を母に学んで―

大阪ＹＷＣＡ教育総合研究所　金　香百合
Kim Kayuri

研修会の最中に

母危篤！　その連絡を受けたのは北海道教育委員会主催「教員のための国際理解教育研修会」で私がマイクをもって話し始めたすぐのこと。その前夜、大阪で笑顔の母と元気に別れてきたばかりの私は信じられない思いの中で、決断を迫られていました。

今始まったばかりの宿泊研修会、広い北海道の各地から遠路はるばる意欲をもって集まった参加者を残して飛んで帰るのか、あるいはここに残って終わりまで研修会でのファシリテーターをやりとげるのか。この日にいたるまでの関係者との長い準備プロセスが頭の中をかけめぐる。それをみんなおいて去るのか。「せめて今日の終わりまでいます」と言う私。関係者は「帰ってください、飛行機を手配しました、一刻も早く！」と顔色を変えて半ば叫ぶように追い立てる。緊張したやりとり。後のプログラムについて担当者に妙に冷静に指示する私。

降り始めた大雪でダイヤの乱れた新千歳空港。どこをどう帰ってきたのかわからない一月の寒い冬の夜。大阪警察病院の夜間緊急患者用の入り口。出迎えてくれた家族たちの憔悴した表情。その日、七六歳の母は入浴中にクモ膜下出血で倒れ、救急車で運ばれたのでした。

母―その生き様―私

母は「心身ともに元気で生き生き」をモットーに毎日を過ごしてきた人です。七三歳で夜間中学校に入学、七四歳で定時制高校に進学し、倒れた時は七六歳の現役高校三年生でもありました。

母のこれまでの人生は苦労の連続でした。結婚相手であった父は甲斐性がない上に好きな人を何人もつくって家を一〇年も空けているような人でした。母は自分の生んだ子、愛人たちの生んだ子、計六人の子どもをみんな自分の子として、ひとりで働きながら育てました。独力で身につけた縫製業、朝から夜中まで下町の長屋でミシンを踏みつづけました。その収入で子どもを育て、学校に行かせたのです。

父とは離婚するどころか、長い空白の年月の後に愛人と別れて帰ってきた父を喜んで受け入れたのは母が五〇歳の時です。結局のところ、母は父を愛していたのだと思います。私は八年前に父が亡くなるまで、生涯受け入れずにきらい避けつづけましたが。

母の生き様は多岐にわたって私の手本であり教材です。生涯学習の手本、親業のモデル、質素で倹約の中にくふうする喜びのあふれた生活の手本、人との関わりや感謝にあふれた世界観、国際理解教育の見本（在日二世の母は韓国語と日本語を話せる自分のことをバイリンギャルだと豪語し、その半生をよく話してくれました）、助け合い支え合いの中にある対人援助者としての哲学、ごく当たり前の人権感覚、社会問題への関心、自身を含めた社会的弱者の視点とそこに誇りをもって立ち続ける意志。忍耐力、ユーモア、笑顔、豊かな感情表現、裏切られても裏切られても許す寛容さ、信じる心。生きとしいけるものへの深い愛と実践、そして謙虚さ。それらは健全なセルフエスティームをもつ人間が、つながりの中で高い自己実現に向けて「今ここに存在」している見本です。私のライフワークとなったテーマでもあります。

私の行う講演やワークショップでは母との関わりの中で体験したこと、見聞きしたこと、発見したことがしばしば題材になります。さらに母は自分では気づかないでいて、娘の私が母の絶対的な愛の中で、安心して自分を振り返り、見つめ直し、前進していくために必要なものすべてを与え続けている存在でした。そう、私の仕事であるイザー（専門的助言者）でした。偉大なスーパーバイザーのお手本ですらあったのです。むずかしい専門用語のひとつもひけらかすことなく日常の言葉で語るスーパーバイザーなのです。でも誤解なきよう、母が欠点をもつひとりの人間であることは当然のことです。

母――今ここに

あれから一年。その間に何度も脳の検査と手術を繰り返しました。私は毎日病室を訪れるたびに、まだ温かさを保っている母に頬ずりして「今生きている」ことの奇跡と感謝で胸が熱くなりました。母は危篤状態を何度も奇跡的に脱出しました。

いま母は元気に病院でのリハビリ生活をしています。左半身不随、下半身麻痺で、障害者手帳一級、介護保険で要介護度五の状態です。以前は毎日のように学校やサークル活動に出かけていた母が歩けなくなりました。もちろんトイレにたつこともかなわず、口から食事をとることもできず、声も出せなくなりました。意識はあるのかないのか、それすらはっきりと把握することができません。にもかかわらず、母はやはり、その存在と生き方と環境のすべてを題材にして私にたくさんのことを気づかせ、学びを引き出すファシリテーターなのでした。母の存在に導かれて、私は知らぬ間に、高度にエネルギーを集中しながら、すべてのことを見ようとし、聴こうとし、感じ取ろうとするのでした。

対人援助者と信じること

リハビリとは究極の対人援助の技だと思いいたりました。その患者を愛してやまない家族ですら、やってもやっても変化が見えず、絶望的になりかける時があります。ところが名医といわれるリハビリの先生はどんな患者にも希望を捨てないのです。常人には見えぬもの、見えぬ変化が見えているのかもしれません。変化を信じきっているといった方がいいかもしれません。信じるという行為、それはまだ見ぬことが実現するであろうことをこころから確信すること、それに向けて粛々と努力することです。対人援助者の基本的な態度である「信じること」のむずかしさ、大切さ、自分の至らなさを教えられました。

サポート――当事者の視点で体験する

患者と家族のケアのために心理的、物理的なホリスティックサポートが多様に必要なのでした。そのサポートとはほんの小さなことの積み重ねによってつくられているものです。

たとえば洗濯物の負担は肉体的、経済的、精神的に相当なものです。家族は遠い道のりを洗濯物の荷物を抱えて往復しています。病院はたいてい交通の便があまりよくないところにあって駅からも遠いのです。精神的にきびしい毎日に重い荷物をもって歩く道のりは身軽な状態の時の何倍もつらいものです。おとな用のおむつもかさばるし重くて、肉体的な疲労も増すばかりです。看護に行けない日が続くと着替えの心配をし罪悪感をもちます。病院の洗濯機や乾燥機はもちろん有料です。洗濯干し場があれば夏場などすぐに乾くのになあと思いつつ、乾燥機だけで毎回四〜五〇〇円は使います。干し場のある病院は少ないのです。少しのくふうでできることなのに実現していないのは体験者でなければ気づきにくいのかなとも思います。ホリスティック医学、ホリスティックサポートはこんな小さなサービスの視点からもケアを考え、実行する必要があると思います。

病室のグループワーク

病院の大部屋はひとつのワークショップのような場です。あるいは自助グループといってもいいでしょう。自己開示的な患者や家族がいる場合には病室の雰囲気は明るくコミュニケーションが豊かに繰り広げられます。そのプロセスではピア（仲間同士の）カウンセリング的な励ましやいたわりが交わされます。また生きていくうえでの情報交換が盛んに行われます。先生や看護士にニーズを伝える時や交渉する時の具体的で実践的なスキル、社会的資源を活用するためのあれこれ、使いでがよくて安価な介護用品の情報。回復のプロセスについての体験談などは、自分より先の回復プロセスにいる仲間が自分も数ヵ月まえはそうだったと聴くことで励まされることがたくさんあります。医療関係者がいない時間もこうしたグループワークの影響力が働くのです。同室のみんなでがんばっていこうという雰囲気が病室にある時、そこは患者がエンパワーする場となります。ＱＯＬ（いのちの質）を高める相互作用の力が働くのです。今ここを生きている患者とその家族にとって生死をかけた学びの場となることとさえあります。病室のファシリテーターである医療関係者が、同室患者のグループワークに効果的な働きかけをつくりだせば、回復はより促進されるでしょう。

生老病死の織りなす中で

いまここでつくづくと人生の多様さを学びます。時に残酷にさえ思える運命にもたびたび出会わされます。

二〇代の若さながら脳内出血で倒れたまま意識不明の男性と、一ヵ月もたたぬうちに離婚していったその妻。

その一部始終を受け止めながら看病する男性の母。

結婚間近な息子が交通事故で即死、との知らせを聞いて脳卒中で倒れた母、父はその危篤にある妻を看護しながら密かに葬式、四十九日、予定していた結婚のあらゆる計画をキャンセルする手続き。さらに事故相手との裁判、病院、福祉事務所をかけ回る日々に奔走。息子の一周忌を前にようやく迎えた妻の退院。病院関係者に見送られて家に帰った喜びもつかの間、容態急変――。

幼い子どもを病気で失い、山中を放浪しながら泣き叫んだという女性の体験談。

人ごととは思えず、神様はこの運命の中からいったい何を学べといわれているのだろうかと、信心の足りないクリスチャンの私はただただ天を仰ぎます。

そういえば、宗教についても。ある時、お見舞いにこられたご親戚と患者さんがともに手を合わせてしばし、黙祷しておられることがありました。それまでその方の宗教についてなど伺ったことがなかったことに思いを馳せたのでした。病いの床にある患者を支えている目に見えない力、信仰についてもつくづくと感じいります。

母―生き方としてのファシリテーター

六人の異母きょうだいが、それぞれなりに支え合う中で母のリハビリ生活は続いています。

母が元気な時よりむしろ頻繁に連絡を取り合い、しょっちゅう会い、母のことはもちろんのことながら互いの生活についても助け合うようなつながりがあります。「問題」とは決して否定的なものではなく、それをきっかけに人々がエンパワーし成長していくものでもあることを感じます。これは問題解決トレーニングで私が講義する言葉でもありますが、今新たな実感の中でそう言い切ることのできる私がいます。

病床にいろんな家族が毎日訪れる母の幸せを病院関係者の方々がうらやんでくださいます。肩書きも権力も財産もない母の人生。でも一方でどんなに多くの人とこころのつながる関係の中で営まれてきたかをつくづく思います。私の高齢期には期待できないことでしょう。私にも必ず来る自分の人生の終わり（瞬間としての終わりでなくプロセスとしての終わり）をどのように生きていくべきかを身をもって教える母の姿。「終わりに向けて日々、前向きにいのち輝かせて生きよ」と生き方としてのファシリテーターがベッドからほほえみかけてくれます。母からホリスティックの神髄を学ぶ幸せな体験学習が今日この瞬間にも与えられておりますことを深く感謝します。

太陽は星のお父さん、月は星のお母さん

―障害がある娘との十二年間―

唐木 邦子
Karaki Kuniko

知能検査の一場面から

「太陽は星のお父さん、月は星のお母さん」というのは、昨年の夏におこなわれた、ある知能検査の場面での小学校六年生の娘、南美子の答えの一部です。質問は、「次の二つのものの、同じところは何かを答えてください」という一連の問いの中の「太陽と月はどこが同じですか?」でした。娘はこの問いに対してにっこり笑って、「太陽は星のお父さん、月は星のお母さん。子どもの星を育てているところが同じ」と答えました。彼女が質問を理解していることは、一連のほかの問いの答えが正答だったことや「子どもの星を育てているところが同じ」という答え方からわかりますが、残念ながらこれは正答とは認められません。検査をおこなわれた方は神奈川県中央児童相談所に長年勤務された、お人柄も暖かな方で、娘の答えに対して「やさしいお父さんとお母さんなのね」と答えてくださり、後で私に「心豊かに育たれたお嬢さんですね。検査以外の場面でごいっしょしたらもっと楽しかっただろうなと思いました」と言ってくださいました。

南美子は、現在おおよそ小学校三年生の初めくらいの知的能力を持っているという結果が出ました。私は検査結果の数字がすべてを表しているとは思いませんが、信頼できる検査者がおこなった検査は、さまざまな情報を与えてくれると思っています。数字だけでなく、検査の時の取り組み方や態度も、とても大切だと聞いていますが、私は、検査というフォーマルな場面で、正答ではなくとも自分自身を伝える表現力や、検査者と温かい人間関係を作る力が娘に育ってきたこと、そしてそれを認めてくださる検査者に出会えたことをうれしく思いました。

心臓専門外来で

南美子は、先天性心臓弁膜症を患っていて、東大病院

小児科、心臓専門外来のお世話になっています。大動脈弁狭窄症で、現在は軽症ですが、定期検診が欠かせません。小学校四年生の夏に心臓カテーテル検査もおこないました。検査の二週間前、診察を待っていると、四歳くらいの男の子を叱りつけながらお母さんがこちらへやってきました。口だけでなく、ちょっと手が出たりしているようすで、私は「やれやれ……」と思いました。そのお母さん達は娘と私の斜め前に座ったのですが、お母さんが抱いている赤ちゃんを見て私はお母さんのイライラの原因がわかったような気がしました。赤ちゃんはとても小さく、チアノーゼが出ていました。首も座っていないようで、心臓以外にも問題がありそうな感じでした。何となくいくつかの病名が私の頭の中に浮かびました。何となく気まずい雰囲気の中、赤ちゃんが弱々しい声でぐずり始めました。娘が赤ちゃんをのぞき込もうとしたので、思わず制止しようとしたのですが、娘はお母さんにほほえみかけながら「赤ちゃん、かわいいね。えんえんって泣いているね」と言いました。どうなる事かとハラハラして見ていたら、お母さんは赤ちゃんを揺すりながら「お姉ちゃんが、可愛いって言ってくれたよ。よかったね。うれしいね。お前、なかなか可愛いって言ってもらえないものね」と穏やかな表情で赤ちゃんに話しかけていました。さっき叱られていたお兄ちゃんも、側でほっとしたようすでした。

情報を集め、分析し、自分の知っていることに照らし合わせ判断し、結論を出して対応する……。知的な能力とは、こんな能力のことを言うのでしょうか。私は、まさにこの能力を駆使して、赤ちゃんを見ていたのです。でも、知的能力が充分とは言えない南美子は、私には見えなかった「赤ちゃんの可愛さ」が見えていたのです。そして心から発した「赤ちゃん、かわいいね」の一言がお母さんの心の琴線に触れ、ひとときのやすらぎをもたらしたのでした。この時、私は言葉を失いました。

生きる意志に導かれて

娘、南美子の障害が発見された一歳のころ、各種の検査結果から「知的、身体的に重度の障害を持つ可能性が高い」と告げられました。公の訓練機関や自宅で「よい」と言われることをやりながら、家庭生活や集団生活も充実させようと努力してきて、幼稚園の年長のころには「当初の予測よりはるかに成長している」と言われました。障害が発見されたころは、「できるだけ障害を軽減したい」という思いがありましたが、娘の成長とともにこのころには「彼女自身のすばらしさを発揮できるようにサポートしてやりたい」というふうに私の気持ちが変わってきました。そして、娘が一二歳をすぎたころに、「私が娘を引っ張ってきたのではなく、私が娘に引っ張られてきたのだ」ということにはっきり気づきました。

子どもは誰でも生まれてくるときに「こんなふうに花開いてゆきたい」という種をもって生まれてくるのではないでしょうか？　赤、青、黄色、紫、ピンク、オレンジ……。色も、大きさも形もさまざまで誰一つ同じ花はないと思います。大輪の蘭のようなあでやかな花、ひまわりのような力強い花、ヒヤシンスのように小さな花が集まってひとつの花になっている花、高山に咲く花、砂漠にへばりつくように咲く小さな辛抱強い花、電車の線路沿いや空き地に咲く花……。南美子がどんな花の種を持って生まれてきたかは、まだはっきりわかりませんが、彼女が「自分はこんなふうに咲きたい」という意志、「生きる意志」をはっきり持って生まれてきて、自分の道を力強く歩んでいることは確かです。私は、歩きやすいように道を覆っている草を刈ったり、穴ぼこを埋めたり、急な坂道をなだらかにしてみたり、という道路整備をおこなってきたようです。

南美子が「私が花開いてゆくためにはこれが必要」というサインを出し、それを受け取った私が、ある時は、運動、発音、知的な能力を伸ばす働きかけ、ある時は統合教育、またある時は特殊教育や訓練、ある時はピアノや英語などの習い事、などの必要な環境を整備してきたのだと思います。障害児の学校教育については、さまざまな考え方がありますが、鎌倉市教育委員会は、娘のようすをよく見てくださって、「低～中学年位までは普通学級に在籍する方がプラスが多い。脳性麻痺による発音の障害については、幼稚園の年長の夏の時点で文字盤での意思表示ができるなど、内言語がしっかりしているので、発音が明瞭になり、よりよい社会性を獲得できるようになるために『ことばの教室』に通級するように」と、判断してくださいました。地元の鎌倉市立稲村ケ崎小学校は、養護学校に五年勤務の経験がある先生を一・二年生の担任にしてくださるなど、普通学級に受け入れるために力をつくしてくださいました。

五年生で障害児学級のある校区外の鎌倉市立御成小学校に転校、在籍変更したのですが、この学校は、障害児教育・交流教育の両面で、システム・スタッフが充実している学校でした。南美子は転校後、交流級（普通学級）で、一日の約半分を過ごすことになりましたが、交流級のお友達の一人と手紙のやりとりが始まり、お互いに「親友」と呼べる関係ができたのには驚きました。これをきっかけに友達の輪が広がり、六年の夏休みには友人五人が泊まりに来るほどになりました。

大きな力に信頼して

さまざまな出会いに恵まれて来たとはいえ、南美子のすべての環境が理想的なものであったということはありません。どれも今の日本の社会にある施設や制度ですから、現状に不満や憤りを感じたことも当然あり、私もそれをバネに障害を持つ子どもの環境の改善に取り組み、行政や学校などに働きかけをして成果もあげてきました。

また、未熟な人間である私のことですから、娘の歩みが一般の子どもたちとちがうことに苛立ちや焦りを感じたこともありました。でも、順風ばかりとは言えない環境の中で、まわりの雑音やさまざまな思いにもかかわらず、というよりむしろそれらを自分なりに消化、吸収してそれも糧にしながら、生きる意志に導かれて自分の足で歩む力、「どこでも自分が主人公になれる力」が一二年間で南美子に育ってきたのを感じます。

経済、社会環境が厳しさを増す昨今、娘が平穏な道ばかりを歩むとはとても思えません。当然のことながら、親として足がすくむ思いがすることもあります。しかし、だからこそ、障害を持つ子どもも親である私自身も、自分自身を花開かせるための命の種を持って生まれて来たという原点に戻りたいと思うのです。世の中の荒波に足をすくわれそうになる時、そのような時は、「おそれ」が自分の心を支配しそうになる時ですが、そんな時こそ、この原点に戻れば「大きな力に信頼して」また歩み続けることができると思います。

障害を持つ娘とともに一二年あまり……。こんなふうに感じるようになった自分がとてもふしぎです。

【付　記】

紙数の関係で、南美子の学校での様子や訓練については、具体的に書くことができませんでした。これらにつきましては、徳永豊・當島茂登・唐木邦子／通常学級から転校して特殊学級で学ぶ運動と学習に困難さのある児童への支援体制について、国立特殊教育総合研究所プロジェクト研究報告書「通常の学校において留意して指導をすることになっている児童生徒に対する指導及び支援体制の充実・整備に関する研究」（二〇〇二年）をご参照ください。報告書が手に入らない場合は、せせらぎ出版を通じて筆者にご一報ください。

Ⅶ

学ぶことは　変わりつづけること

【自分史】

病気といのちのつながり
聖マーガレット生涯教育研究所 長尾 文雄（兵庫県） 155
病気や障害は私をいのちのつながりに迎え入れてくれました。heal「癒し」が客観的な状況を受け入れるという能動的な働きであること、弱さや苦しみの意味を探ること、そして、その意味をまわりのつながりに生身の自分をさらして生きてみることだと教えてくれたのです。

橋を架ける仕事
—ごく私的な物語—
甲南高等学校・中学校 足立 正治（兵庫県） 160
幼児期に受けたトラウマを抱えながら、自分を信頼し、命のリズムに耳を傾けて生きていけばいいのだという心境にいたるまでの六〇年間を振り返ります。タイトルの「橋を架ける仕事」とは、日常的な認識のなかで別個のものとして扱われている、ことばと経験、論理と感性、目に見えるものと見えないものをつないで自己の全体性を回復する行為、という意味です。それは生きることそのものであり、その手助けをすることが教師としての自分の使命でもあると考えています。

学生時代にホリスティック教育と出会って
新潟大学事務系職員 高橋 仁（新潟県） 164
大学時代にホリスティック教育と出会い、視野の広がりと同時に、自分の居場所の見えにくさを実感し、その居場所を求める旅が始まりました。大学での自己教育と今後の生き方の中に、ホリスティックな考え方を意識して活かしていこうと模索する中で、見えてきたものは何か。その軌跡をたどってみました。

「心の教育」を超えるための視点に
筑波大学 吉田 武男（茨城県） 168
「心の教育」「自分への気づき」「本当の自分」「PTSD」「セラピー」「癒し」など、とにかく心のあり方に関する言葉が乱舞しています。確かに、子どもの教育にとって心は大切なものです。でも、そのような臨床的な心理主義一辺倒の風潮に、二〇年前にシュタイナー教育と出会った私は、自分の研究上の半生を振り返りながら、今は少し異議を唱えてみたくなりました。そして、その風潮を超えるヒントは、ホリスティック教育に隠されているような気がしてならないのです。

「出会い」と出会いなおして
元フリースクール スタッフ 児玉 真由美（神奈川県） 172
「出会い」や「癒し」という言葉が心に響いてこない時期がありました。癒しを求めすぎる「病い」とさえ思っていました。でも、一つの事柄が「すばらしさ」と「病い」の両方を生むとするなら、私は「病い」しか見ていなかったかもしれません。もう一度「つながり」のすばらしさに出会うことが今、必要なように思えます。「病い」を自覚しながら「すばらしさ」に出会う、ホリスティックにそんな敏感さを感じています。

病気といのちのつながり

聖マーガレット生涯教育研究所　長尾 文雄
Nagao Fumio

私は三〇歳直前に進行性筋萎縮症であると宣告され、ゆっくりと進行し、七年ほど前から不自由度がひどくなってきました。車の運転をやめ、車いすが必要になり、現在に至っています。いずれそうなるとわかっていたのですが、それが現実になると心は乱れます。病気や障害とのつきあいから学んだ、いのちのつながりについて述べてみようと思います。

私は一九六三年に大学卒業後、すぐに大学職員として仕事を始めます。翌六四年に、いま私が専門にしているラボラトリートレーニングというアメリカで誕生した人間関係訓練に出会ったのです。この研修は従来の知識伝達型の研修ではなく、最近の言葉でいうと「参加体験型」の研修です。そこに集まった参加者が、「いま、ここ」という関係の場で起こっていること、感じていること、気づいていることを学習の素材にして対人関係の能力を体得していくというものであったのです。斬新な教育・訓練方法に加えて、その訓練のめざすところが社会変革、つまり民主的な社会を築くという目標に、私は魅力を感じたのです。社会的感受性を高めることや創造的な人間関係を学ぶことで、相互信頼の社会、いいかえると共感とか協働・共生の社会を築いていくことが大きなねらいだったのです。その変革のために豊かな人間関係を築いていくこと、さらにそれを実現するために自立・自律した人間のあり方を身につけることだったのです。

病気の宣告

私の二〇代後半は仕事にも恵まれ、結婚して長女誕生という、輝いていた時期だったのですが、一九六九年に激変します。この年の秋、ドイツで感覚訓練を勉強してきた友人が私を訪ねてきます。彼は迎えに出た私の歩き方を見て、開口一番、「最近つまずきやすくなったんじゃないか？」と言い、私に専門医の診察をすすめたのです。突然のことで、彼のすすめを受け入れるには一ヵ月ほどの時間を必要としました。実際の診察は、鳥の羽で皮膚を触ったり、歩いたり、針をさして筋肉の動きを調べる筋電図検査などです。そして医師から「進行性の筋萎縮症にまちがいありません」と宣告されたのです。初めて聞く病名。徐々に手と足の筋肉が衰えて歩きづらくなっていくだろう。原因も治療法もわかっていないと言われたのです。非常にショッキングな宣告だったのです。

「病人」ではない

その後、内科医の定期検診を受けるために毎月一回通院する生活が数ヵ月続きます。当時の私は、まだ足を少し引きずるくらいで、病気と言わなければわからないのですが、通院のたびに自分がだんだん病人になっていくことに気づき始めていたのです。

そんな時に、「あなたが病気だと聞いてとても心配です。毎日、病気が進行しないようにと祈っています」という便りが届きました。その発信人は瀬戸内海の長島にある「邑久光明園」というハンセン病療養所にいる人たちからの便りだったのです。

一九六〇年の夏、大学二年生であった私は、仲間とともにハンセン病療養所にワークキャンプに行くのです。当時はハンセン病の理解もなく、強制隔離で社会に出ることができない療養所の人たちはどういう思いを持って生きているのかということを学んだのです。

この便りに私ははっとさせられたのです。彼らの生き方に照らして、いまの自分をみると、不自由さは少ないし、社会生活も支障はない、多少の機能低下はあっても社会的にも差別されているわけではない。生きる能力はたくさん残されていると気づくのです。

これを機にして、内科医の指導する「断食療法」で身体のリフレッシュを経験し、仕事に復帰するのです。その後、大学ではキャンプ場の管理、リーダートレーニング、講演会や音楽会の企画などの仕事をし、平行してTグループトレーニングや各種の心理療法の訓練を受けて、活動の領域を広めていったのです。

この時期の私は、「多少足を引きずっているけれども元気なんだ、気にしないでおこう、やれることを精いっぱいやろう、むしろ病気をみないでおこう」と強がっていたと思います。それがまた私のエネルギーになっていたのです。

病気と向きあう

そして一九九三年ごろから少し不自由度が進んできて、本棚から本をぬいて机におくという動作や階段の上り下り、ボタンをかけるという些細な動作ができなくなってきます。不自由さが現実のものになってくると、進行性筋萎縮症という病気ともう一度向かいあわなければならないと、覚悟を決めたのです。

その夏に、専門の病院に検査入院をします。病気の現状と今後の進行について専門医の診断を聞くことにしたのです。検査の結果、私の病気は筋萎縮症であること、身体の一番心臓に遠いところから進んでくる遠位型という筋因性の疾患だということが再確認されます。今後も徐々に進行することには変わりがないと。生活については進み具合をみながらじょうずにつきあっていくようにということで現在に至っています。

三つの「治す」

病気とのつきあい方を私なりに考えていたとき、英語では病気を表す言葉が三つあることを知りました。一つは disease、「疾患」と訳され、細菌やウィルスが原因で患う病気です。もう一つは illness。心身の病気を意味し、病気を患っている人そのものを指しています。三つ目は病気による後遺症あるいは慢性の病気で、それによって機能低下や機能不全がおこり、社会的な生活も不自由さを伴う病気。これを handicap という言葉で表現しているのです。

この三つの病気の言葉に対して「治す」という言葉にも三つあると。一つは cure。disease 疾患に対応する言葉で、薬や手術という処置を行って病気を治す治療。二つ目は、care です。病気を患っている人を世話し看護してもとの生活に戻していくという意味の治す。handicap とか慢性の病気で、病気とつきあっていくしかないということには、heal つまり「癒す」あるいは「癒し」という「治す」になります。この heal に th をつけると健康という言葉になるのです。

私自身の病気とのつきあい方を振り返ってみると、この三つの「治す」の状態をたどって来たのです。病気がわかったころは一所懸命、cure を求めていました。民間療法や断食療法、鍼灸、整体、漢方などとさまざまなことを試してみました。残念ながら治るという確証は得られていません。次に、ハンセン病を病んで療養所にいる人たちから「覚えて祈っていますよ」という短いメッセージによって、care される経験をしたのです。支えてくれる人がいる、ちゃんと見ていてくれる人がいることによって、私は病人であることから立ち直ることができたのです。その後、病気を直視しないでがんばっていた時期もあります。

私の heal

もう一度自分の病気と向かいあわなければならなくなったとき、単なる care だけでは、どうしても受容ができないのです。障害を持ちながら自分の病気を治すということはどういうことなのかと考えはじめます。

ここで、heal にもいくつかの段階があることを知りました。一つは自分がおかれている状況、つまり病気になったという状況を客観的に認識する、自分の問題として受け止める、自分に与えられた特定の状況として受容するという段階です。これは病状が進むたびに何度もそういう認識をしなければならないのです。

次に、自分に病気が与えられたのは何か意味があるのではないかと考える段階です。なぜ自分にこんな病気が与えられたのか、他人のせいや親のせいにすることもできないし、前世のせいにもできない、この病気が自分という肉体に与えられたのはそれなりに意味があるのではないか、と考えるのです。さまざまな意味が考えられます。

病気がだんだんと進んでくる中で、「おまえに病気を与える。おまえはどういう生き方をするのか、それを見させてくれ」という大きな問いかけを受けたと思える時期があったのです。この病気を自分に対するひとつの問いかけとして受け止め、この病気を生きてみよう、それが大きな問いに応えることではないかと思うようになったのです。

それが私のいまを生きる「バネ」になっています。自分に与えられた病気や苦しみを身に負いながら人との関わりの中で行動してみる、不自由な生身の自分を周囲にさらして生きてみる、これが自分自身の生きざまそのもので、第三段階なのです。

この三段階を繰り返しながら生きることが、私の heal「癒し」だと思います。いまは、自分に与えられたひとつの問いかけに応える行動として、生身をさらして生きてみるというところに私はいるように思います。それを基本的に支えているのが、「不自由さがあり、できないことはたくさんあっても、自分の価値はひとつも変わらないし、生きることの価値も変わらないんだ」という自尊感情です。

つながりの中に

heal は、もともと全体とか whole という言葉と、語源をいっしょにする言葉です。heal はひとつのつながりの中にいる、全体の中にいるという意味です。その全体とかあるいはつながっているというのは、単に私が個人として孤立して存在するのではなく、人に受け入れられ、人と関わり、そして自分の個性が個性として認められ、そして自分自身もこの世に生きている唯一の人間として自分自身を認め、そういう関連の中にあるということを自分の中で認識するということなのです。認識といっても単に頭で認識するということではなくて感覚的に、「自分は、ああ、こういう人とのつながりの中に生かされている」というような感じを持つことなのではないかと思います。

最近、「クオリティー・オブ・ライフ」という言葉が福祉の現場で使われています。一般的傾向として施設とか設備とかいった物質面に焦点が当たっています。しかし、クオリティー・オブ・ライフは、まさしく「いのちの質」です。この言葉と関連して使われる尊厳というのは、自分の人生を自分が選ぶこと、自分が人生の主人公であるという感覚を持つことです。

日常のなにげない行動のやりとりの場面で、お互いに相手自身の必要な選択をその人に委ねあうことによって相互信頼というものが築きあげられるのです。介護や福祉の現場では、自分に必要な選択をちゃんと本人に任せてくれないのです。押しつけはあっても、「選択肢がありますが、あなたはどれを選びますか」となかなか言ってくれないのです。選択を委ねられることによって、自分が信頼されていることを確認できるのです。

自尊感情といのちのつながり

自分を肯定的に認める、自分に自信を持つ、自分を価値あるものと認める気持ち、すなわち自尊感情を持つことによって相互信頼の関係を形成することができるのです。たとえ困難や危機的な場面に遭遇しても、すぐに他者に責任を転嫁することなく自らで解決しようと努力したり、逆境の中でも希望を捨てずに行動しようとしたり、あるいは行動しようとする勇気が与えられるのです。

このような人間関係のあり方を、「クオリティー・オブ・ライフを実現するいのちのつながり」と名づけ、この「いのちのつながり」に生かされて、生きることがホリスティックな感覚でとらえることのできるhealだと思うのです。

橋を架ける仕事

―ごく私的な物語―

甲南高等学校・中学校 足立 正治
Adachi Masaharu

トラウマ

これまでの私の人生のなかで、くりかえし鮮明によみがえってくる記憶があります。

身を寄せ合って息をひそめていた真っ暗な防空壕のなかに、さっと光が射し込んできました。おとなたちのあとについて外に出てみると、まばゆいほどの明るさでした。広場の向こう側にある病院の屋根を突き抜けて、炎が音を立てて夜空を焦していました。白衣を着た大ぜいの男女が、けが人や病人を担架で次々と病院から運びだしていました。

家にもどると、そこは焼け野原でした。ほのかな月明かりにいくら目を凝らしても、ぽっかりとあいた空間に焼け焦げた柱が一本立っていて、先端の残り火が信号機のようにチカチカしているだけでした。恐ろしいほど静かでした。人々の緊迫した声に追い立てられるように家を離れてから、どれだけの時間がたっていたでしょう。けたたましいサイレン、低くうなるようなB29爆撃機のエンジン音、さっきまでの喧騒は幻だったのでしょうか。

たぶん、一九四五年に大阪が大空襲に見舞われたときの光景ではないかと思います。当時、私は四歳で、尼崎市に住んでいました。

この後にかならず思い起こされる一連の光景があります。三輪車ごと頭から溝につっこんだまま動かなくなっていた遊び友達の姿。ガード下やアパートの隣の部屋で見た自殺者。地下道にたむろする浮浪少年たち……。

家族関係にも変化が起こっていました。「お父さん」と呼んでいた人が本当の父親ではないとわかったり、それまで育てられていた叔母がある日突然姿を消したり、死んだはずの母親が名乗りをあげてきたり……。幼い頭は混乱していました。私はどうしようもなく懐疑的で、ひがみっぽい人間に育っていきました。やりきれない「はかなさ」と「寂しさ」が私の心をおおいつくしていました。

癒しを求めて

そんな私が逃げ込んだのは空想の世界でした。現実との関わりを避けて、ひたすら読書に没頭し、自分でお話を作ったりもしました。物語の世界は、現実を忘れ、未知にあこがれ、夢をいだくにはうってつけでした。そんな私を現実の世界につなげてくれたのは、その時々に親交を深めてきた友人たちでした。ある友人は、運動の苦手な私をクラスのバレーボールの選手として、いくつものサービスエースをきめられるまでに特訓してくれました。現実逃避のために宇宙へ馳せた想いを物理学に向けて、いっしょに図書館に通ったり語り合ったりしてくれた友人もいました。文学、芸術、放送技術、楽器の演奏など、移り気な私のとりとめのない関心をその時々に共有してくれた友人たちとの交流がどれだけ救いになったことでしょう。しかし、幼児期に受けたトラウマとでもいうべき「はかなさ」を受け入れて、生きる力につなげるようになるには、これから先、ずいぶん時間がかかりました。

学校を出てからも、私は、さまざまな活動にのめり込むことによって、何かを振り払おうとしていました。一九七〇年代には竹内敏晴さんとの出会いや、つるまきさちこさんたちの「からだとことばの会」を通して、コミュニケーションの原点としてのからだに関心を持ちました。カール・ロジャースのエンカウンターグループによって感情を処理し、共有する術も学びました。やがて、そんな活動を通じて出会った仲間たちとともに体験的な学びを深めるために「であいの会」を作り、神戸や阪神間を中心とした活動を始めました。合言葉は「もうひとつの道」、「いま、ここで」。私たちはこの運動を「カウンター・カルチャー（対抗文化）」にたいして、「エンカウンター・カルチャー（出会いの文化）」と呼びました。あるとき、そのニューズレターに私はこんなことを書いています。『原爆から原発まで』（アグネ）という本で長崎の原爆被害者である松隈さんという人の話を読んだことがきっかけでした。

（前略）

小説家や詩人ならもっとうまく当時の様子を描き出したかもしれない。もし表現力が未熟なために状況がうまく伝わってこないという人がいるとすれば、その人は効果的に描き出されたものにのみ受動的に反応することしかできない人なのだろう。ここに引用したことばは、まぎれもなく松隈さんがひとりの生活者としての立場でその場の全状況の中から主体的に選び取ったものなのだ。

私たちに必要なのは、このことばから松隈さんの「悲しみ」を自ら感じ取ることのできる感受性を持つことであり、そのとき初めて「悲しみ」を乗り越えるきっかけを松隈さんと共有できるにちがいないのだ。

であいの会の「表現の教室」でぼくが「下手な人あつまれ」と言うとき、それは上手を目指すことでも開き直ることでもなくて、洗練された表現手段を持たない人の中にうずまくどろどろしたものを噴出させ、未分化なものの中からその人の思いを感じとり引き出していくことから始めたいという気持であった。

(中略)

いまこの場で起こっていることに対して充分な感受性をもって対処していくことが本当に生きているということなのだろう。

(「自己を燃焼できないことが問題だ」一九七七年五月)

ライフ・イズ・ビューティフル
―抽象作用に気づく―

一九六〇年ごろ、イデオロギーに導かれた学生運動についていけず、かといって体制が作り出す状況に埋没することもできないでいた私が拠りどころにしたのは「一般意味論」でした。ことばがいかに認識に影響するかを知り、ことばの魔術におちいらないで生きることを教えてくれたからです。

それから二〇年を経た一九八〇年、二週間にわたる泊まり込みのセミナーがあると聞いて、カナダのトロントから列車で二時間ほどのオンタリオ州ロンドンにあるウェスタン・オンタリオ大学まで出かけていきました。そこは森の中に建物があるような静かで美しい大学でした。セミナーが始まって三日目ごろだったでしょうか。「聴き方」のセッションで、いつものように静かな環境の中で耳を澄ましていると、いきなり堰を切ったように今まで聞こえなかった音が私のからだの中に流れ込んできました。一人ひとりの呼吸や、ほかの部屋にいるらしい人の気配、建物の外の話し声、鳥のさえずり、そのほか、ブーとかシューとかいう遠くの音が私のすぐそばで鼓膜をふるわせていました。それからというもの、世界は一変して表情豊かな姿を見せてくれるようになりました。何かを見ても、いままで意識しなかった形や色の微妙なちがいにまで気づくようになり、「美しい夕焼け」は、ゆったりと変化するダイナミックな光のドラマとなりました。

理論と体験を交えたこのセミナーで私は「抽象作用」ということを学びました。人はたえず抽象作用をしている、というのです。事実の記述、記述についての記述、推論、理論と、抽象のレベルが高くなるにつれて、だんだん現実から遠ざかり、より包括的になるとともに細部が見えにくくなっていきます。ものごとを考えるときには、抽象のレベルの混乱を起こさないように、より現実に即して考えるようにしましょう。そして、ことばの外へも出てみましょう。事実として語られたことは事実そのものではありません。自ら体験し、感じたものもひとつの抽象でしかありません。ことばの呪縛から解放されてきらきらと輝いてみえた世界も、より大きな「できごと」の一部を抽象しているにすぎないのです。「できごと」はプロセスであり、時空を超えてつながっています。つまり、この世の中に「絶対不変」というものはなく、すべては仮のもの。「はかなさ」や「無常」も、この世のありようそのものであって、人は、それを受け入れることによって活き活きと生きられる。セミナーの終わりごろになって、やっと、そのことに気づいたとき、私はグループのなかで止めどなくあふれる喜びの涙をぬぐうことを忘れていました。

一九八四年、サンディエゴで開かれた一般意味論の国際会議で私は「一般意味論と般若心経」について語りました。

橋を架ける仕事

私は大学を出てから三八年間、ずっと高校で英語を教えてきました。その間、ここまでお話してきたような私の経験を意識的に教室に持ち込むことはしませんでした。しかし、振り返ってみると、英語の指導にも学級経営にも、その時々の私のありようが何らかの影響を及ぼしていたことはたしかです。教師としての私を支えてきたのは、まぎれもなく過去六〇年間この世に存在し続けた「わたし」そのものでした。

「橋を架ける仕事」とでも言えばいいでしょうか。ことばとことば以前の経験、論理と感性、目に見えるものと見えないものをつなぐ手助けをすることが私の仕事だと考えています。実感をもってことばを使うために形式と意味をつなぐことを「フュージョン（融合）」といいます。対立や葛藤を乗り越えるには「対話」が必要です。異質のものがともにあることが自然だという「調和の感覚」を持つことも大切です。そんなことが生徒たちにうまく伝わればいい。そう願いながら日々を過ごしています。

最後に、私がある年の卒業生に贈ったメッセージの一節を引用して、この物語にいちおうの区切りをつけることにしたいと思います。

諸君は、これからの人生で次々に課せられるテーマにどう答えていくのか。未知をためそうとするとき、不安はさけられない。とすれば、やはり自分を信頼するところから始めるほかないだろう。人生経験は少なくても、いま、自分が持っているものを駆使して精いっぱい生きること。模範解答や「べき」「べからず」にとらわれず、自分に問い、命のリズムに耳を傾けること。

若い諸君に求められているのは深い洞察に支えられた軽やかな行動である。背筋を伸ばし、肩の力を抜いて、大きく深い息をひとつして、さあ、未知に向かって踏み出そう。テイク・イット・イージー。

URL　http://www.kh.rim.or.jp/~masa-sem/

学生時代にホリスティック教育と出会って

新潟大学事務系職員　高橋　仁　*Takahashi Hitoshi*

一冊の本

大学三年のとき、書店で一冊の本に目がとまりました。それがJ・ミラー氏の『ホリスティック教育』で、最初は妙なタイトルだと思ったのですが、少し立ち読みをしてなんとなく興味を持ったので購入し、その年の夏休みに読みました。

高校時代に受験競争に対して反発心を起こし、本当の教育を考えたくて教育学を専攻していたのですが、なかなか自分の研究テーマが決まらず、悩んでいました。数多くの「〇〇教育」がそれぞれ別個に主張していて、それぞれに一理あるのだけど、根本的な問題がわからなかったのです。そんな中、ミラー氏の本は、このもやもやを吹き飛ばしてくれました。「すべてのものはつながっている」「それぞれの実践の間につながりを生みだし、活かしあっていく」といったメッセージに、ようやく求めていたものを探し当てたような感じがしました。

当初は大学を卒業したら就職するつもりだったのです

が、この出会いをきっかけに、進路を変えて大学院へ行くことになりました。

身のおき場がわからない

九七年の四月に大学院に入りました。しかし、意気揚々と研究に着手したかといえば、そうではありませんでした。今までは、いろいろな考え方がバラバラでよくわからなかったのですが、それが一つにつながった結果、今度は視野が広がりすぎてよくわからないという、別の問題に遭遇したのです。

たとえば、教師やカウンセラーなど現場で活動されている方々がホリスティック教育に出会った場合、視野は広がっても足元がしっかりしているため、迷ったり、考えが上滑りになったりすることが少ないように思います。しかし、比較的自由で、まだ足場が固まっていない学生のときに出会った私は、「あれも考えよう」「これも調べよう」と思考が散漫になり、結局自分は何をしたいのかがわからなくなってしまったのです。周囲からも「結局何について書くの?」と突っ込まれていましたが、「どれも大切だし、切ってしまうのはもったいない」と思ってなかなか先へ進むことができませんでした。

思い返すと、自分が今までそれほど関心を抱いてこなかった分野にまで無理に「つながり」を作ろうとして、結果的に自分を見失っていたように思います。全体を重視するあまり個が見えなくなる、というのはホリスティック教育において気をつけるべきこととされていますが、自分もちょうどそんな感じだったと言えるかもしれません。

カナダで考えたこと

その年の一〇月に、カナダのトロントで開かれた「第一回ホリスティック教育国際会議」に参加しました。非常に充実した三日間でしたが、このころの北米地域では、ホリスティック教育に対して逆風が吹いていました。むしろ基礎学力の獲得を徹底させ、経済競争に勝ち残るための教育が必要だという議論がなされていたように思います。

その中で私は、「方向性」とか「価値」といったものをしっかり見きわめることが重要だと感じました。経済的見地に立った改革案も、ホリスティック教育も、どちらも「教育改革」という共通項でくくることができてしまうわけです。だから「どの方向へ変えていくのか」という問いに対して、説得力のある答えを出すことが必要だと考えました。

そして、もう一つ印象に残ったのは、トロントの街並みの美しさでした。とくに会議の時は紅葉の時期で、歩いているだけでも実に楽しいものでした。交通網の整備において、高速道路より地下鉄や路面電車を活用していることもあり、大都市の中にあっても、自然とか環境といったものが大切にされているように感じられました。意識が「環境」のほうへ向かい始めたのは、そのころでした。でも、正確に言えば意識が「戻ってきた」のでした。

遡ってみると、学部の卒業論文は生涯学習論で書いていました。そこでは、ユネスコやローマ・クラブの資料を検討して、職業訓練とか、いわゆる「生き甲斐の追求」だけでなく、より公共性あるいは緊急性の高い課題について積極的に学び、関わっていくことの必要性を主張しました。そして、その緊急性の高い課題として地球環境問題を取りあげていたことを思い出しました。

大学院に入ってからしばらく試行錯誤が続きましたが、カナダの秋空の下で、「やっぱりこれでいこう」という確信をようやく得ることができたのでした。

環境教育へのアプローチ

こうしてテーマが決まり、それから約一年をかけて修士論文を書きあげました。地球環境問題に対応しうる教育のあり方についての考察が主な内容となりましたが、ここでは、環境倫理学と教育学（とくに環境教育）の合流というアプローチをとりました。

環境倫理学という分野は、人間だけでなく動物や植物など生命あるものすべてに生存する権利を拡大しようとするアプローチを通して、近代以降の法体系や権利概念を見直そうとするものや、ディープ・エコロジーのように、人間の内面にある世界観や価値観の問い直しの必要性を主張するものなど、単なる自然保護を超えた多様な展開がなされています。一九七〇年代の北米において成立したもので、これにより、地球環境問題の構造が明確に示されるとともに、近代以降支配的であった考え方の限界も明らかになってきました。一方の環境教育も一九七〇年ごろから本格的に発展し、すでに数多くの実践があり、教育学における一分野として確立しています。

しかし、環境倫理学は、根本的な変革の必要性を主張していながら、その変革のために不可欠な教育に関してはほとんど言及していません。一方、環境教育は、環境倫理学で議論されているような価値観の問題にまで踏み込んだアプローチがあまりみられず、それが本来担うべき環境教育の役割の範囲を狭めているように感じられました。

こうして、二つの潮流が二つにとどまることによる限界を認識し、学校とか教科といった枠にとらわれず、人間と環境との関わり方について、できるかぎり幅広く考察を進めました。それが、自分なりの教育に対するホリスティックなアプローチでもあったわけです（修士論文については、私個人のホームページに全文を掲載してあります。ごらんになりたい方は筆者までご一報ください）。

社会へ出よう

九九年の三月に修士号を取得しましたが、博士課程へは進みませんでした。研究をしていくうちに、社会に出て考えていかないと説得力がないと思ったのです。

仕事としては、比較的早い段階で教育行政に関わることを考えていました。教育を改善していくためには、現場の教師だけでなく、それを支える行政の理解が重要だという話をどこかで聞き、自分がその立場に回ろうと考えたのです。また、いわゆるオルタナティブへ走るよりも、既存の組織に潜り込んで、少しでも何かを変えていくほうがいいのではないかという野望めいた考えもありました。そうして、それに近い内容の公務員試験をいくつか受験しました。

現在の仕事は、環境問題と直接関わっているわけではありませんが、どんな仕事をしていても、考える素材は転がっているものだと思います。たとえば、「入試の時に使われる膨大な紙はどこで処分されるのだろう」とか、全職員に配布される広報を見て、「これは電子文書化してホームページに載せておくだけでいいんじゃないか」とか、いろいろ考えてみたりしています。このように、身近なところからさまざまなつながりを想起していくほうが大切ではないかと思っています。

おわりに

ホリスティック教育に出会ってから六年になります。この六年間は、私にとっては、今後の生き方を決定づけるような重要な時期となりました。まだまだ粗削りですが、今後自分がどう変わっていくのかを楽しみにしつつ、多くの経験を積んでいこうと思っています。

また、学生時代を経て、現在では協会の事務局を手伝うようになりましたが、その中でホリスティック教育でつながる同世代の仲間が少しずつ生まれてきました。今後、どこで新たなつながりが生まれるか、それも楽しみです。

「心の教育」を超えるための視点に

筑波大学
吉田　武男
Yoshida Takeo

シュタイナー教育研究の事始とその後

　奈良で地元の教育大学を卒業後、県内の公立小学校に勤務しつつも何か自分の能力に物足りなさを感じ、わずか一年で教師生活を終えて大学院に進学することにしました。そして、筑波大学大学院に入学して半年後の一九七九年秋、修士論文のテーマを絞るためにドイツの教育について調べていると、テストや教科書のない奇妙な学校の存在に気づきました。それが、シュタイナー学校でした。それをテーマに選び、論文を書きあげたのが、一九八一年一月でした。まさか、このテーマが私の二〇年以上の関心事になるなど、当時はまったく想像もしていないことでした。

　その当時は、シュタイナー教育は教育学界ではあまり注目されていませんでした。その教育は、むしろ教育学者以外の人たちによって盛んに紹介されていました。

　そこで、彼ら彼女らの本を一通り読んだ後、シュタイナー教育の研究会や読書会に出かけました。最初は、一九七九年の冬、東京の神楽坂で行われていた高橋巖さん主宰の研究会でした。その後、新田義之さん主宰の読書会に参加させてもらいました。さらに、子安美知子さんや上松佑二さんたちが中心となって活動することになるシュタイナーハウスの設立にも参加し、開催されたさまざまな会で勉強させてもらいました。その会で知り合った多くの人たちが上松恵津子さんのオイリュトミーのクラスに通っていたので、私も二年間にわたってそれを習いました。

　そこには、いまシュタイナー思想の翻訳などで活躍されている森章吾さんや鈴木一博さんなどがおられました。彼らをはじめ、そこで出会った多くの人たちは海外に留学されました。しかし、私は何か割り切れないものをシュタイナー教育に感じてしまい、留学することもなく、学生生活を終えて、関西の私立大学に職を得ることになりました。

ホリスティック教育との出会い

関西では、日常の講義の忙しさもあって、シュタイナー教育の熱も少し冷めていました。就職して五年目の一九九四年に、それまで研究していたシュタイナー教育と何か奥底のほうで共鳴する教育論文を目にしました。それが、ホリスティック教育の論文でした。

それから間もなくして、転勤の話が進み、四国の高知に引っ越すことになりました。地方国立大であったということと、南国のポカポカ陽気も影響したということではないかと思いますが、けっこう大学では自由な雰囲気があり、時間的に余裕もありました。そこで、大学の教育学部の講義で思い切って、シュタイナー教育を取りあげることにしました。学部の学生に講義するには、シュタイナー教育だけに偏りすぎた狭い内容では、学生にとってよくないのではと考え、それに関連する教育論も合わせて教えることにしました。その際に、『ホリスティック教育入門』（柏樹社）を読みました。これをきっかけとして、ホリスティック教育の関連の本や論文を読み進めるようになりました。その過程で、シュタイナー教育とホリスティック教育との関係性を改めて確信するようになりました。

そうこうしていると、一九九八年九月に母校の筑波大学への転勤が急に決まりました。また居住地を変更するはめになり、研究の継続についても少し支障をきたしました。しかし、ホリスティック教育への関心は、まったく中断することはありませんでした。むしろ、感覚的に肌に合わない関東への転勤を神様や仏様のお導きとみなして、それを積極的に活かすべきではないかと前向きに考えました。そして行動として、早速、当時神奈川県にあった日本ホリスティック教育協会事務局に連絡し、正式にメンバーに入れてもらいました。そのうえで、シュタイナー教育とホリスティック教育との関係性の確信を、論文として協会の研究紀要の第3号にまとめました。

「心の教育」の危険性

高知のいなかにいるときはそれほど感じなかったのですが、こちらに来てみると、どうも変な本土の風潮、いや全国的風潮が気になりはじめました。それは、臨床心理士に代表される心理士としての学校カウンセラーへの過剰期待ないしは幻想、つまり悪しき心理主義の風潮です。その傾向は、「心の教育」の提唱によって、ときには「自己実現」や「自分への気づき」や「自分探し」などの、自分を他者と切り離して結果的に孤独化しやすいつありります。

個人主義的な概念の連呼によって、ますます強くなりつつあります。

この傾向の増大は、教育実践にとって危険です。なぜなら、学校カウンセラーという多くの専門家は、心だけに焦点をあてて、現実の社会問題としての教育問題を心の問題にすり替え、しかも問題の本質を個人の心（とくに、感情）の問題のなかに隠蔽してしまうからです。そこでは、子ども理解は心の理解にすぎなくなり、現実の問題の解決ではなく心の問題の解消が追求されるだけなのです。したがって、学校カウンセラー学校の導入によっては、リアルに生きる子どもの力やリアルな人間関係は育てられないどころか、子どもは心のなかのバーチャルな物語に過敏にさせられ、その語りによって自らの実生活を拘束し孤立化することにつながりかねないのです。

シュタイナー教育でも、またホリスティック教育でも、いつも「つながり」が大切にされています。教科との「つながり」はもちろんのこと、コミュニティー（学級や学校や地域など）との「つながり」や心と身体との「つながり」が大切にされています。そのあたりのことが、私にシュタイナー教育とホリスティック教育との共鳴を感じさせてしまうのでしょう。

ところが、心の専門家としての学校カウンセラーは、学校のなかで子ども同士のコミュニティーから特定の子どもを抽出するだけでなく、その心身一体の人間の心だけを個別に取り出し、個人における心の問題に矮小化してしまうのです。そこでは、方略として一対一の言語コミュニケーションのカウンセリングだけでなく、セラピー的な遊具を使ったり、「予防的」や「開発的」という形容詞をつけてグループ的な取り扱いをしたり、ときには「アドベンチャー」と銘打った体験活動を取り入れたりしても、専門家の意図が心のあり方ないしは感情の変容によって心の解消（問題の解決ではない）を目指しているかぎりは、それらの活動は心の問題の矮小化としての系に属するものです。

もちろん、心は大切にされなければなりません。しかし、教育では、心だけを取り出して後生大事にするのではなく、心とともに身体やリアルな生活、さらには環境も同時に大切にする、つまりそれらの「つながり」および全体性を大切にするという視点が、国教のような一つの共通のコスモロジーを持ちにくい現代の我が国の文化風土にはとくに必要ではないでしょうか（私見では、学校ではなく、地域とつながったソーシャルワーカー的なカウンセラー、別の言い方をするなら、カウンセリングの理論と方法を心得た厚生福祉的なソーシャルワーカーならば、その存在は、地域社会の生活のなかで位置づけられる点で、認められるべきものではないかと考えています。同和教育推進校の小学校における地域社会と密着した地道な教育実践、シュタイナー教育の研究、そしてホリスティック教育との出会いという体験を経てきた私は、学校カウンセラーに共感を持っている人には申しわけないのですが、どうしても批判的な言説を繰り返してしまうのです)。

心の教育を超えて ホリスティックな教育実践へ

その点、山之内義一郎氏の「森づくり」の実践は、すばらしいものではないでしょうか。教科との「つながり」、コミュニティという日々の生活との「つながり」、心と身体との「つながり」、さらには「いのち」との「つながり」も、学校実践のなかにみごとなまでに結実されているからです。

しかし、そうだからといって、いつでもどこでも、「森づくり」というような、模倣的実践が全国一律に行われるべきではないのでしょう。「森づくり」の方法が絶対化されるべきではないからです（そうは言うものの、今のところ私自身、「森づくり」に替わる方法、あるいはそれ以上の方法は思い当たりませんが）。その意味でいえば、もともと絶対主義的な傾向に陥りがちなキリスト教文化圏のシュタイナー教育を、そのままのかたちで我が国に持ち込み普及させようとする姿勢は、正しい方法とはいえないでしょう。シュタイナー教育は、これからの我が国のよりよい学校実践を模索していくなかで、実践の質を高めるための一つの拠り所、あるいは吉田敦彦氏のことばを借りるなら、一つの「光源」として受けとめるべきではないでしょうか。

したがって、これから大切になるのは、シュタイナーがドイツでシュタイナー学校を、山之内氏が新潟の地で「森のある学校」を誕生させたように、それぞれの地でふさわしい創造的な実践を、シュタイナーが教師に強く求める「創造的ファンタジー」によって、創造的に生み出していくことではないでしょうか。その際に、「つながり」や「かかわり」や「いのち」を重視するホリスティック教育という発想は、大きな一つの道しるべになると考えます。私も、微力なうえに、大学の教員という制約もありますが、そのような実践を押し進めようという人たちに、できるかぎり協力していきたいと思っている今日このごろです。

「出会い」と出会いなおして

元フリースクール　スタッフ　児玉　真由美　Kodama Mayumi

一〇年ほど前に、あるフリースクールのスタッフをしていたころ、ホリスティック教育と出会いました。でも「いのちのつながり」とか「気づき」という言葉すら、私には遠く感じられ、距離をおきはじめました。そして今、また出会い直したいと思いはじめています。

その経緯が何であったのか、そこを整理することで私が今「ホリスティック教育」をどう捉えているのかがわかってくるのではないかと思い、これを書いてみたいと思いました。

フリースクールでの経験

二〇数年前、高校の教員をしていたころに管理教育ではないものを求め、自主夜間中学やフリースクールにその理想の姿があると、単純に考えていました。徐々に不登校の子どもたちが増え、フリースクールがちらほらとできはじめたころ、ふとしたことがきっかけでスタッフになりました。

子どもたちが、自分で何かをしはじめるのを「待つ」、そして「寄り添う」ことが私の仕事だと信じていました。子どもたちとゲームをし、勉強したいと言えばいっしょにやるといった具合に、ひたすら優しく接する日々を二年間続けるうちに、私自身が無理をしていると思うようになりました。「癒される」場所は必要かもしれない、でも私はもっと別の接し方を望んでいるように感じられました。

そのころホリスティック教育を知り、吉田敦彦さんと出会いました。私がいたフリースクールに来られた吉田さんは「横の関係があるけれど縦の関係を感じられない」というようなことを言われ、私は「あっ」と思ったのですが、具体的にどういう関係をつくっていけばいいのかその時はわかりませんでした。「癒される」場所ではなく、その場所から出ていくための場所であるフリースクールを私は求めはじめていました。

次に移ったところは、物づくりを基本にしていました。

山奥にあり、村には木工や彫金、陶芸などの芸術家たちが少なからず移住していて、彼らを講師として物づくりをしていくというカリキュラムが組まれていました。暮らしをともにしながらという厳しさもあり、当然都会のフリースクールに通ってくる子どもたちとはタイプがちがっていました。生きていくための何かを身につけたいというのが前提にあったように思えます。

そこで私が強く感じたのは「存在」です。講師をしてくださる人たちは「教育」を考えるのではなく「物」を真剣につくるかつくらないか、ただその一点だけでした。誰も教育を語らない、でも、一心不乱に自分の作品と向き合おうとするとき、明らかに子どもたちは違っていました。自分の道を力強く歩んでいる人であればあるほど、その存在だけで根源的な何かを伝えられるのではないかと、私はそこで確信しました。

では、私は何をしているのだろう。ここで、子どもたちを囲い込んで、カリキュラムをアレンジするというのは、必要なんだろうか、と疑問に思えてきました。私自身が力強く自分の道を歩んでいるだろうかと思い悩んでしまいました。フリースクールにこだわっていたのはなぜだったのか。「教育」に問題を感じてはいたけれど、フリースクールにかかわることで、むしろ、社会や現実から逃げ込もうとしていたのは、「私」ではなかったのかと気がつきました。

そして、そのころホリスティック教育でよく聞く「いのちのつながり」や「気づき」というのも、遠く感じてしまうようになりました。ホリスティック教育が社会や現実とかけ離れたもののように思えたのです。

再びホリスティックと出会って

「教育」にかかわることから距離をおき、もう一度「私」から始めようと考え、辞めてから残ったものは「関係」でした。身近な関係をどうつくっていくか、出会ったものや人と丹念な関係のありようを探るうちに、また何年かぶりにホリスティック教育と出会いました。

「教育」には興味も関係もないと思いつつ、現在の教育に問題があるとするなら、それを形づくった過程に私も無関係ではありませんでした。管理より自由がいいと思っていた、既成の学校ではなく、フリースクールや新しい学校でなくてはと思っていた、自己表現がなにより大事だと思っていた、そのことが今、どんな形となって現れているかを見なくてはならないと思っています。自己満足の自己表現のもっと向こうに広く深い世界が広がっていることを伝えることをせず、子どもたちが自分から何かをやるというだけで、大きな拍手を送ってきてしまいました。

二つ目のフリースクールで見たものは、表現することの厳しさでした。拍手を送るのは当然かもしれない、でもそれだけで終わるとき、「関係」とは言えないと思うのです。その「作品」が価値あるものに押しあげられていく過程にこそ、しんどさと同時に別の世界が広がってくるのではないでしょうか。

拍手だけで終わらない関係をつくるには、私自身が私に向けた厳しさもともに必要になってきます。私が私のなかに、どんな客観性を持っているか、それも等身大のものではなく。より深く、広い客観性にどれだけ意識的だったかというと、心許ないのです。表面だけの優しさで拍手を送り、フリースクールのスタッフをやっている気になっていた私は、どんな責任の取り方があるのかと思っています。

今おかれた場所でもう一度、「出会い」を現実の場面で捉えなおしてみよう、そう考えはじめたころ、吉田敦彦さんと再びお会いしたのは、偶然ではないように思えます。当時、関わっていた雑誌のなかで、吉田さんのお話を伺いたいと思い、何年かぶりに連絡をとりました。

その時の内容は、「垂直軸」でした。「教育」における「垂直軸」。フリースクールにいたころ、吉田さんから聞いた「縦の関係」はこのことでした。民族、国家のストーリーがあるように、私にも、また目の前にいる人にも小さなストーリーがあります。ストーリーが出会うとき、自分の尺度を越え、相手を尊重した出会いがどれだけできるのか、それは実はとても現実的な、日常的なことだと、そのとき思いました。

学校や社会のなかで、理解し合えないもの同士がつき合っていくのは、システムで何とかなっていくだろうと考えていたのですが、そのシステムの奥にある視点こそ大切です。自己のなかにある、等身大を越えた他者の存在を意識していくのは、とても普通のことかもしれません。でも今の私には、その普通の日常的なことと、ホリスティックな視点がつながっているのです。

Ⅷ

いのちの声に　耳をすまして

【もうひとつの学び場】

森に囲まれた小さな学校
―野並子どもの村からの報告―

野並子どもの村　**加藤　くに子**（愛知県）……177

森に囲まれた小さな学校「野並子どもの村」での一六年間、おとなと子どもがまわりの自然からいただいた物を考えてみました。それは静かに自分を見つめる時間、空間、命のつながりがみえる場、あなたと私の魂の実感、そして教育の原点が見えてきたことです。

塾の窓から
―求め続けたもの―

河原シュタイナー教室　**河原　博**（京都府）……182

思春期の子どもははっきりと、自分の人生を見つけだし、それにつながろうとする。つながり方が見えず迷いはじめるとき、一人のおとなが手を差し伸べる。導こうとするのではない。ともに歩こうとするのだ。ともに歩き、子がつながり方を探る姿を見つめ、おとなもまた学んでいる。そう、いまだにつながり方を探す者、それが教師だ。

ホリスティック・ヘルスのワークショップから

サイコシンセシス・ジャパン・ネット　**岩崎　正春**（大阪府）……187

身体の響きを感じるために、目を閉じて「あ・い・う・え・お」の母音を声をだして「自分」を感じるようにしてください、と声を掛けます。こころとからだの調和した状態にヘルス（健康）がある。眠っているからだの感覚・感情などを思い出すためにワークショップを開いています。

意志の力と生きる力
―ラミ中学校の終わりのない試行錯誤―

ラミ中学校　**桐野　修次**（兵庫県）……192

神戸にある「ラミ中学校」は、子ども一人ひとりの〝いのちの自然なそだち〟を大切にする教育の場の創造を目指し、認可された中学校の設立に向けて一九八七年からさまざまな活動をしてきましたが、阪神大震災を機にできることから始めようと、この年の一一月に無認可ながらオルタナティブな学びの場としてスタートしました。六年間の歩みの一端を、振り返りながら紹介したいと思います。

森の中の学びの場
―リシヴァリー・スクール―

大妻女子大学　**金田　卓也**（茨城県）……198

森の中にある学校での生徒と教師との共同生活。小鳥の声とともに目を覚まし、大樹の下で語り合い、満月の夜にはフルムーン・ウォーク。ハリー・ポッターのホグワーツ魔法学校のようにふしぎな力に満ちた学校が、この地球上にほんとうに存在するのです…。

森に囲まれた小さな学校

—野並子どもの村からの報告—

野並子どもの村　加藤　くに子　*Katoh Kuniko*

私は一九八六年に名古屋の南東に野並子どもの村という小学生対象の小さな学校を仲間といっしょに開きました。一九八〇年ごろから日本では校内暴力や不登校という問題が教育を取巻く環境の中で出ていました。そんな中で子どもたちの毎日が、幸せな日々であるようにとの願いと期待で野並子どもの村はスタートしたのです。もちろん公教育に対して要望を出すのも一つの方法かもしれませんが、自分たちで学校を作るというのもよい考えではないかと思って、その可能性を探りながらのスタートでした。

批判や抗議でなく、自分たちに合った学校を作っていこうという考えになったのは、各国各地ですでに先輩としてそうしている人がたくさんいたからです。アメリカ、クロンララスクールのパット・モンゴメリーさんは、イギリス、サマーヒル・スクールの創始者A・S・ニイルから「自分たちに合った学校を作りなさい」と勇気づけられてアメリカ・ミシガン州に小さな学校を作りました。そうしてパットさんから私も「日本でも学校を作りなさい。できるかぎりのサポートをするから」と勇気づけられたのです。

それから一六年がすぎました。その間さまざまな子どもたち、さまざまな親たち、若いスタッフ、そして支援してくださる方たちとの出会いがありました。何よりも自由な学校という看板を掲げることは、私自身が、自由かどうかを問い続けなければならない日々でした。起こってくることすべてが自分がやってきたことの結末であり、責任を問われるということ、私は何に恐れ、何に喜び、何に不安を感じ、何に怒っているのかを整理していく中で私が私自身に出会い、私の生い立ちに出会い、自分の魂に出会う旅をしてきました。

私にとって、そのような旅を続けてくることによって、最初学校を作ろうと思っていたときと現在ではずいぶん感じ方や考え方が、変化してきたことに気がつきます。始めたころは頭であれこれ考え、何が正しく何がまちがっているかを選別するような日々でした。しかし豊かな自然の中で暮らすことや、子どもたちの眼差しなどから少しずつ私の感性や感情生活が変化してきたのです。

私にとっても村は学校であり、仲間に出会う場であり、命のつながりを実感する場であったのです。私たちの学校は名古屋市内にありますが、相生山緑地という森の入り口にあります。名古屋市が緑地公園指定地としているため、木を切ることも開発することも禁止されていて、そのおかげで緑地のまわりは宅地化していっていますが、私たちの居場所だけは自然が残されています。竹藪や木々の間から吹いてくる風や、鳥の声や、蝉の声、ドングリの落ちる音などに囲まれています。

自然と向かい合う生活が、私の人生には大きな意味をもたらしたのです。多くの命に囲まれているということが実感できる環境があったことは、私にも、おそらく子どもたちにも影響が大きかったのではないでしょうか。小動物や虫、花や草や樹、土や石ころに囲まれた生活。輝くような若葉が青々と茂った木陰になり、秋には美しい紅葉が降り注ぎ、やがて裸の枝が見えてくるという一年のサイクルの中の生活などは、魂が満ち足りそして謙虚な気持ちになっていきます。

私たちの学校は名古屋のフェミニストの女性たちによっても支えられてきました。豊かな自然の中で人々がつながっているという感覚を持てたということは、今までのフェミニスト運動の理念に加えて、競争原理で動いてきた男性社会をも見直しさせる働きがあることを感じます（もちろんこのことは、女性は家庭に入る方がいいなどという復古的な考えにつなげるということではなく、人は皆豊かな自然の中で、人生を自分の心に正直に、自分らしく選択する権利を持っているという意味です）。

そんな環境で一六年間子どもたちは森を通して多くの命に出会ってきました。どんなふうに、どんな形で、子どもたちは生活していたのかその一端を後に書いてみました。加えて幼児期から村で過ごし、森の中で魔女？になって毎日ほうきに乗って飛び回っていた卒業生の広田麻美さん（一七歳）が、以前村のニュースに書いてくれた「森」という文を添えさせていただきます。大都会の中にかろうじて残された自然ですが、そこからどれだけ多くの物をおとなも子どももらってきたかを、感じていただければうれしいです。

春

春はダンゼン桜です。山桜が村のまわりを取り囲んでいるので、どの窓からも桜の花が三月終わりから四月にかけては見えます。お昼ご飯はベランダや庭に出て花吹雪の中で食べるのです。花が終わるとサクランボができます。おいしいサクランボがなる木は特別なところにしかありません。そこにサクランボを取りに行くのが春の楽しみの一つです。

そしてもう一つの楽しみは村の前の竹藪からタケノコを掘ること。タケノコが一日に一メートルも伸びることもわかりました。そして五月の終わりから六月にかけては姫ぼたるが、乱舞します。泊まり込んでほたるの光がクリスマスツリーの飾りのように輝く森の中を歩く夜は、いつもと違って興奮します。

夏

夏という言葉で村の子が連想するのは蚊です。ものすごいヤブ蚊が出ます。でもお隣の徳林寺のおしょうさんは蚊も殺しません。追うだけです。ほかのスタッフはぴしゃっとやってますけど。

名古屋の暑い夏、あちこち出かけたあとバス通りから一歩中にはいると、ひやっとした空気を感じます。樹がこの涼しさを作ってくれていることを実感するときです。近くの池に行ってザリガニを捕ってくるのも楽しみのひとつです。

秋

収穫の秋です。村の前には栗の木があってみんなでほうきで落としたり、木を揺すって落とします。裏には渋柿がなります。これも落として皮をむいてベランダにつるしておきます。冬になったら甘くなってるんです。森に入っていくとアケビがなっていたりさまざまな形のドングリを拾う楽しみもあるけれど、ぬすびと萩の種がびっしりズボンについて取るのはたいへん。

キノコについてを調べたいと思ったときは、雨の降った次の日に森に入って行きます。いろんな種類のキノコがあちこちに生えているのを発見します。図鑑をみながら毒キノコはどれかなとさがします。胞子を顕微鏡でみるのもおもしろい。ほこりたけなんか、叩くとモクモク煙みたいに胞子が飛ぶんです。キノコがあるから森の倒れた木や葉っぱが土に帰っていくのがわかって、ありがたいもんだということを学びました。

冬

めったに名古屋では雪は降らないけれど、それでも一年に一回か二回は積もります。その時はお寺の横のグランドでカマクラを作ったり、雪合戦をします。坂道をそり滑りして遊んだこともあったけどこのごろはそんなに雪が降らないのが残念。

　冬の森を散歩すると木の葉が落ちつくしているので明るくて、気持ちいいのです。枯れた木の下には虫達が眠っていて春を待っています。みつけてもそーっと戻してやります。虫も子どもたちも春は待ちどおしいものです。

　このように子どもたちと森の自然に囲まれて一六年間を過ごしてきたことで、改めての気づきがありました。ゆったり過ごすことで、人の感情を見つめる、自分の感情を見つめる、人と人、人と物などの関係性に焦点を当てるなどという作業がじっくりできるようになりました。そうすると今、子どもたちに必要なことはこのゆったりした空間や、自然や、時間なのだということを強く思います。

　野並子どもの村を卒業した子どもたちは、今大学生であったり、社会人であったり高校生、中学生またホームスクーラーなどそれぞれ選んでいますが、彼らが自分の人生を考えるときにこの空間に身を置いたことが、プラスになったと思ってもらえるなら何よりうれしいです。

　また、卒業後本当の意味での学問に出会ってほしいとも思います。人間のベースに豊かな感性や、安定した感情生活があり、そこに知性が加われればすばらしいだろうなと思います。ぶつ切りの知識でなく豊かな学びをです。私は彼らと、そこまではできなかったけれど、きっと彼らが真の人生の学びを見つけていってくれるだろうと確信しています。

森

ひろた　あさみ

はじめにひとつ宣言しておこう。わたしは自然が好きだ。

空とか、森とか、太陽とか……。生活のなかで少しでも自然を感じるとき、ほっとする。

悲しいときに自然のことを思い浮かべると、こころが安らぐ。

ひとが大勢いる街よりも、車の走る道路よりも、わたしにとって本来の居場所は命のある森なのだと思う。

いつか、わたしは森に帰るだろう。これは直感であり、そして最も大切な理想でもある。

相生山についていえばこの理想の原点にあたる森かもしれない。

村に行っていたころは、頭の中に相生山の地図があった気がする。

それも普通の地図には掲載されていないようなところ。

皆とよく行った「ねんど山」や「がらがら山」。

走ってかけおりると葉っぱで転びそうになる坂道。

手のひらで触れるとなめらかさが伝わってくる木。

「秘密の基地」を作った所。甘酸っぱい木の実がたくさんある所。

「缶けり」で隠れた林。小さな蛍を見つけた夜の森。さつまいもを掘った畑……。

わたしが覚えているかぎりでは、どれも親しみのわくすてきな場所だった。

テレビをみたりゲームやトランプをする事より、森の中に居るほうが好きだった。

天気の晴れた日も、雨の日も、雪の日も決してつまらなくはない森が面白かった。

特にわたしが気に入っていたのは、雨の降ったあと。

雨の匂いがする土は湿り、体をくっつけると冷たくて気持ちがいい。

わたしより背の高い木々たち、足元にある緑たちは水浴びを終えてすっかり輝いている。

これが、とても美しい。いつもと違う世界を感じられた。

そしてなにより、森は優しい。ため息をつく私も、飛びはねて喜ぶわたしも、どんなわたしも拒まずにそのままの姿を受け入れてくれる。

そんな気がするし、実際のところ森にいくと自分自身に素直になれると思う。

自然が与えてくれるふしぎな力とでもいおうか。

わたしは相生山緑地をはじめ、すべての自然がありのまま生存していけることを願う。

環境を大切にすることを覚えている限り、あの優しい気持ちを忘れずにいられそうだから。

塾の窓から

——求め続けたもの——

河原シュタイナー教室　河原　博
Kawahara Hiroshi

始まり

なんとも幼い顔と身体が一一人、ちょこんといすに座っている。今日は私が一年でもっとも緊張する日。そう、新中学一年の初授業の日だ。

これから数年、この子達はそれぞれどんなドラマを見せてくれるのだろう。その「正しい方向性」を、私は再び、ともに探してやれるのだろうか……。

「さあ、数学を始めよう。今日はトランプを使って『赤と黒』っていうゲームをしよう。塾なのに勉強はしないのかって？　いいや。これがおまえたちが初めて知る『負の数』の勉強の始まりだよ……」

一六年前、高校教師になる事をあきらめ個人塾を開き「河原シュタイナー教室」と看板をあげた。一二畳の部屋に会議用のテーブルと丸イスを置いただけの塾だ。シュタイナーの名を冠しはしたが、私の精神的・技術的支柱はむしろ、数学者の故 遠山啓にあった。「すべての子を健康で賢く育てる」という遠山啓の教育観の根本にある理念の実践をやってみたい。そこにシュタイナーの卓抜した人間観から出る「子の背景をじっと見詰め、その発達にそって育てる」という教育観を融合できないものかと願っていた。

対象は中学と高校の数学・物理・英語。小学生をやらないと、フォルメン、オイリュトミー、水彩画などによる大切な時期をともに過ごすきっかけを失うが、それでもよいと思った。そもそもシュタイナー教育とは意図して作るものではなく、自然に「発生」するものと考えていた。日本では、日本のシュタイナー教育が「発生」しなくてはならない。精神界の異なる日本でドイツと同じ事をやっても、うまく行かないだろうと思えた。

それよりも、生徒に数学の構造を語り聞かせ、それを生徒が自分の手で黒板やスケッチブックに絵や図にし、自らの考えを生き生きと動かすとき、そこにフォルメン・オイリュトミー的なものもあるだろう。問題は、生徒からそれらを引き出すこちらの技量だが、それには遠山啓の考えが役に立った。「人間の魂に迫る」そんなシュタイナー的な事を、数学により、日本で最初にやったのはこの人ではないかと考えていた。

触れ合い

出会い

私の教室の創生期は世がバブルに向かった時代。どの子も熱病にでもかかったかのように「進学塾」へ行き、実際には教師にすら何を教えているのかわからなくなるような知識を大量に取り入れんとしているように思われた。乗り切れる子はまだよい。しかし、大半の子がずたずたにされているのが現状だった。しかも、親も子も、教師も世の中も、そこから顔を背けている。そのことが私にはふしぎだった。そんなとき、私の前にヒデキ（仮名）が現れた。

もうすぐ中学一年になろうとするこの小柄な少年は、母により小学低学年からさまざまの塾を渡り歩かされたと言う。どうにも心が縮こまっており、その顔に表情は乏しく、うまく発声して話す事もできない。計算の四則はできたが、文章題だとどんな場合でも、まず二つの数を掛けてしまう。答えが違っていれば、割る、足す、引くの順に進める。計算とその手際自体はかなり速い。よく見てみると、どうやら正解の確率の高いもの順にやっているらしいとわかってきた。そしてそれらが、急き立てられ続けた結果生じたもので、まちがう事を叱られるのを回避しようとするものであるとわかってきた。問題の意味がわからないから、なるべく叱られるのを減らそうとした。その無表情な心の奥で、この子は自分の身を守ろうとしていたのだ。私はやるせなくなり、この子とともに教科の中を歩いてみる事にした。恐いもの知らずの私がやがて、自分の力の無さを思い知る事になろうとは想像もしていなかった。

中学での戦い

中・高校生が数学をやる意味とは何だろう。数学はよく、難しいだけで何の役にも立たない教科の代表にされるが、そんなことはない。数学はあるでき事に対し、余分な飾りを取り払い、そのものが持つ本来の姿・像・構造などを浮かび上がらせる力を持っている。目の前にいる生徒がやがて出て行く大海を思う時、多少なりとも、せめて持たせたい力のひとつだと考える。また、その理解に必要な能力は意外に少ない。量の大小の判定能力と、簡単な作図能力だけでよいと私は考えている。それは誰にでもできる事だ。

また、この教室の四方は大きな黒板だらけになっており、生徒が問いを考える時には、チョークを持って自らの手ですべて黒板に書く。これは私にとり強力な手助けになる。そこに描かれる文字や図、手の動き、肩の表情などは、驚くほど雄弁に生徒の考えやとまどいを、時には本人が自覚してない事まで語ってくれる。それらは私の説明のまずさや生徒の誤解などのフィードバックもしてくれるし、考え方の方向性を求めてのコミュニケーションの素となる。チョークは何色もあり、生徒がきれいな図を描いた時には、みんなで眺めて「ほう」とため息も吐く。この黒板が生徒を育ててくれると言ってもいいくらいだ。

ところがヒデキには、それらのことがなかなか身に染みていかなかった。とくに分数の意味がよくわからないようだ。折り紙でそれぞれの分数の量をそのつど作るのだが、首をかしげるばかりだ。黒板に立つ背中も何も語ってくれない。心の動かし方すらよくわからないのかもしれない。

色鉛筆を持たせてフォルメンをやってみもしたが、よけい何をやってるのかわからなくなった。非常によくできている遠山啓のテキストすら、そのまま提示するだけでは、この子の心の中にはなんの像も結ばぬようだった。八方塞がりの焦りの中、私は自分の教育観と技術をすべて洗い直さなくてはならなかった。

私は理論派ではなく、感覚的な職人タイプの教師だ。だから、シュタイナーや遠山啓の理論の奥深くを求めているつもりではいても、実は漠然としか捉えてはおらず、その表面でしか動いていなかったのではないか？　また仮にその理論を正確に捉えていたとしても、それが一人ひとりの心の中でどのように作用するかは別のものであり、もう一押しする「何か」が必要なのではないか？この子との出会いは、そのようなものを探せという意味なのかもしれない……。

私は、いつも利用している折り紙をいつものように取り出し、いつものようにヒデキに語りかけた。「さあヒデキ、三分の一を作ってみよう」しかし、私の気持ちははっきり違っていた。「教える」や「ともに学ぶ」ではなく、「ともに探そう」であった。

変革は、いつのまにか静かに進行していた。どこかの時点でヒデキは数学の構造を少し身につけ、なぜそれを足すのか、掛けるのかなどの区別が理解された。そうすると今まで冷たく動かなかった図や数式が、自分の意志で少し動かせるようになる。それはヒデキにとって驚きであった。それまで一方的に押しつけられていたものが、自分の意志で動かせた……おもしろくないわけがない。まるで寝ていた子が目を覚ますかのように、その手や肩の動きも意志を示し、そのころから自分の身のまわりの生活にも目が行くようになった。

しかしそれは同時に、むしろ気づかずにいた方がよかったものに気づく事でもある。そのころ私は何度か「お前の塾はアホしか行っとらんな！」と言われた事がある。それはテストの点数が取れない事を言っているのだが、中学のテストの点とその子の人間性や人生とは無関係だと知っている私は平気だが、子どもたちの何人かは、そのような言葉に平気ではいられない。自分の中に何らかの力を感じ始めたヒデキもまた、時としてかんしゃくを起こし、した事もなかった親子げんかもするようになった。家出騒動も起こした。

「バイバイ」というおき手紙を見つけた母から連絡を受けた私は、すぐに授業を中止し探してみると、近くにいた。肩を抱き、手にした布のカバンの中をみると、明日の塾で使う私の教材だけが入っている。夜の雨の中、泣き出しそうになったのは私の方だ。この子は明日、私の教室に来ようと……。

シュタイナー教育を進めてゆけば、時として、高校生になっても掛け算がろくにできない事もありえる。それくらい覚悟しなくてはならないと聞く。その意味は私も理解しているつもりだ。しかし私は、それに真っ向からぶつからざるを得なくなった。

ヒデキの方向性はとてもよくなっている。数学の構造を捉えはじめ、楽しみながら自らその形を創りあげようとしている。あと数年そんな作業を続けてゆけば、そこで得たものはきっと、この子を支える大きな力のひとつとなるだろう。しかしそこに、高校進学という問題が割り込んで来る。恐らく入学すればヒデキは高校半ばには、点数でもほかに見劣りしなくなるだろう。が、今のままではその入り口で、はねられてしまいそうなのだ。

「僕はみんなと同じように高校へ行けないの？　こんな勉強は続けられなくなるの？」ヒデキは言葉もずいぶん出せるようになり、直接あるいは黒板を通して、そんな不安やいらだちもどんどん私にぶつけてきた。私は最低限の点取り作業をヒデキとの数学の学びの中に織り込んでいかざるを得なかった。しかしそれは私にとって屈辱であった。私の数学観の中にも、点取り作業などなかったからだ。シュタイナーや遠山啓の影が薄くなってゆき、どんどん離れていくようにも思えた。精神的支柱はゆらぎ、相談できる人も見つけられず、ものすごく孤独で不安ではあっても、それまでの概念や思想を何度も壊してはつなぎ合わせ、子どもたちとともにそれぞれの方向性を求めて現実の中を進んでいかなくてはならなかった。

高校にて

ぎりぎりで冷や汗を流したとはいえ、何とかヒデキは進学できた。そして私との、数学の中へ入っていく作業はまだ続いていたが、二人ともそれなりに落ち着いており、むしろ楽しんでいた。しかし、やはりタイムリミットはある。今度は、どのように社会へ送り出すかも考えなくてはならない。それも大切な現実だ。二年生の半ばにヒデキから切り出した。

「卒業したら、働こうと思います」

「いいのか？　いったい何をやるんだ」

「それは……よくわかりません。これからいろいろ当たってみます。少なくとも僕の人生に、大学はいらないように思えます。この教室は別にして、学校の、ああいう勉強は好きでもないし……」

「きっと母さんは、進学を望んでいるはず……」

「それが一番の問題です……」

結局三ヵ月かかったが母を説得し、やがて理容師の道を進む事を決めた。

求めていたもの

それから四年がすぎ去っていた。私の家へやってきたヒデキは、私の四歳の息子をいすに座らせ、その頭を刈っている。去年、千葉から東京へ店を変わったが、人間関係がつらく「やめたい……」と泣きついてきた事など、忘れたようだ。昔に比べると驚くほど雄弁になっている。

「先生知ってました？　昔の散髪はカミソリしかなかったんですよ。○○という人が有名で、近代になって△△という人が……」九年前には、ヒデキの身体は今いすに座っている息子よりも小さく見えた。そのヒデキの熟練した動作に、私はただ見とれており……。

中学・高校と六年間、数学を通してヒデキと私が何をしていたのか、少しは見えてきたような気がした。自分の在り方を求めて、必死になって理想と現実をつなごうとしていたのだ。あるいは、世の中と自分のつながり方を求めていたと言えるかもしれない。ヒデキはうまくつながったのかというと、さて、それはわからない。自分の人生の中で答えを見つけて行くことだろう。

私の中には何が残ったのだろう？　シュタイナーや遠山啓とは、ずいぶん離れてしまったようだが、逆に、人と、生徒と密に接するという意味ではうんと近づいたような気もする。壊してはつなぎ、また壊してはつなぐ。そこには確かに、それまでより少しだけ輪郭のはっきりした自分がいる。それがホリスティックと言えるのかどうかはわからないが、それとの出会いにより私の方向性が、より明快になった事は確かだ。

「さあ数学を始めよう。今日は赤と黒っていうゲームをしよう……」。

理想と現実をつなぐ教育を求めての旅が、また始まる。

ホリスティック・ヘルスのワークショップから

サイコシンセシス・ジャパン・ネット　岩崎　正春　*Iwasaki Masaharu*

この小文は、一般人および大学生（一九九八年〜の京都造形芸術大学の学生）を対象としたホリスティック・ヘルスのワークショップの実践報告です。

ホリスティック・ヘルスのワークショップの目的

●自分一人でできるリラクゼーション（緊張解放）や、お互いにできる簡単なケアを習う事により、病気を予防し自らの健康を自分で高めてゆく。

●イメージワークを使いながら、無理のない身体の動かし方を習い、身体を動かしつつ、心を整え「気」の力を高める。

●身体を通じて自己を解放し表現する喜びを育てること。

具体的実践内容

●ヨガや中国古来の呼吸法や動き（気功法）

●東西の手当療法マッサージ

●イメージ・ワークと自己との対話（サイコ・ドラマ）

●声や動きを使った感情解放のリーク

●身体表現

参加者に期待する成果

●**身体的側面**

疲労の回復・身体的トラブルの改善・身体と呼吸の緊張の解放

●**心理的側面**

心の落ち着き・ストレスの回避・個人の習慣

●**ホリスティックな側面**

自己（セルフ）への気づき、セルフ・エスティームを高める、表現活動を高める。積極的なリラックス法の習得。文化的な抑圧にたいする気づきと解放、そして予防的配慮として、「過度の自信過剰」に対する気づき「人間の感覚や思考による判断の不確かさ」を知る事も含まれる。

心理面における改善点の集計（**数字は回答数**）

（**身体面での詳細はホームページで**）

●スッキリ・リラックス・気分転換・心地よい・心の落ち着き（やすらぎ）…………357

●楽しい…………………103

●自己への気づき・感じる事は生きている事だ……4

●自己表現をする楽しさ（動き、リズム、打楽器）…3

●ゆとりができた・体への優しい気持・許し………5

●時間の流れの体験（心から体をいたわる時）………4

●気負いがなく・無心になれた………………3

●夢の世界のふしぎに気がついた……………2

●あと眠たい・まだつかれ、睡眠障害を感じる……26

●自分を問い直す時間・根本的な見方ができた……4

●リラックスしていない自分がいる……………2

参加者の感想と三つの考察

参加者のコメントの一部を紹介し考察をします。＊印は一人の感想を意味します。

（**感想**）**身体の／疲れの回復／健康の改善の感想**

＊あくびが出ることを気持ちよく感じる。「人の身体はすごい」と思ったのは、リラックスするだけで、普段ののびない筋肉がゆるむということだ。おなかがすいてとても内臓が快調になったと思います。

＊どんな授業か聞いてみると「涙がで、鼻水がたれる」と言っていたので、気になりました。受けてみるとなかなかおもしろいと。じっと座って手や足に神経を集中させて感じてみることなんて、やったことがなかった。

＊自分の身体のどこが悪いか、危険信号をだしているのがわかった。

＊よく動くことだけが体にいいわけではないと気がついた。

（**感想**）**マッサージについて**

目的は、⑴ストレスによる緊張をほぐす事、⑵お互いに助け合ってマッサージする、(3)性活動ではないかたちでの人間の基本的欲求の充実を考慮したものです。下の参加者のコメントは、治療効果というより「ゆっくりとタッチされること」に対するコメントと受け取ってほしいです。

＊人にマッサージしてもらう機会がないので最高にしあわせを感じた。普段あたりまえのように、ついている身体の部分部分を「あー足はあるんだ、肩はあるんだ、背中も」というように意識していない部分を感じることって必要と思いました。

＊家族にやってあげた。評判でした。人の手のぬくもり、熱がじわーと、身体に伝わってきてとても気持ちよかった。

よいコメントだけではなく否定的なコメントもありましたので紹介します。

＊マッサージはいやだった。私には気持ちよさがわからなかったです。

＊私は人に身体を触られるのがイヤなのでマッサージとかは好きじゃなかったです。これからも家でストレッチをして健康な生活を送りたいです。

［考察1］さわってはいけない　日本の「ふれあい広場」文化

日本は本音と建て前のギャップが著しい国です。同時に、世界でもっとも身体接触（タッチ）しない国かもしれません。人間には「人とふれあいたい」という基本的欲求があるのに、現在の日本では、他人とタッチする習慣はない。肩たたきは、「リストラ」という悪い意味になってきました。言葉の上だけで「ふれあい」という言葉が多用されていて、公共の施設などで「ふれあい広場」という場所はあちこちにあるが、実際にタッチしたら、犯罪かセクハラになるでしょうね。「タッチしてはいけない、タッチされたくない」という文化的な恐怖と、「したい・されたい」という隠された欲求不満を持っている国民のようです。

職場などで疲れた時など、お互いに五分ずつマッサージをするだけで、かなりの心身のリフレッシュができるのに、孤立して耐えているのが現状です。このワークショップがきっかけとなって、参加者や学生同士でマッサージしあっているのをみるのは、うれしい事です。

（感想）呼吸と声

現代人の不健康の最大限の理由として自由な呼吸をす

る事が抑圧されていることです。参加者の声は、
＊声をだして身体の震えを感じるのは、恥ずかしくてできなかったけど、家で出してみて一人で感動してました。
＊つらい事が起きて頭もパニックになった時、すわって「おー」という声を出してみると思いこみかどうかわからないけど、その間楽になり、無理に考えたりしなくなった。
＊ふだん、あくびなどの声をだすことをしていない私たちに声をだしてもいいといわれたが、初めはやっぱり恥ずかしくてできなかった。だけどなれると、少し今までよりも解放できるようになったと思う。
＊ふだん、声とか「あー」とだすことなんかなくて、なかなかだせんかった。はずかしさがまだあった。だせたらすごいなあー。
＊とくにだす声によって、からだの力がいる部分が変わるということをやったときがおもしろいと思いました。
＊声をずっと出していくことは、すごくリラックスになるのだなと本当に思いました。みんなの声が調和していて気持ちがよかったです。緊張の元が声といっしょに抜けていく感じがしました。

［考察2］いき（息詰）づまってしまって、ながいき（息）できない日本人

ストレスからの緊張が解放されるかどうかは、どこまで、呼吸が解放されるかどうかと言えます。日本には「言葉以外の音をだしてはいけない」という暗黙のルールがあります。当然「あくびが出る・ため息が出る」という事は、「人前ではしてはいけない事」というしつけをされています。この習慣は、一人でいるときにも呼吸を抑制する結果になっているようです。身体の動きと呼吸（音）の関係を指摘して、自然呼吸ができるように、勇気づけているのですが、前記のコメントのように「自分の声を解放し身体表現を許す事」は簡単ではないようです。

（感想）自己（セルフ）への気づき

「心理的な悩みの解決」や「自己への気づき」につながるシチュエーションは、さりげなく準備していますが、逆暗示になるので、説明はしません。しかし、参加者からは改善したという声が集まってきています。
＊この授業で学習したことは月並みだけれど自分の体にたくさんふしぎな仕組みがあったのだということです。生まれてから今日まで、もちろんこれからも生きている間はともに生活していく自分の体だから、何でもわ

かっているつもりだったのに、授業でふしぎなことばかりおこるので、驚きと小さなショックをうけました。だから、人生や生活に対してよりも、命に対しての意識がかわりました。命というと、とても抽象的な意義で考えていたけれど、単純に人が動いて呼吸して、そういうものが命でもあると思います。とてもとても単純だけど楽しかった。身体を通して実現できる道はひろいと思います。身体は普段持ち合わせないリアリティを気づかせてくれます。意識は現実の中の身体を見つめる眼を養いたいです。

＊リラックスがこれらの生活・暮らしていく上で大切だなと思った。休息時間が「自己観察」「自己発見」につながった気がする。これからも、心にゆとりをもって生活したい。

［考察3］今の日本人の「spirituality（精神性）」

私のホリスティック・ヘルスのワークショップを「宗教」と発言する学生や大学人もいます。日本の若者や大学の知識人の間には「宗教」という言葉に、軽蔑語に近いニュアンスを持つ人もいるようです。私には、日本には宗教的儀式や習慣は数多くありますが、本当の意味での「spirituality（精神性）」のある宗教的なふれあいの少ない国に思えます。都市型生活をするたくさんの日本人にとっては、宗教人に接するのは、犯罪事件を起こした宗教団体のマスコミ映像と、観光の時か葬儀や法事ぐらいかもしれないので、そういう見方をする参加者が当然いるわけです。

私のワークショップでは、いかなる宗教教義も祈りの言葉も仕草も説明もいっさいしません。ただ、「安定した姿勢で座るために、手を組んですわること。深呼吸をすること、身体の響きを感じるために、目を閉じて『あ・い・う・え・お』の母音を声をだして「自分」を感じるようにしてください」と指導しています。それらは自然な事で、それにもかかわらず非難する人もいます。ワークショップの内容は、外見（そとからみて）で判断する日本人の「宗教かどうかという判断基準」からすると全く宗教ではない。しかし、「本来の宗教の目的」が、心の安らぎと喜びとするなら、このクラスは十分宗教的で「spirituality（精神性）」のある内容ともいえるでしょう。心理学も医学も芸術も一体となったホリスティックな宗教とも呼べると思います。

※詳細にわたる論文形式の報告はホームページで公開しています。

URL　http://www.psychosynthesis-japan.net
E-Mail　hal4life@joy.ocn.ne.jp

意志の力と生きる力
―ラミ中学校の終わりのない試行錯誤―

ラミ中学校　桐野　修次 *Kirino Shuji*

神戸にある「ラミ中学校」は、子ども一人ひとりの〃いのちの自然なそだち〃を大切にする教育の場の創造を目指し、認可された中学校の設立に向けて一九八七年からさまざまな活動をしてきましたが、阪神大震災を機にできることから始めようと、この年の一一月に無認可ながらオルタナティブな学びの場としてスタートしました。以来、終わりのない試行錯誤を繰り返してきたこの六年間の歩みの一端を、折々の通信※に書いてきたことを振り返りながら紹介したいと思います。

二年目の春
―ふしぎな調和のある居場所―

九七年、二年目の春を迎え、ラミ中は一段と賑やかになりました。「小規模でありながら、さまざまなバックグランドや個性を持つ子どもたちがともに生活し学ぶ場」を目標に始めたラミ中。願いが叶ってか、よくこれだけ違った人間の集まりになったと感心するほどそれぞれに個性的で〃味のある〃ラミ中の生徒たち。彼らが日々織りなす人間模様は、一見無秩序、無軌道な雑然とした中に、何ともふしぎな調和を醸しだしているように感じます。

「ふしぎな」と言うのは、皆がなかよく和気あいあい、といった調和ではないのです。いつもじゃれ合い騒いでいる三～四人のグループがあれば、寡黙に一人の世界を楽しむ者あり、各自思い思いにバラバラな事をし、まとまりとはほど遠いこの状態がそれでいて妙に心地よく、誰かが欠けていると何か物足りなく感じてしまう。調和という言葉を使うのは適切でないかもしれませんが、ちがう者同士が過度に押しつけ合ったり萎縮することなく、無理に〃均等〃を求めたり求められたりすることなく自然体でいられる、そういう場が徐々にできていったように思います。

もちろん、すべての人間関係がうまくいっているわけではないし、相性が悪い子たちもいます。ただ文句を言い合ったり怒鳴り声をあげたりすることがあっても、誰かが落ち込んだり気まずいムードになったりすることはありません。次の瞬間にはまたいつものようにじゃれ合い、冗談が飛び交い、笑い声がたえない、居心地のよいラミ中の雰囲気がそこにはあります。おそらく、皆一人ひとりがやさしいのでしょう。

「居場所」としてのラミ中を生徒以上に楽しんでいるかもしれない私も、「学びの場」としてのラミ中のことを考えると少々（かなり？）眉間に皺が寄ります。ただ、ある方が言ってくださっているように「自問し深く悩み、あきらめずに試行錯誤を繰り返す決意のあるおとながまわりにいる」、そういう場で在りつづけるかぎり、私たちが目指そうとする「学び＝生きる力を育む」から外れることなく、彼らは何かを受け取ってくれていると信じています。

三年目の新たな試み
―「授業に出る、出ない自由」をめぐって―

三年目の四月から、授業のあり方が大きく変わりました。授業の内容とかやり方を大きく変えたのではありません。授業のあり方のもっとも根本的な事柄の一つ、「授業に出る意志をできるだけ子どもたち自身に委ねる」ということを実際に〝形〟にしたのです。

「授業に出るか出ないかの自由」をどう考えるかは、九五年にスタートする以前、設立委員会でラミ中の具体像が話し合われだしたころからの大きな課題であったと思います。ある意味では「学校というものはどう在るべきか」の原点を考える問題です。私たちスタッフは毎日のようにこの問題に向き合い、悩み、折々に話し合いを重ねてきました。

「授業にまったく関心がない子たちに話を聞かそうというのは無理がある」「たとえ自由を与えられてもそれをうまく使えそうにないのに『自由にしていいよ』というのは学校として責任を放棄している」いろいろな考えや意見が出て、簡単に結論が出るはずもなく、それでもなんらかの方向を示さなければなりません。私たちがとってきた方向は少し曖昧ともいえる「強制はしないが、できるだけ授業に出るように働きかける」でした。とくにラミ中の授業の中心である「テーマ学習」には「その場にいるだけでもいいから出てほしい」と全員参加を働きかけてきました。「強制はしない」といっても「働きかける」ということは、どんなやり方をしても子どもによっては強制になります。しかし、「出たくない人は出なくていい」と、それだけを変えても状況はいい方向に向くとは思えません。何が問題なのか？

「授業に自分を向けない」子どもたちを見ていて、一番感じることは〝意志〟が働いていないということです。こちらが用意したものが何であれ、彼らにとって必然性がなければ、何らかの意志をもって自分をそちらに向けないかぎりつながりを持つことはできないでしょう。本人の意志があまり働いていないところで、まわりがあれこれ策を弄《ろう》しても空振りに終わることは自明です。

「出る、出ないの自由」を認めるかどうかではなく、「出る意志、出ない意志」が働いているかどうかが問題なのだろうと思うのです。英語に〝commitment〟（コミットメント）という表現があります。英英辞典で意味をみますと、「行動や態度で表される強い信念、考え、システムなど」「同意し、また責任を自覚して自分の時間を使って行われる事柄」「固い約束や同意」などと書かれています。まさに「自分を向ける」ということだと思います。

授業のあり方の方向転換

そこで私たちがとった「子どもの意志に委ねる〝形〟」というのは、今まで曖昧にしてきた彼らの意志を本人が自覚し、「授業に出る意志」＝「授業に対するコミットメント」ということも理解し意識してもらう、そのために可能なかぎりの〝選択〟の機会を用意し、十分に時間をとり、話し合って自分が出る授業を選ぶというものです。具体的には、スタッフと講師やボランティアの方々で用意することが可能な授業（講座）約三〇ほどを、まず子どもたちに提示し、その中から自分のやりたいものを選びます。また、やってほしい講座があればリクエストします。「テーマ学習」も例外ではありません。今までこちらで決めていたテーマを、三人のスタッフが二～三ずつ、計八つほど用意して、その中から子どもたちに三～四選んでもらいました。この過程を四月いっぱい、三週間ほどかけて行い、各自の希望ができるだけ実現できるように時間割を組みました。

新しい「時間割」が機能しだして、充実した時間割で忙しく過ごしている子、空欄の多い時間割で暇を持て余していそうな子、以前とあまり変化がない子、子どもたちの反応というか受け取り方はさまざまです。この「新たな試み」は二年半かかってたどりついた〝結論〟ではありませんが、時間をかけて、子どもたちに接しながら考えぬいた一つの方向ではあります。知・情・意のバランスのとれた発育、成長の重要性はよく言われることですが、意志の力を育むということには（とくに今までの日本の教育現場では）あまり目が向けられていなかったように思います。自分で選択し、出る出ないの決定をし、出るならばコミットメントする。この流れがうまく機能すれば意志を育むことにつながるのでは……と。

その後
―「やりたい、知りたい、考えてみたい」という意志―

この新たな試みがその後どうであったかについて、折りにふれて振り返ってきました。その中で、「この時間に何をするか選びなさい」という状況設定そのものが負担になったり、「やりたいことは何？」と聞かれても「……？」と、自分自身でも何がしたいのかつかめてない子たちが多いなかで、「選択」が単なる消去法や「より安易な方へ」とマイナスに働きやすく、「選択という行為によって意志や主体性を育む」ということにつながっていくと期待しにくい、といった状況が見えてきました。

結局のところ、あらかじめプログラムがある・ない、他人が与える・与えない、おとなが手伝う・手伝わない、そういうことは子どもによって、学んでほしい事柄や学ぶ環境などでケース・バイ・ケースに対応していけばよいと思うのです。子どもの中で「やりたい、知りたい、考えてみたい」という心が働いているかどうか、これが教育の現場で決定的に重要なのではないでしょうか。

ラミ中に、この事の「典型」とも言える教訓を与えてくれる生徒がいます。彼はいわばスイッチ（やりたい、知りたい時）がONかOFFでそのパフォーマンス、すなわち技術的にできるようになるかどうか、知識的な何かを覚えることができるかどうかなどに天と地の差があります。ONの時は「えっ、こんなこともできるんだ！」と驚かされ、OFFのときはいくら些細なことを教えようとしても……。

テーマ学習、スポーツ、さおりや木工、英語や数学……どんな活動でも、子どもたちの目や表情の中に「やりたい、知りたい、考えたい」のキラめきを垣間みることがあります。そんなに頻繁ではないけれど。これをなんとか大事にして、いろいろなことに、しっかりと電流が流れるように、スイッチをONにしていければよいのですが。

「楽しい、おもしろい」は簡単にスイッチをONにしますが、また簡単にOFFになります。本当の意味で「やりたい、知りたい、考えたい」という状態にするには、それぞれの子どものことをかなり深くわかっていないと、いやわかっているつもりでも難しい……これを見つけるために終わりのない試行錯誤が繰り返される……教育の現場に足を踏み入れた者の宿命であります。

五年目
―テーマ学習の充実へ―

五年目から、もともと学習活動の柱に位置づけていました「テーマ学習」を、より充実させることにしました。皆でいっしょに協力して取り組むことを大切にしながら、それまでは午前中の一時間（週三回）だけであったのを、週に二回は午後の時間も使うことにしました。これまでの取りあげてきたテーマを一覧にしておきます。

テーマ学習（タイトルのみ）

◎九五年一一月～九七年三月
地震／かたち（幾何学）／たべもの（食品加工）／アフリカ（地理・歴史・社会問題）／ゴミとリサイクル／数の世界（正・負の数）／一九四五年八月一五日（第二次世界大戦）／音／数当てげーむ（方程式）／日本の風土／性を学ぶ／オリガミトリー（幾何学）／地球と宇宙／民主主義って何？

◎九七年四月～九八年三月
世界の国々／インプット・アウトプット（一次関数）／ルネサンス／生命の歴史／お鍋を持って豆腐を買いに行こう！（環境問題）／日本の歴史／ヒトのからだ（脳の神秘）／それって食べたらどうなるの？（栄養学）／電気／今日から君も社会人（職業、実生活の諸問題、マナーなど）

◎九八年四月～九九年三月
ヒトのからだ（呼吸・循環器）／世界の歴史（四大文明）／それって食べてもだいじょうぶ？（食品添加物）／人間と性／人権・自由・責任／行く川の流れはたえずして、しかももとの水にあらず（環境破壊）／天は人の上に人をつくらず、人の下に人をつくらず（人権問題）／二〇世紀（人物伝）

◎九九年四月～二〇〇〇年三月
イネ・米・ごはん／お金／小麦／水／二〇世紀／エネルギー／DNA

◎二〇〇〇年四月～二〇〇一年三月
神戸の歴史を歩く／楽器／服／スポーツ／世界の料理／のりもの／京都・滋賀の歴史を訪ねて／色

◎二〇〇一年四月～二〇〇二年一二月
作品展をしよう！／リサイクル／戦争について／自転車旅行／宇宙／レストラン／世界遺産

「生きる力」を求め続けて

「この学校を出れば生きていける」「生きる力を育む場」、

これがラミ中の設立委員会発足（八七年）当時からの私たちの発想の根本であり、おそらく今後も変わらずそうあり続けるラミ中のいわば精神的な支柱です。

一人の人間の生きる力、生命力を高めるということに〝立ち会う〟ことは、マニュアルに従って何かを作ったり方向づけをしていくというのとは全く別の世界です。ある子どもの成長の過程で、親も含めまわりの人間はよくも悪くも影響を与えますが、その子の生き方を何らかの意図を持ってコントロールしようという姿勢は生きる力を育むと言えるのでしょうか。本当の意味で〝自立した人間〟として成長していくには自ら道を切り開いていくほかはなく、他者にできる最善のフォローは「必要なときはいつでもそばにいるよ」という安心感を与えながら見守ることかもしれません。

今までラミ中は見守りつつも授業、そのほかでいろいろと子どもたちに働きかけをしてきました。学校というのが何かを学ぶ場であるならば、それぞれの生き方の糧となる、できるだけ有意義な〝学び〟を提供していきたいという思いで。テーマ学習や芸術的、体験的なもろもろの学習、活動は断片的な知識の蓄積ではなく本当の学力……好奇心、想像力、観察力、集中力、試行錯誤できる（失敗から学ぶ）力などを育むきっかけになればと続けてきました。さまざまな体験、自分一人では日常的に経験することができないような体験、そういうものの中で子どもたちが経験する内面的なものも含めたさまざまな出会いや自己発見が、「自分の中から湧いてくる動機」にもつながっていくのではないでしょうか。

生きる力とは何か、どうやってそれを育むのか、に対する明確な答えを持っているというより、そのテーマを試行錯誤の連続で追い続けているのがラミ中の姿、あるいは〝ラミ中らしさ〟だと思っています。

※設立委通信として年数回発行しています。以上はNo.32（九七年七月）～最新号No.39（〇一年一二月）の中に掲載した記事の抜粋を中心に編集したものです。

森の中の学びの場
―リシヴァリー・スクール―

大妻女子大学
金田　卓也
Kaneda Takuya

これから紹介したいことは、信じられない夢のような学びの場のことです。それはインドにあるリシヴァリー・スクールです。私は秋の終わりから春にかけての学期を訪問教師として生徒たちといっしょに平和をテーマにした壁画制作に携わりながらその学校で過ごしました。リシヴァリーとは「賢者の谷」を意味し、この学校は宗教的思想家J・クリシュナムルティによって開かれたもので、四年生から一二年生まで約三六〇名の生徒たちが五〇人の教師たちとともに森の中で生活をともにしながら学んでいます。

一八九五年にインドで生まれたクリシュナムルティは、ルドルフ・シュタイナーが一時ドイツ支部長を務めたこともある神智学協会のリーダーとなるように育てられるのですが、やがて、団体や組織に頼らないで、「自分自身を見つめることによって、すべてを学ばなければならない」と宣言し、その教祖的立場を離れてしまうという経歴をもっています。その後、一九八六年に九〇歳という高齢で亡くなるまで講演や執筆活動に専念しますが、とりわけ、子どもたちの教育に関心を示し、英国と米国にそれぞれ一校ずつ、そしてインド国内に五つの学校を開き、理想の教育の場の実現を目指しました。

森の中の学校での生活

リシヴァリー・スクールは、南インドのハイテク都市バンガロールから北東へ約一三五キロ離れた緑豊かな自然の中にあります。近くの町までは一七キロ先まで行かなければなりません。この学校では権威に依存しない教師と生徒たちとの信頼関係が最重要視され、そのために教師一人に対して生徒七人という比率が守られています。教師が数人の生徒たちを相手に大きな樹の下で授業を行っている姿もよく見かけます。競争原理に基づかないよう上級生になるまで試験はなく、成績をあげるために罰や賞を与えることはありません。グローバルな視野と人間同士の思いやりの心を育てることが大切にされ、次のような教育目標が掲げられています。

●自然界とともに感情の世界を探求できるようにする。

●自然に対する愛情と命あるすべてのものに対する尊敬の気持ちを育てる。

●恐れさせるのでも放縦にさせるのでもなく、愛情に包まれた秩序ある自由な雰囲気を創り出す。

●根源的な問題について問いかけ、それを探求し、学んでいく精神的自由を保てるように、生徒たちを特定の宗教や政治や社会の信条に条件づけられないようにする。

木の下で学ぶ

生徒たちは親元を離れ、ゴールデン・ハウスやシルバー・ハウスと名づけられたそれぞれ独立した寮に二〇人前後の仲間たちとともにいっしょに生活し、各ハウスでは、ハウス・ペアレンツと呼ばれる教師の家族が親代わりの役割をはたしています。

毎朝、子どもたちはまだ薄暗い日の昇らないうちに起きて、ランニングなど軽い運動をします。早起き鳥の鳴き声が喧しいほどになるころ、ダイニング・ホールで朝食となります。隣接した牧場の牛からとれた搾りたてのミルクが出されます。朝食の後はアッセンブリー・ホールで朝会が開かれますが、サンスクリットの朗誦とともに詩や劇の発表が行われることもあります。午前中二時間の授業の間にはジュース・ブレイクがあり、フレッシュ・ジュースが配られます。教員たちもこの時間にゆっくりとお茶を飲み、お互いの情報を交換し合います。私も教員の一人として加わりましたが、訪ねてきた生徒の親たちもいつでも自由に入れるオープンな雰囲気には驚かされました。ブレイクの後二時間の授業があり、ランチ・タイムとなります。ランチにもリシヴァリーの中にあるオーガニック農場でとれた新鮮な素材が用いられています。食事の後、一時間以上の昼休みがあり、午後の授業となります。午後の授業の合間にもティー・ブレイクがあり、手作りケーキなどのおやつが出されます。授業の後には運動をしたり、ダンスをしたりする時間が設けられています。あたりが薄暗くなり、鳥たちが巣に急ぐころ、夕食となり、再び、ダイニング・ホールに集

ダンスの授業

まります。夕食の後、上級生は図書館で本を読んだり、自習をしますが、低学年の子どもたちは、それぞれのハウスで歌を歌ったり、踊りをおどったり楽しいときを過ごします。リシヴァリー・スクールにはコンピュータの授業はありますが、テレビやファミコンはありません。夜一〇時前にはみな就寝となります。日の出前に起床し、夜も比較的早い時間に就寝する規則正しい生活、新鮮な自然素材中心の食生活といった生活の基本が守られていることが、このリシヴァリー・スクールの大きな特徴のひとつだといえます。このような生活というものは、なにか厳しい僧院や修道院のような印象を与えるかもしれませんが、子どもたちはみな明るく満ち足りた表情をしています。規則で強制されているというのではなく、大地のサイクルに合った生活が子どもたちの身体の中で深く受け入れられているように思いました。

ゆとりある教師の生活

教師たちもまた生徒たちと同様、質素な生活をしています。私自身、そうした自然のリズムにかなった毎日を過ごしていると、身も心も軽やかになるということを実感しました。

朝と夕方、教師たちが散歩をする姿をよく見かけます。私も毎朝日の出前から往復七キロ近く散歩を続けている初等部でヒンディー語を教えているラモラ先生と算数担当のスンダル先生の仲間に入れてもらいました。まだ薄暗い中、南十字星を目指して歩くのはとても気持ちのよいものです。東の空が白み始め大きな岩の上で一休みするとき、ラモラ先生とスンダル先生のふたりは、いつも「科学的知識の限界」や、「宇宙のはて」といった哲学的なテーマについて楽しそうに語り合っています。

そうした話題というのは、「人間はなんでも知ることができるのだろうか？」、「宇宙の向こうにはなにがあるんだろう？」といった、私たちが子どものころとてもふしぎに思っていた疑問を思い起こさせます。人間存在の根源に関わるようなこのような問いについて豊かな自然の中を散歩しながら語り合っている姿はとてもうらやましく思えました。

そうした会話というものは、質素な生活から生み出されるほんとうにゆったりとした時の流れの中から初めて生まれるものだといえます。このようなゆったりとした時間こそ、ほんとうのゆとりの時間ではないかと思います。クリシュナムルティも充分なゆとりの時間があってはじめて教師は本来の姿を発揮できるといっています。なぜなら、そうしたゆとりある時間にこそ自分自身について学ぶことができる精神状態になれるというのです。

対話の中から答えを見つける

私も「平和」をテーマにした壁画制作という美術の授業を通して、下級生から上級生までさまざまな学年の生徒たちと接しましたが、ひとりひとりが自分の考えをしっかりもっていて、ディスカッションしながら問題の本質を究めていこうとする姿勢には驚かされました。

　ある日の壁画制作のときのことです。六年生の男の子が画面の中央に大きな蛇を描いていると、それを見ていた友人のひとりが、「蛇は危険だし、暴力的なもののシンボルじゃないの?」という意見を出しました。そのときそばを通りがかった上級生が「蛇もまた自然の一部であるから、排除する必要はないよ」と声をかけました。またもうひとりがいいます。「まわりの環境が平和で調和がとれていれば、コブラだって人間に危害を加えることなんかないよ」「平和というのは人間の心と環境の問題なんだ」……こうして「平和」の意味がどんどん深まっていきました。

　みんなの平和に対するディスカッションが盛り上がってきたとき、小学生のようにしか話すことのできない一年生の男の子がいつものように草の茎をくるくるまわしながらやってきました。彼も仲間に加わると、「平和（ピース）!」とひとこと叫びました。彼のことを厄介者扱いする生徒はだれもいません。すべてが

平和壁画制作

受け入れられ、大きく包み込まれている、それがリシヴァリー・スクールであり、まさにピースフルな場所であることを改めて感じました。

理想の教育への希望

単調に見えるリシヴァリー・スクールの毎日は、満月の夜にみんなで出かけるフルムーン・ウォークやバニヤンの大樹の下での踊りといった楽しいプログラムに彩れています。豊かな自然環境、教師たちとの早朝の散歩に始まるゆったりとした時の流れ、生徒たちの授業への真剣な取り組み、……リシヴァリーでの日々は私の教師生活の中でも忘れられないものとなりました。

ここで紹介したことはほんの一部にすぎません。私はリシヴァリー・スクールのことを紹介することを少しばかりためらいました。なぜかというと、あるとき、この学校について日本の先生方に話したところ、たいへん共感をもっていただける一方、「特別なエリートのための学校だからですよ」、「すばらしい教育環境であることは確かですけれど、日本では無理でしょう」といったネガティヴな反応を耳にしたからです。私自身、リシヴァリー・スクールのような学校を日本に作らなければと考えているわけではありません。そうではなく、こんなすばらしい学校がこの地球上に実際に存在するということ、しかも、アメリカやヨーロッパといった先進国にではなく、経済的には決して裕福ではないインドにあるというその事実それ自体が、教育に関わる私たちに大きな希望を与えてくれる、私はそのように考えています。それは理想の教育というものは実現しうるものだという教育に対する大きな希望だといってもよいかもしれません。リシヴァリー・スクールから学ぶことは、同じような学校を作ることではなく、それぞれの実践の場でその教育への信頼感を回復させ、希望を見出すことではないでしょうか。

リシヴァリー・スクールに通い始めたその日からこの学校が大好きになり、最後にはここを離れることをいやがった私の息子は、「リシヴァリー・スクールは世界中の子どもたちの心を捕らえて離さないハリー・ポッターのホグワーツ魔法学校に似ているんじゃないか」といいます。単に二つの学校が全寮制であるからではなく、学校そのものが魔法の力（マジカル・パワー）であふれているところが共通しているのかもしれません。その魔法のようなふしぎな力こそ、教育に対する希望の源ではないかと思います。

Ⅸ

つながりの生み出すつながり

【社会教育】

心と心をつなぐ活動を実践する素敵な人たち
つなぎや　堀　昌子（新潟県）　205

私は「人やモノ、仕組みや方法などの情報をつなぐことで、お一人お一人に、活き活き楽しい暮らしを手に入れるお手伝いができたらうれしい」という思いで「つなぎや」という仕事をしています。
その難しい活動に当たり、「すべてはつながっている。お互い支え合い、活かされ合っている」というホリスティックな考え方が、とっても私を力づけてくれていると思っています。皆さんに素敵なことを「つなぎたい」と思います。

人と自然を愛して三〇年
やんばる野生生物保護センター　水野　隆夫（沖縄県）　211

私の得意の自己紹介のキャッチフレーズは「人と自然を愛して三〇年、台湾のお隣、西表からクナシリのお隣、知床まで」です。知床の次に、前任地の箱根と今の沖縄やんばるが入ります。〝自然を守る人、国立公園レンジャー〟として、日本列島南北三〇〇〇キロ、一往復半。私の長くて楽しい転勤、出会い人生、自称、ホリスティックな〝幸せな渡り鳥〟の出会いの数々を語ります。

樫の森からおしえてもらったこと
医療法人社団 川瀬神経内科クリニック　川瀬　弓子（新潟県）　217

「童具」を痴呆リハビリにとりいれたとき「子どもにとってよいものはお年寄りにとってもよい」という仮説をたててみました。次に「ふるさとの森」で試してみました。もちろん大当たりでした。「私」を通して「子ども」と「お年寄り」をつなぐもの、を探すことで少子高齢社会をいきいきと生きたいものです。

森と暮らしをつなぐ環境教育プログラム
—モノづくりをキーワードにして—
森林たくみ塾　山田　俊行（岐阜県）　222

環境問題を解決するには「これをしてはいけない」と言うよりも「こうすればいい」と提案することが大切です。それも普段の生活に近い形での提案であればなおよいでしょう。
私たちは「モノづくり環境教育」を通して森の恵みを暮らしに活かす循環型のライフスタイルを身近な形で提案しています。今回はそのプログラム紹介です。

心と心をつなぐ活動を実践する素敵な人たち

つなぎや　堀　昌子　*Hori Masako*

私の仕事の屋号は「つなぎや」といいます。変わった名前と思われるでしょう？　「つなぎや」は私の生き方を表明したものと言えると思います。

私は、二三歳で結婚、共働きの後、二人の子どもを育てながら専業主婦を続けて一五年目の四三歳の時、再就職をしようとパートバンクを訪ね、特別の技術がないという事、四三歳という年齢という事で、自分のしたい仕事を見つけるなどはもってのほかで、ともすれば、仕事人としても扱ってももらえない現実にものすごいショックをうけたのです。その時に感じたとまどい、腹立ちが、私が今日に至る原点になっているようです。

私が生きてきた四三年間のキャリアが何も認められない社会にがっかりし、どうしたら生きてきたキャリアを社会で生かして活き活きと楽しく暮らす事ができるんだろう？　と「おのおのが、人間らしく、自分らしく自分の好きなこととして、社会的にも自立して活き活きと暮らせる社会、そんなオアシスタウンを創りたい」との想いから一九九〇年から活動を始めて、いろいろな仲間達の起業や、活動のお手伝いをしてきました。私のできる事は、よい情報や人脈をつなげる事で、応援・支援する事でした。そうする中で「自分自身の夢は？」と自分に問いかけて来て出た結論は『人々が自分らしく活き活きと毎日を暮らせるためのお手伝いができるようになりたい。それを喜ぶ自分になりたい！』というものでした。そして、その想いを形にしたいとつなぎやを開設して三年がたちました。

この度の「ホリスティック教育ライブラリー2」原稿執筆については、私の身近にいる素敵な人たちの活動を、お知らせする事で、きっと何かしら感じていただけるのではないかと思い「つなぎ」をさせていただくことにいたしました。

ホリスティック教育との出会い

私は、「人が育つ」をテーマにして、二一世紀の新潟を視野に学びの場・研究の場・交流の場を持った、産・官・学・住のいろいろな人達が集まる「ひと・まち・みらい研究会」の一人として活動する中で、平成八年、日本ホリスティック教育協会の山之内義一郎さんより「学校の森づくり」というお話をお聞きするというご縁をいただきました。その時に、同じく協会の佐川通さんともお会いしました。

その後両先生と研究会の仲間としていっしょに活動をしていく中、平成九年カナダからJ・ミラー博士をお迎えしての「二一世紀の教育は〝いのち〟の〝つながり〟をめざすホリスティック教育」の講演会とシンポジウム、平成一〇年には韓国のキム・ヒョンゼ教授の「韓国におけるホリスティックの取り組みと韓国の教育改革の現状」の講演とセミナーの開催を仲間達と取り組みました。こうして私のホリスティック教育協会とのご縁が始まったのでした。

その「ひと・まち・みらい研究会」主催で、平成一二年に「持続可能な素敵発見」というシンポジウムで発表された方々の活動をぜひ紹介してみたいと思います。

自然と人間のサイクル　―棚田の活用―

一つ目は、新潟県職員の倉本春雄さんの「棚田の活用」です。棚田に代表される田んぼは、自然サイクルの中でお米を生産し続けてきた持続可能なシステムです。お米を作るだけでなく、水を涵養《かんよう》する事で豊かな川の流れを育み、時には洪水や山崩れを防ぎます。また昆虫や小さな生き物の住みかになり、村人の生活を支え心を和ませてきました。その美しい風景は日本人の原風景でもあります。

それでも経済効率という物差しでみれば切り捨てられてしまう棚田ですが、物質の循環・自然環境・食・教育・百姓の想いなど別の面から見たとき、棚田は大きな意味を持っていると思うという倉本さんは、「効率の悪い棚田の保全活動を通して汗をかき、考えてみる事で二一世紀を持続可能な社会へ導く鍵を探してみたい」と、平成一一年三月ECHIGO棚田サポート・棚田フットワークを設立し、仲間達との活動を始めています。昨年、松之山の棚田での米づくりに延べ一五〇人の有志が参加しました。現在ECHIGO棚田サポートのメンバーは約四七〇名になってがんばっておられます。

いのちのバトンタッチ　―心の苗運動―

二つ目は、「心の苗運動」です。

加茂市で、桐タンスの店を経営する桑原隆さんの呼びかけで「一子一植運動」から始まりました。昔は、女の子が産まれると桐の木を植え、その子がお嫁入りする時に、タンスを作って持たせるという風習がありましたが、今はもう昔話になっているような現状です。以前のように、桐の木を植えることを通して、心と心の交流や、夢や想いをはぐくみ、美しい自然環境を作り出し、そしてタンスづくりという、伝統産業を再認識するとともに将来の希望ある社会のためにとの思いから、有志とともに平成八年「心の苗運動」として始められたのです。

この提案に賛同して桐の木を植えたい人を募集し、桑原さんの仲間達が桐の苗木を植え育てているのです。その苗木の前には植え主の皆さまの子ども達への深い想いのメッセージを記したプレートが立っています。それを読むと、一本一本の苗木にこめられた子どもや愛する者への熱く切ない想いが伝わってきます。そのメッセージがヒントになって、子どもへの想いや夢を託した詩やエッセイを募集してみよう！　同じような想いの人がたくさんいるかもしれない、と平成一一年「一子一詩コンテスト」を行うことにしました。全国北は北海道、南は沖縄まで四七〇通もの応募があったのでした。審査の結果、大賞は、この近藤たいわさんの詩に決まりました。

小さな応援歌

近藤　たいわ（七〇歳　広島県）

Pちゃんが一年生になりました
超未熟児センターのガラス箱から
千二百グラムの命が立ち上がり
自らの力で手繰った生命線の頂きに
みんなの祈りを結集して
小さいけれどピカピカの一年生になりました

背中よりずっと大きなランドセルが
若葉の香りを掻き分けて
団地の坂道を登って行きます
引率の黄色い帽子のすぐ後ろ
小さい順の先頭です
ランドセルから生えた手足が
坂の上の学校目指して
懸命に登ります

誰よりも小さな体に一人分の人生を背負って
給食はいちばん遅くても
おてんばは兄貴仕込みです

「Pちゃんの学校は結構遠いから」と
どこかで覚えた大人の言葉に
往復四キロの可憐な汗を滲ませ
自身の道程を
独りで歩き始めた　六才の晴れ姿です

この審査にあたられたお一人の清水義晴さんが審査講評で書かれた次の文章が、仲間達の心を代弁してくださっていると思います。

「その審査のプロセスに参加した人達の心に、まず、大きな共有財産が生まれていきました。多くの原稿を読み進むうちに、そのすべてに共通する子どもさんへの愛情、家族との絆の表現が、大きな集合体となって、スタッフの心との共感、共鳴を呼び起こしたのでした。すべてが、これから人生を歩み出す子どもさんやお孫さんへの応援歌であり、また、すべての家族への応援歌だったのです。こうして、いのちの環は次から次へと希望を託されて受け継がれてきたのでしょう。そしてこれからも同じようにいのちのバトンタッチが続けられていくのでしょう。そんな「いのち」の「つながり」と、そこにある喜びをこのコンテストは、あらためて私たちに教えてくれました。それが、このコンテストから生まれた私たちの心の財産です」

桑原隆さんは、これからの抱負を「一本の木を植え育てる事、それは一人の子どもさんやお孫さんを産み育てる事と同じです。手をかけ、愛情を注ぎ、一本一本に目を配り、気配りしながら育てていくのです」と語られています。

高齢者を支える　―お茶の間ネット―

三つ目は、高齢者を支えるお茶の間ネットワークです。誰かと話がしたい、寂しい、誰かと食事がしたい、介護から離れて出かけたいから預かってほしい。だれもが気が向いたら好きな時間、好きなようにいられる空間、そんな昔あったようなお茶の間。そんなお茶の間があったらいいなあ！と思われた、新潟市の河田桂子さんが、まずは自分のできる事からと始められたものです。

ご自分の地域の自治会館を借りて平成九年一一月から月一回、第三日曜日朝九時から一七時までの時間で始められたお茶の間です。

お茶の間には、何の規則もありませんが、暗黙の決まり事が一つだけあります。それは「あの人だ～れ……」と排他的な態度や眼差しをしない、という事だそうです。

お茶の間は、だれでも、心が向いたらどうぞと開かれています。お年寄りや子ども連れのお母さん、学校の子ども達もやってきて、自分の好きなように過ごします。これを伝え聞いて、いろいろの地域から見学に来られ、「これなら私達でもできるかもしれない！」と早速各地域で努力され、思い思いのお茶の間が作られました。平成一三年三月現在、新潟県内でわかるだけでも一一七ヵ所になっています（浅野秀美さんが、「お茶の間」に共感し、地域の茶の間のほとんどを訪ね、そのようすを写真に撮ってホームページに紹介されています）(注1)。

甦る「つながり」感覚　―開かれた学校づくり―

四つ目は、開かれた学校づくりです。

小千谷市にお住まいの佐川通さんの実践報告です。佐川さんは、あと四年を残して退職を迎える平成五年四月に十日町南中学校の校長先生に着任されました。当時全国至る所で多発している問題が同校でも起こっており、この荒れた学校を何とか蘇生させたいと切実な思いの中、子ども達は教師だけではく、地域と地域の人々といっしょになって育てていかなくては、と、平成八年「学校の森」をつくられた時の事をお話しされました。

森をいっしょにつくるという作業を通して、子ども・教師・親の共有体験が生まれ、植物調べ・植える時・冬囲いなど父兄が一生懸命に学校へ来てくれて、小さいころの体験が役にたったと喜び、自然との「つながり」感覚が「学校の森」を通じて甦って来たようだと話されたのでした。

退職後も、まだまだたいへんな学校の現状、子ども達の現状を何とかしなければといろいろと活動を続けておられます。

そんな佐川さんが、このシンポジウムが終わっての反省会で「現場の先生の悩み、時代の流れの速さに対応できない学校、教育界の現状。そんな中で始まろうとしている総合学習にとまどう現場がある。総合学習が『子どもの夢が育つ学校づくり』につながってほしいんだ！」「何とかしなければ！」と話される声に、そこに集まっていた仲間達が「私達でできる事をしようじゃないか！何かあるはずだ！」と平成一二年六月から始まったのが、「子どもの夢が育つ学校づくり」プロジェクトです。

学校を取り巻く環境、学校自体は、たいへんな状況となっています。新潟においても、同様な悩みを抱えている学校が多くありますが、中には、地域の方々と協働して「夢ある学校づくり」をすすめている学校があります。どんな思いで、どんな取り組みをしているか、それがなぜ実現できたのか、その真相やプロセスを探ることで、「子どもの夢が育つ学校づくり」の本質が見えてくるのではないか！

このプロジェクトを通じて、学校を学校まかせにするのではなく地域ぐるみで学校づくりに取り組む動きが拡がり、学校とまち、学校と学校、地域と地域がつながることを願って先進事例七校の映像化（ビデオ制作）を行うことにしたのです。制作は市民の草の根パワーでカンパを募る方法で始まり、現在、ビデオ撮影のほとんどを終り、仲間達が集まって編集作業の検討制作中です。そして平成一三年一二月二日にビデオ上映会と報告会を行うことが決まっています。

生命あるものすべてに対する愛情

以上の四つの活動は、多くの人々の共感を得る結果となりました。お一人おひとり思いはありましょうが、私はこのことを通じ、人々が「生命あるものすべてに対する愛情」を、一人ひとりの心の中に呼び起こすことによって、人と自然のいとなみが素敵に持続可能になるのではないか！　と思えるようになりました。「生命あるものすべてに対する愛情」は「人が根っこに絶対持っている」と信じられるようにもなってきました。そして、最近出会う人々ほとんどに「やさしい心」を感じるようになっています。

こんなすばらしい感動を少しでも多くの人に「つなぎたい」と思い、過ごしています。今回もそんな想いの中で執筆させていただきました。読んでくださりありがとうございました。

注1　浅野秀美さんホームページ
URL　http://www.fsinet.or.jp/~echigo11/yamahutatu2.html

人と自然を愛して三〇年

やんばる野生生物保護センター　水野　隆夫
Mizuno Takao

やんばるの森の保護センター

やんばるとは山原と書き、沖縄本島の北部地域のことです。飛べない鳥、ヤンバルクイナが一九八一年に新種として発見され、一躍やんばるは有名になりました。

私の今の仕事は地球上で、やんばるの森にしかすんでいない、絶滅のおそれのある貴重な野生生物たちを保護することです。私の勤務する環境省野生生物保護センターへは、沖縄県内だけでなく全国から毎日、来館者が訪れます。今日はどんな人に出会えるかな、どんな会話になり、どんなつながりが始まるか、わくわくします。

受付カウンターでは「私は三年前、箱根から転勤してきたんですよ」をスタートに、会話が次々と弾みます。相手が北海道から来たと聞けば、私は箱根の前は知床でレンジャーでした。その前は、稚内で利尻礼文サロベツ国立公園、その前は長崎の雲仙にいました…と言えば、「景色のいいところばかりを引っ越してきてうらやましい」という期待した答えが、返ってくればしめたものです。そこから、スムーズにやんばるの自然の案内などが始まるのです。

私はまず、すぐ近くの比地大滝の遊歩道沿いで〝日本のカメレオン〟のキノボリトカゲやコマドリの仲間で美声のアカヒゲや運がよければ希少種のノグチゲラさえ観察できますよと強調します。来館者が一人残らず見てかえってほしいところが大国林道沿いの〝長尾橋〟です。車でたった一五分で三六〇度のパノラマの森風景がみられますよと言うと、たいていの人からは「行ってみます」との言葉が返ってきます。「すばらしい景色でした。時間があれば長尾橋で一日中でも森を眺めていたかった」[注1]などと、お礼のメール（あなたも私へメールをどうぞ）や葉書、電話を受け取ると本当にうれしい。私の願いは、やんばるの自然を訪ねてきた人々がやんばるの自然のすばらしさや生き物たちに出会い、またやってきてほしいのです。

自然と人をつなぐ通訳

思えば、私は公私ともに三〇年間、自然を求める人々に自然を紹介し解説する、いわば〝自然と人をつなぐ通訳〟をしてきました。それではかけ足で、私の三〇年間の自然と人との出会いについて紹介したいと思います。

出発点は高校生の時に出会った週刊朝日のグラビア

修学旅行生への自然解説

〝自然を守る人、尾瀬の国立公園レンジャー〟で、その時、自分の目指す道は〝国立公園レンジャー〟と、決めました。厚生省国立公園部に入ってすぐの翌年、出向した一九七〇年からの青森県庁時代には下北半島のむつ小川原巨大開発に疑問を持ち、渡り鳥が群れ飛ぶ開発予定地の自然のすばらしさを知ってもらいたいと大胆にも妻と友人とたった三人でバスを貸し切って、自然観察会を開いたりしました。今、その地は危険な原子力施設群に変わりはてています。

青森の次は、復帰直後の沖縄、八重山でした。石垣島では豊かな自然に囲まれていることを地元の人に知らせたいと八重山野鳥の会を石垣と西表の自然愛好家と結成しました。また次代を担う子どもたちに故郷の自然のすばらしさを伝えたいと植物に詳しい前津先生と協力し一年間、子ども自然教室を開いたりしました。今思えば二六年前に総合学習をすでに実践していたのかもしれません。

亜熱帯の石垣島の次は正月明けの転勤で、真冬の霧島、海抜一二〇〇米の宮崎のえびの高原に引っ越しました。三歳の長男が雪を見てしゃべった「白い雨が降ってきた」の言葉は今でも我が家の語りぐさです。この霧島時代に私にとって貴重な外国体験がありました。世界二二ヵ国の国立公園管理や野生生物保護の専門家といっしょにカナダ、米国の国立公園や保護区で優れたレンジャーシステムや自然解説を実際、体験できたことは今でも、私の大きな財産になっています。霧島の次の箱根はたった一年で通過。

平和を願う「命どぅ宝」

本庁、霞ヶ関勤務で四年間、片道二時間の通勤地獄はきついものでしたが、その中にも素敵な体験はありました。狩猟鳥獣の国際会議でユーゴスラビアに行けたことでした。

今は民族問題で分裂しましたが、私が行った当時は、平和そのものでした。会議の開かれたドブロクニクは欧州の人々の有名な美しい保養地でした。街の中で私は子どもたちを集めて折り鶴を教え、折り紙の本をあげた子どもがその後、悲惨な内戦が続いたので、今も元気かなと気がかりです。民族や宗教のちがいをことさら強調して民族間の憎しみをあおった指導者たちは決して許せないと感じています。まさに非ホリスティックな行為でした。

沖縄には「命《ぬち》どぅ宝」（命こそ宝）というすばらしい有名な言葉があります。テロや報復が繰り返される今こそ、平和を願う世界中の人々に贈りたい。これこそ、どんな言葉よりもホリスティックな言葉です。反戦地主運動を粘り強く続けた日本のガンジーともいわれる阿波根昌鴻さんの『米軍と農民』『命どぅ宝』（岩波新書）を読んでみてください。戦後、半世紀以上もすぎているのに、全国土面積のわずか〇・六％の沖縄県に在日米軍基地のなんと七五％が居座り、沖縄本島の二〇％もがいまだに米軍基地に占有されている現実は沖縄以外では、あまり知られていないことこそが問題でしょう。

各地の友人たちとのつながり

本庁勤務の四年間の次は長崎の雲仙で普賢岳の噴火の少し前でした。雲仙レンジャー時代は気心のあった自然と人間大好きな仲間と「雲仙我裸酔暮《わらすぼ》クラブ」を結成しました。お互いの家を酒の肴と話題を一品持ちより、定期的に転々と変えて集まりお互いの元気を分け合う楽しい集いでした。これこそ、人と人とのつながりを大切にするホリスティックな集まりと思います。

同クラブの橋口会長の超人気のホームページを紹介します。〝バックパッカー一人旅〟男六〇代もう一つの人生を求めて(注2)。橋口さんに雲仙で紹介してもらった永六輔さんにお便りすると、旅先から必ず、楽しい俳句風はがきが舞い込むのが楽しみです。

雲仙では記念すべきものが始まりました。転勤先でできた多くの友人に年賀状代わりに送っている〝あほうどり通信〟を、八七年から始めました。自分の元気を出すために発信を始めたのに逆に元気をもらえると多くの友人から感謝されています。

雲仙の次は念願の北海道、日本列島の最北端、利尻礼文サロベツ国立公園のレンジャーです。稚内では娘の中学におおいに関わりＰＴＡ学年委員長を妻の次は私の出番と代わりばんこで務めました。生徒の立場を代弁しようという姿勢を貫きました。多くの親は学校寄りであり、ふしぎと感じたＰＴＡ体験でした。校長先生に一人で学校改善文書を持って直訴におよび、職員会議にＰＴＡも同席したいと要望しました。思えば学校に風穴をあけんとし、情報公開を迫った先駆的行為というか、無謀行為でしょうか、今では自分に感心する今日このごろです。

樺太を望める稚内の次は、クナシリを望める流氷の地、知床（アイヌ語で、地の涯）に転勤しました。どこへ行っても素敵な友人に恵まれる私でしたが、知床、斜里町では飛びっきりの方に出会えました。地元の自然保護や国際交流団体のリーダーであり、チェルノブイリ原発事故の後遺症の子どもたちを毎年受け入れているまさにホリスティックなお坊様、藤重千秋＆慶子ご夫妻です。口癖は「お寺には生きてるときにお出でなさい」暖かで明るいお二人は今は札幌市南二条の興正寺別院で暖かい人の輪を日々、広げておられます。訪ねてみませんか。

ホリスティック教育との出会い

知床時代にホリスティック教育との出会いがありました。手塚郁恵著『森と牧場のある学校』（春秋社）を感涙しつつ、一気に読みました。こんな教育、学校つくりが可能なんだ、多くの人にぜひ、知らせたいと山之内義一郎先生を講師にお呼びして教育講演会を実現させました。今は沖縄で山之内先生の講演会が開けないかと仕掛けなど、思案しています。

知床の次の箱根では国際交流民宿「富士箱根ゲストハウス」(注3)のオーナーの高橋正美さんと出会えたのが実に大きな収穫でした。ほとんど外国人宿泊者で五〇ヵ国にもなり、毎晩、ロビーでミニサミットが体験できるし、天下の険の箱根で温泉も最高。心も体も癒されます。この宿に合宿して九七年一一月二三日、日本ホリスティック教育協会（九七年六月一日発足）初の記念すべきシンポジウム「私とホリスティック教育」が開催されたのです。

箱根の次は、いよいよ再びやんばるです。私が住む名護市のユニークで素敵な友人たちを紹介します。八九年に結成、一二年も前から、毎月、名護市の中央公民館で常時二〇～三〇人集まり、教育関係の本を教材にして発表、討論する学習サークル「教育科学研究会」があります。カリスマ的高校教師、比嘉靖氏（北部工業高校）が中心。前任の今帰仁村の北山高校で比嘉氏は生徒たちの自分づくり、学校文化づくりを助けました。生徒たちは自分の進路をみんなで拓き、地域とおとなたちとつながり、合い言葉は「一生懸命がカッコイイ」でした。

結局、二一世紀の真の平和を実現するには、政治的判断力を持った自立した一八歳の市民を育てる普通教育の実践しかないのではと確信しますね。まわり道のようでもですす。研究会は生きのいい中学、高校の教師がメンバーの中心で教師志望の大学生や高校生、父母も参加、私みたいな教育大好きな異色の社会人もおおいに歓迎され、毎月一回の大衆居酒屋〝北大地〟での二次会交流を楽しみに参加してます。

あなたもやんばるに来たらどうぞ。歓迎しますよ。肩の力を抜いて、日常的に教育について話し合えるホリスティックなサークルが全国各地にできたら本当に地に足のついた〝市民による本物の教育改革〟が始まるはずと強く感じています。

本物の教育改革のために

人口およそ五万の名護市で、私の超お気に入りのところを紹介します。〝名桜大学〟と〝名護市立中央図書館〟です。そこで地域の文化を発掘し守り育てる達人が、中村誠司教授と島袋正敏館長です。名桜大学は「やんばるの水と暮らし文化を考える」や「山原学講座」「環境保全と地域活性化」など、市民たちに魅力的な公開講座を数多く提供しており、私はその常連で多くの友人と出会えて、おおいに感謝してます。九八年にオープンした洒落た赤瓦の図書館は島袋館長の熱い思いが詰まった実に居心地のいい空間です。貸し出しカウンターの真うしろの館長室はサテライトでいつも、あけっぴろげ。いつも誰かとにこやかに談笑している館長の素敵な笑顔がみられ、時々、私の笑顔も常連です。

去年、沖縄サミット直前の取材で訪れた名著『沖縄ノート』（岩波新書）で知られるノーベル賞作家の大江健三郎氏の笑顔もみられました。正敏さんの持論は「次代を担う子どもたちには農業体験、自然体験などをおとなたちは積極的に仕掛けていく必要がある」です。

二〇〇一年、新潟県聖籠町で開催された社会教育研究全国集会に参加した島袋さんは、私が紹介した山之内先生のご案内で長岡市の川崎小学校の森を見て沖縄タイムス紙の書評で「氏の語りから森と命のつながった子どもたちの優しさの鼓動が伝わってきた。地域や自然の中にこそ、今、教育の抱えるさまざまな問題を解く素材がある」と『森をつくった校長』（春秋社）をマニュアルのない総合学習の必読の書と結んでいます。
私は教育に関心のある日本中の心ある人々が、この学ぶ喜びと笑顔があふれる小学校をつぎつぎと実現した希有な校長の『森をつくった校長』を囲んで日本中で身近にある学校、教育について、具体的に議論を始めることこそが、今まで我が国で実現しなかった子どもたちを主役にした真の教育改革の出発になると信じています。ですから、私自身もこの本の書評を書いたり、今日もまた、出会う人々や全国の友人たちにこんなすばらしい本があるよと懸命に紹介しているのです。

私は人でも本でも何でも、いいものは紹介したがりの紹介名人です。とくに、素敵な人と人を結びつけ、出会わせる自称〝人間触媒、接着剤〟〝ジェイムス・ボンド〟で、これはずーっと続けたいと思っています。

最後に、かんじんの最重要人物、函館生まれの我が妻〝備子《ともこ》さん〟を紹介します。名古屋生まれの妻依存症の夫をしっかり支えて全国引っ越し三〇年ですが、やんばるに来て、夫から陶芸へと見事！に興味対象を転換し、陶芸サークルの中心的存在となり、沖縄やんばるに住み着くわよと高らかに宣言して生き生き活動しています。これからは夫婦、お互い後半生、どちらが、よりホリスティックな生き方になるのか、あったかく見守りあいたいものです。

注1　水野隆夫メールアドレス
　　E-mail　mahodori@mac.com
注2　橋口正一「バックパッカー一人旅」
　　URL　http://www.fsinet.or.jp/~aizome/
注3　富士箱根ゲストハウス
　　URL　http://www.hakonex.com

環境省やんばる野生生物保護センター
〒905-1413　沖縄県国頭郡国頭村比地
tel 0980-50-1025　fax 0980-50-1026

樫の森からおしえてもらったこと

医療法人社団　川瀬神経内科クリニック　川瀬　弓子 *Kawase Yumiko*

痴呆リハビリとの出会い

平成七年の春ごろ、夫であり医療法人社団川瀬神経内科クリニック院長より「痴呆の早期リハビリをやりたい」という提案があった。

平成五年八月に神経内科の診療所として開設したばかりで経営的にはまだまだ不安定であったが、医療という科学の場に痴呆というとても人間的な場を取り込むことに何か希望のようなものを感じた。

痴呆の早期リハビリには早期診断が必要である。浜松医療センターの金子光雄先生の創案された「二段階方式」を用いると一般的に言われている「ボケ」よりずっと早い時期に痴呆を発見でき、この時期に適切な右脳活性化訓練を明るい雰囲気の中で継続的に行うと改善がみられる、という。

金子先生は、ボケない方の生活ぶりを「生き甲斐のある積極的な生活・つきあいを大切にする・毎日一定の活動をする・日記をつける・外出旅行は進んで出かける」という共通点のあることを指摘している。つまり痴呆のリハビリは、感性豊かに右脳を十分働かせていることズバリ右脳活性化訓練である、と言っている。

私にもできるのだろうか？　右脳活性化訓練

早速外来患者さんの中から協力してくださる女性二人を選び午前中、外来棟の廊下突き当たりの約一坪のスペースにマットを敷きＡＤＬ（日常生活動作の意）体操、職員休憩室でちぎり絵などを中心に始めた。リハビリというにはまことにお粗末なものではあったが、マンツーマン対応に患者さんはたいへん喜ばれた。満足されているご本人をみてご家族の方も安心され、経過は上できだった。

私は同年一二月に、すでに右脳活性化訓練を実践されている広島市の高橋内科小児科医院「デイケアまやるちょーく」へ一週間研修にうかがった。

「まやるちょーく」の一日の流れ（ほぼ午前九時三〇分〜午後三時三〇分）は、看護婦の朝のバイタルチェックに始まり、昼食時のドクター回診、ＯＴ（作業療法）・ＰＴ（理学療法）の機能訓練などを基本に行うが、表に見えてくるのは、手芸・カラオケ・コーラス・絵画・俳句など、患者さんの好むさまざまな右脳活性化訓練、そしておいしい昼食・コーヒータイムであった。

デイケアの大半をしめるこの楽しい時間は、従来の医療とは異なるものに思え、医療ライセンスのない私でも関われそうだと実感して帰ってきた。

その日一日をどうすごすか？　それが問題

私は、痴呆患者さんとそのご家族のようすをみせていただくうちに、患者さんが独自の時間空間をもっておられること、その独自の時間空間がご家族を苦しめていることに気づいた。家族の介護には限界がある。

また、患者さんは高齢者である、人生の大先輩たちである。物忘れがひどくなって、ご家族の顔もわからなくなっても、子どもだましのケアは通用しない。真心からの本物のケアをさせていただくこと、に尽きる。介護する側の人間性はいつも試されている。

デイケアでは、患者さんの時間空間にとことんおつき合いをすることが可能であり、そのことがご本人を安心させ明日へ希望をつなげることになっている。

患者さんの時間空間にとことんつきあうために、デイケアの環境を最善の状態に整えたい、と思った。

環境を整えること、とはどういうことを言うのだろうか？　環境を整えることで、本物のケアが生まれてくるのだろうか？

開設半年前平成八年四月より、三ＤＫのマンションで一日六時間のデイケアのシュミレーション（無料）を試みることとした。この半年の間に「本物のケアのための本物の環境」を探りたかったのである。建物ができてからでは遅すぎる。

五〜六人の患者さんやご家族の方たちにご協力をいただき参加していただくことにした。

スタッフも育成しておきたかった。人材を選ぶにあたっては、次の三点を重視した。

(1)お年寄りが苦にならないこと（あっさりとした人間関係が創れる）。

(2)人とまじわることが好き（多種多様な人間関係が保てる）。

(3)特技もしくは好きなことがハッキリしている（自分自身楽しむことを識っている）。

毎日のプログラム創りは、スタッフの個性を活かし、本人がやりたいことから、ひとつひとつ創りあげていった。スタッフ自身が楽しめるプログラムでなければ、他人をひっぱっていくことはできないと感じていたからである。

プログラムの進行には、キング・ビショップ・ナイトという役まわりを創り、スタッフ自身が今自分は何をなすべきかを常に意識しながら動けるようにした。

●キング………プログラムのリーダー
●ビショップ…プログラムのわかせ役・盛りあげ役
●ナイト………準備・あとかたづけ、プログラムにはまらないうろうろ組対応

建物は、約五八〇坪の広々とした敷地に、前棟一二一坪、後棟七六坪を一八メートルの渡り廊下でつなぐ国産材の木造一部二階建てとし、環境と建物の共存をめざすOMソーラーシステムを取り入れた。

大切な一日の一食「昼食」の素材は、安全な作り手のわかる食材を選び、なるべく地場のものを使うことにしていた。

このように、痴呆患者さんの一日を支えるための本物の環境は、人・住・食と、徐々に整っていった。

しかしこの段階では、骨格と肉づけはできたが、装い・彩りというものはなく、今ひとつおもしろみに欠けていた。

何かが足りない、何だろう??

私は、人生の先達といえる友人から「三〇歳をすぎたらアンテナをはっておきなさい」とすすめられていたので、実行していた。その時の私はきっと無意識のうちにアンテナをめいっぱい張っていたのであろう。

デイケア開設にあたり県庁へ届け出関係で通っていた時だった。カーラジオから学校に森を創ったという校長先生のインタビュー番組が流れてきて、私のアンテナがキャッチした。長岡市の山之内義一郎先生だった。実は山之内先生のことは、当時ほるぷの塩川恒夫さんから『森と牧場のある学校』という本を紹介され情報としては知ってはいたが、ただそれは知っていただけであった。番組は県庁の駐車場に着いても終わっていなかったが、しばしとどまり全部聴いた。

私の求めていたのはこれだ、と直感した。「ふるさとの森」こそ本物のケアを彩る装いではないだろうか？医学に素人の私は、痴呆は年をとればなるもの、なってもしかたがないもの、なったとしてもそんなに長生きはしないもの、と傍観者であった。

しかし平均寿命がのび世界に類をみない高齢社会を迎

える日本にあってそんな悠長な認識でよいだろうか？　ボケてもなお長生きし続ける人が多くなったら？　ボケた老人をかかえこんで生活できるのだろうか？　これは本気で予防と治療にとりくまねば、そのための環境づくりをしよう、と思った。

「ふるさとの森」を取り入れたのは、痴呆患者さんのケアは本物の環境の力を借りて行えばできるのでは？　という仮説をたてたからである。

すぐ塩川さんにお願いし仲介の労をとっていただき、ご自宅までお伺いした。

学校とも子どもとも全く関係のない医療機関で、しかもお年寄りのための森と聴いて、きっと先生はびっくりされただろう。「子どもによいものはお年寄りにもよいはず」という私のしどろもどろの説明の中から真意をくみ取ってくださり、協力を承諾してくださった。先生の洞察力に感謝であった。

森との出会い

平成八年一〇月、シュミレーションのマンションから待望の樫の森棟へ引っ越し、一一月には一〇メートル×二〇メートルのマウンドに小日向孝先生設計による九八樹種三二七本のウラジロガシを中心としたふるさとの森が完成した。

本物の環境の中では、ケアに携わるスタッフの行動は本物となっていく。無理に本物になっていくのではなく、自然に本物になっていくのである。ごまかしたり、無為に待たせたりする必要がないからである。

繰り返すが、痴呆患者さんは人生の大先輩である。孫や子ども世代のスタッフのやることはすっかりお見通しである。小手先だけのケアでは人間関係は築けない。

春夏秋冬ゆったりとした大自然のリズムは、たった二〇〇平方メートルの森にもちゃんと備わっていて、そこにあるだけで私たちをいやしてくれる。

子どもたちが森に初めて飛び込んで全身全霊で森の精気を吸収するというなら、お年寄りたちは原体験の森に似た眼前の森の中に、ごくあたりまえのように回帰していくかのようであった。

春雪解けとともにふきのとうを探し、春一番を味わい、香りを楽しむ。

緑がだんだん濃くなっていくようすに「ずいぶん森も太ったね」と目を細める。

ネーチャーゲームはやろうと思えばすぐできる。色の識別がだんだん困難になっていく高齢者のみなさんが、自然界にある微妙な色のグラディエーション紫から茶色までの葉っぱや植物を難なく見つけてくるのは感動ものだ。

夏の強い陽ざしをさえぎる梢、木々をぬけてくる爽やかな風のもと、童心にかえり水遊びに興ずる。合間には草取りクラブがいでたちもいさましく大活躍をする。

やがて木々の葉は落ち、焚き火の季節。焼き芋はおやつとなる。こんな時、女性はかいがいしく、男性は焼き芋を待つばかり。小春日和のテントの下でのお昼寝は最高である。

森がすっかり雪におおわれるころ、樫の森棟も雪囲いで一日中うす暗くなる。冬ごもりである。春をひたすら待つ。

オナガ・ムクドリ・やまばと・ヒヨドリ・キジがご夫婦で訪れる。シンボルツリーのコナラには鳥の巣ができた。どなたのマイホームだろう？

山之内先生は、樫の森案内板に次のように書いてくださっている。

こうした森との一体感は、相手の身になって感じ、その世話にも精を出すようになります。おそらく人間の誰もがもっている「愛」の心が、木によって引き出されるのかもしれません。

私たちは今、人が人として創った森が痴呆患者さんにとっていかに有効であるか、森の象徴ともいえる「樫の森プログラム」の実証をとおして、世に問う努力をしている真っ最中なのである。

森と暮らしをつなぐ環境教育プログラム
―モノづくりをキーワードにして―

森林たくみ塾　山田　俊行
Yamada Toshiyuki

環境教育について

環境教育とは一言で表現するならば「環境問題の解決のために行われる教育活動」であると言えるでしょう。しかしその具体的な教育内容については実に多種多様です。これは（図1）をみればわかるように「環境問題」そのものに含まれる問題群が非常に広範にわたるからです。逆に世の中には環境問題に関連しないことの方が少ないと言えます。そういう意味では、環境教育を教育内容で他と区別することは難しいことです。したがって、環境教育とは「環境問題の解決に貢献しようと意図して行われる教育活動」と表現するほうが正確かもしれません。つまりどんな活動であれ、本人が環境問題の解決に役立つと信じて一人でも多くの人に何かを伝えていこうとしているとき、それが環境教育となるのでしょう。

さてその環境教育の中でも私が関わっているのは「自然体験型の環境教育」です。それも「森と暮らしをつなぐ」ということをテーマにしています。わかりやすく言うと、森から恵みを得て、その恵みで暮らし、その分森へ返すということです。このような循環的なつながりを体験してもらうことで、普段の暮らしを見つめ直し、ライフスタイルが変わることを私はねらっています。

なぜモノづくりか

循環的なつながりを体験してもらう際に、私がとくに手法として多用し、かつ得意とするのが「木のモノづくり」です。なぜモノづくりなのでしょうか。それは次のように考えています。

私たち現代人の暮らしを、モノの流れという観点でみると次のように言えると思います。「店でモノを買い、不要になればゴミステーションに捨てる」。モノの流れの中では「使う」ということしか関わらないのが普通で

図1　「問題群」としての地球環境問題

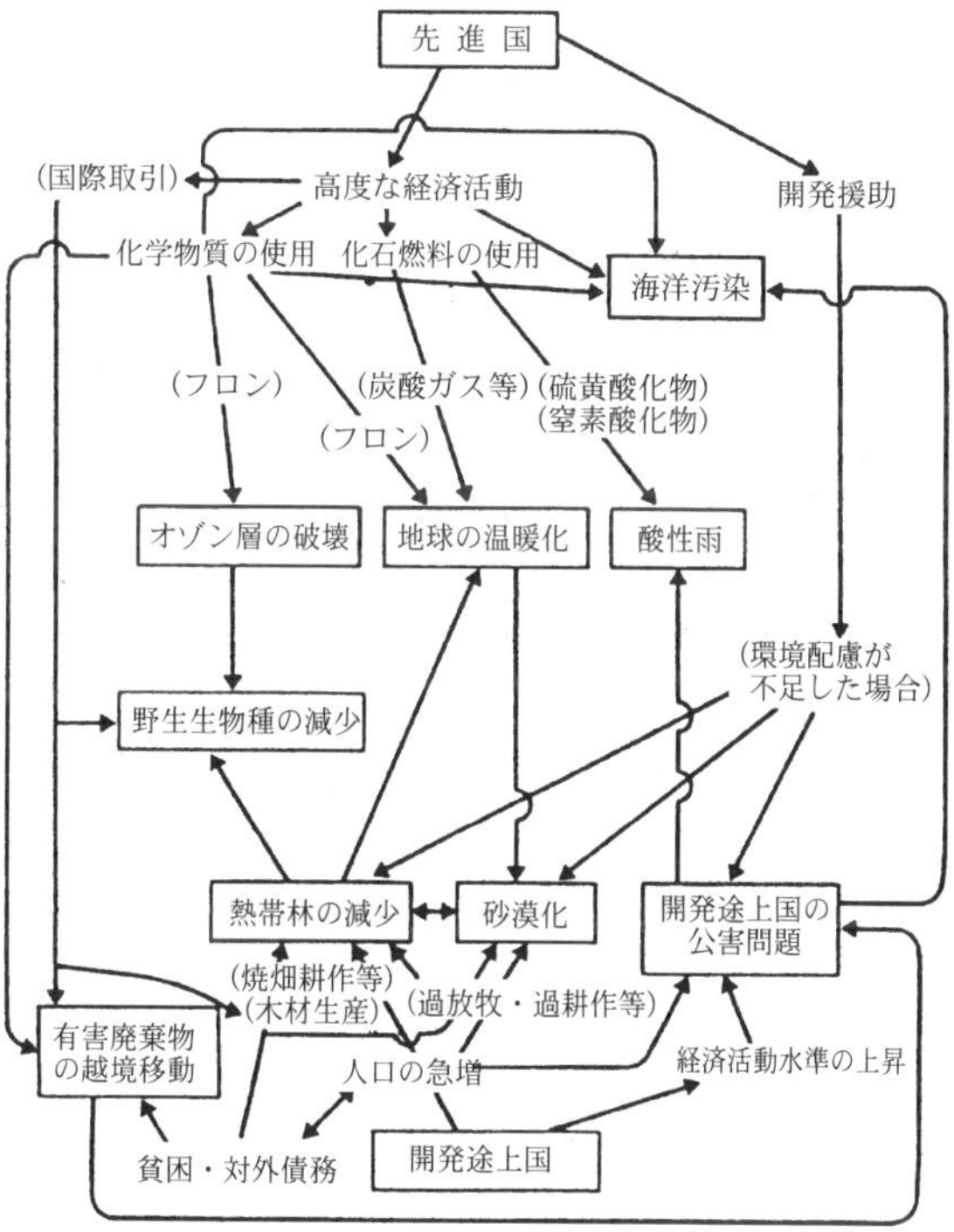

出所）『平成２年版　環境白書』環境庁

す。リサイクルに回すと言っても基本的にゴミの分別という形で行われるので同じです。

この流れの中に「木のモノづくり」を入れるとどうなるでしょうか。「自分で作り自分で使い、自分で処分することができる」さらに材料にした木の樹齢と同じ年月の間使い続ければ、その間にそれと同じ木が育つことになります。つまり循環の輪の中で人間が関わる部分の大部分を手中にすることができるのです。

すべての人がモノづくりに関わることはあり得ませんが、以上のような視点で行われる「モノづくり環境教育プログラム」を体験することは循環型社会実現に向けての具体的なイメージやヒントを得ることになると考えています。

事例報告

このような観点のもと、私たち森林たくみ塾ではさまざまな「モノづくり環境教育」を行っています。今回はその中から文部科学省委嘱事業「森の子ども長期自然体験村」の事例報告を行います。

概要は以下の通りです。

開催日　二〇〇〇年三月二五日～三一日（六泊七日）
会　場　岐阜県大野郡清見村　オークヴィレッジ
参加人数　子ども三〇名（男一九、女一一）
参加費　三一、五〇〇円

内容　飛騨の森で楽しく遊ぶとともに、地元飛騨産のスギの間伐材で作られたイスのキットを作る（キットは自分で加工しなければならない部分が残されたもの）。森遊びとイスづくりを通して、森の恵みを暮らしに活かすことを知ってもらうのが目的。

それでは六泊七日を順番に見ていくことにします。

［一日目］**緊張をほぐす日**

山の神様であるクリの古木へ挨拶をして、雪の森の中で遊びました。そしてその森の木の枝を切り、これからの七日間自分が使う箸を自分で作りました。ナイフを使い、より「お箸」になるように削りました。初日なのでみんな緊張しています。緊張をほぐすようなゲームや遊びでお互い友達になれるように働きかけました。

［二日目］**森に親しむ日。イスづくり初日**

まずは森を楽しむことが大切です。幸いにも飛騨地方は三月でも雪が残っています。雪の森で思いっきり遊びました。そしてその森に生えていた木を使い、木がどのようにして板になるのか子どもたちの目の前で実演しました。自分たちがこれから作るイスの材料は元々どれくらいの大きさだったのか想像してみました。その後いよいよイスづくり開始です。ノコギリを使い、ノミを使い、伝統技法のホゾ組のイスづくりに取りかかりました。初めて使う道具に興味津々でした。

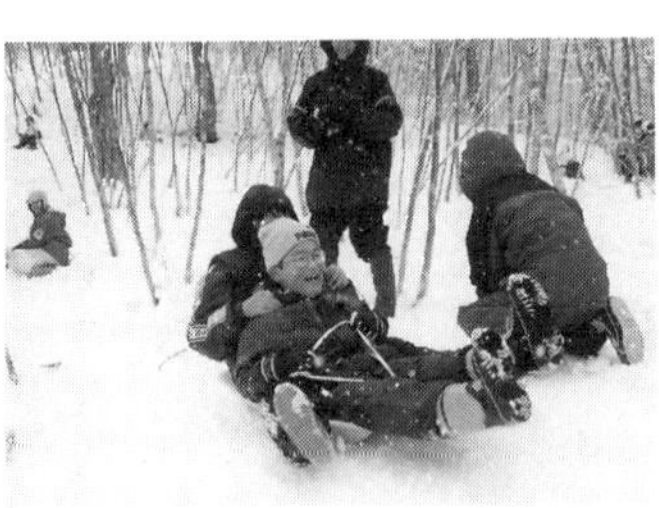

［三日目］**イスづくり二日目。材料のルーツを探る**

ノコギリやノミで加工が終われば組み立てです。まずは右側部分だけです。組み立てが始まると子どもたちは俄然やる気を出してきました。友達と協力しながら組み立てます。午後に製材所の見学にいきました。自分たちのイスの材料を実際に作ってくれた製材所です。「元々はこれぐらいの大きさの木だったのか」「使えるようにするには乾燥させないとダメなんだ」など、実際に使っている木のことなので気づくことがたくさんありまし

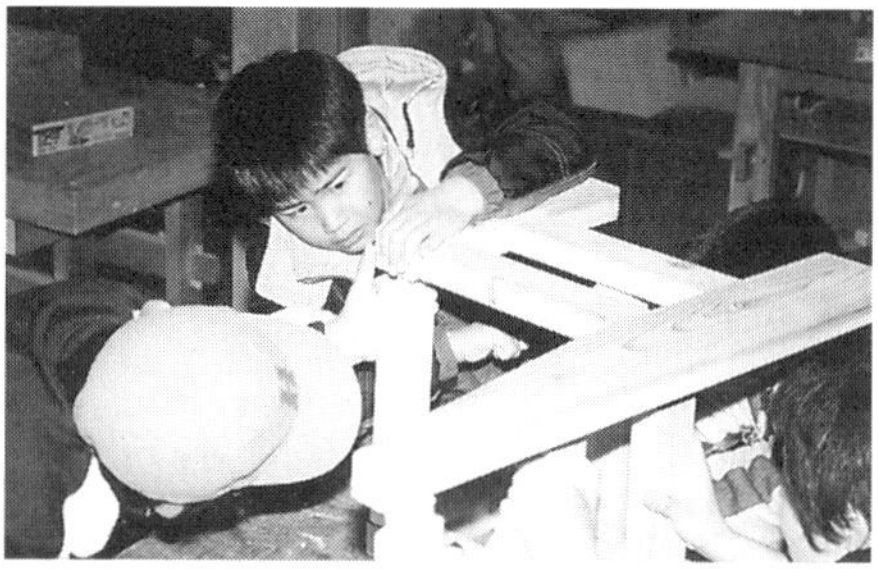

た。

[四日目]　イスづくり三日目。イスづくりに集中

右側も左側も組み立てが終われば完成が見えてきます。この日は背もたれ部分の板を自分の好きな形に切り抜く作業をしました。そして背もたれ部分が終わったところで右側と左側を組み合わせます。全部の部材がうまく入るかどうか、緊張の瞬間です。グループで協力しあって組み立てました。イスの全体像が見えてきて、早く完成させたくなります。「明日が待ち遠しい」という感想が聞こえました。

[五日目]　イス完成。生きたスギの木をみる

ついに最後の作業です。座る部分の板の角をカンナで削ります。そしてイス本体に取りつければ完成です。順番に次々とイスが完成していきます。お昼休みにみんなで生きているスギの木を見に行きました。今回のイスの材料はスギです。製材所の前はこういう風に生えていたということを知りました。生きているスギの木に抱きついてみたり、葉っぱや実を拾ったりしました。イスは全員無事完成。

[六日目]　ふりかえりと作品発表会。森遊び

みんなそれぞれ自分が作ったイスに座って、物語を聞きました。内容は、種から育ったスギが大きく育ち、伐られて製材され、イスになって、その後長い間使われ古びていくというものです。その後みんなに質問です。「イスづくりでたいへんだったところはどこ？　作ったイスはどんなふうに使う？　作ったイスの四〇年後の姿を教えて」紙に書いて答えてもらいました。「ノコギリやノ

ミの使い方が難しかった」「ご飯を食べるときに使う」「ぼろぼろだけど使い続けている」などの答えがありました。

そして最後の森遊びです。イスを作りあげた達成感もあり、子どもたちは大はしゃぎです。また、職人が作ったテーブルを見ても今までとは違った見え方をしたことでしょう。

[七日目] さよならの日

あっという間の六泊七日でした。最後にみんなといっしょに山の神様に挨拶にいきました。「どうもお世話になりました」「また来るね」元気な声が山に響いてお別れとなりました。

まとめ

この「森の子ども長期自然体験村」が終わって二年が経ちますが、実は昨年度も同じ事業を行いました。おもしろかったと言って二年連続で参加した子どももいます。また、参加した子どもたちに偶然出会うことや電話で話をすることがあります。そのときにイスはどうなったか聞いてみると、ほとんどの子どもたちが毎日使っていると答えます。今回の六泊七日で子どもたちは多くのことを体験し、それを思い出として心に刻んでいるはずです。それはこのイスをみるたびに思い出すことでしょう。そして現に自分で作った木のものを使い続けているということはそれだけで循環型社会に一歩近づいていることになるのではないでしょうか。森と暮らしをつなぐこと、さらに具体的に暮らしを提案することがこのプログラムでは可能だと思います。皆さんのご参考になれば幸いです。

森林たくみ塾
〒 506-0101　岐阜県大野郡清見村牧ヶ洞4444-3
tel 0577-68-2300　fax 0577-68-2469
E-mail　mail@takumijuku.com

X

かたちに　表現するいのち

【芸術表現】

ホリスティック・ミュージックをめざして

ロス・ネリモス ケーナ奏者 八木 倫明（東京都） …… 229

音楽で人とつながり、地球とつながり、自分を育てる。民族音楽の国境を取り払った「地球音楽」は音の森。《新しい秩序を創る自由》を求めたホリスティック・サウンド。

ティー・セラピーとしての茶道

—〝出会い〟の物語の臨床教育学：ウインド・クロッシングを求めて—

㈶総合科学研究機構 黒川 五郎（東京都） …… 235

茶道は、かぎられた空間と時間の中で、多次元のつながりを五感を通して読みとる一種の総合芸術で、そこには心を癒す効果もあります。日本の伝統文化の茶道をティー・セラピーとして現代に活かす実践と研究を紹介します。裏千家専任講師（茶名：宗五）で、ティー・セラピー・オフィス主宰。専門は教育哲学（「教育の原点を求める研究会」常任理事）。著書『有翼交差への旅立ち』（明星ビル出版部）、『ティー・セラピーとしての茶道』（川島書店）近刊予定。

生命が奏でる歌

—詩二編—

緒方 順一（京都府） …… 241

天体は、自らの旋律にしたがって軌道を周る。それと同じように、人間も思考と感情にとらわれなければ、自らの生命が紡ぎ出している旋律を知ることができる、と私は感じています。あらゆる存在はすべて、自らの歌がその基底に流れているので、静かに耳を澄ませ、その旋律に沿っていくこと、さらには他者の歌まで聞き取れるようになれば最高ですね。

インド舞踊の師に学んで

公立小学校 教員 湖月 美和（京都府） …… 243

「踊りに命をかけてる自信はある」とひたむきに崇高な志を貫く師。ついてらしゃい、と厳しくも懸命に導くその姿勢に圧倒されながらも、けいこに通い続ける中でさまざまな学びがありました。師から学んだ世界へとお出かけください。

ホリスティック・ミュージックをめざして

ロス・ネリモス ケーナ奏者　八木 倫明　Yagi Rinmei

音楽に国境はないか…

「音楽に国境はない」……ほんとうにないのだろうか。そんな疑問から今のボクの音楽活動が始まった気がする。ボクたちが子どものころは、子どももおとなも同じ歌をいっしょに楽しんだのではなかったか……しかし今では、音楽そのものが「ジャンル」といわれる境界線で区切られて、それを楽しむ世代間の断絶にもつながっているような気がします。国境のないはずの音楽が、音楽そのものの中にたくさんの「国境」を根づかせてしまっている悲しさ。

　また、ある日本の交響楽団のアメリカ公演にマネージャーとして随行したときの話。ワシントンDCのケネディー・センターでのコンサートは三〇〇〇人の聴衆で満員なのに、黒人がひとりもいないのです。街に出れば黒人しか見ないような気さえするこの都市でなぜ？……「黒人はやっぱりジャズが好きなのか」と考えてもみましたが、そういう単純なことではなさそうです。クラシック音楽を愛好するファン層の心の中に、自分たちの娯楽へ黒人を寄せつけまいとする境界線があるのではないかと……。

　音楽そのものが持っている境界線、音楽を愛する人々の心の中にある境界線、この二つを感じさせないような音楽を自分たちはめざそう。これが、「地球音楽を追求するエコロジック・バンド／ロス・ネリモス」の演奏活動にエネルギーを注ぎ込む動機となりました。

地球音楽は、音の織物

一九八七年秋に五人で結成し、世間に出始めたのが九一年秋から。メンバーの入れ替わりもあり、なり行きで現在のような七人による楽器編成が確立したのが九二年。その楽器編成とは……ケーナ（アンデスの竹笛）、尺八（日本）、チャランゴ（アンデスの小型ギター）、ギター（ラテン人の国民的楽器）、マリンバ（メキシコ、ガテマラなど中米起源の大型木琴)、コントラバス(ヨーロッパ・クラシック音楽の伝統楽器。ジャズでも活躍)、そしてたくさんの多国籍パーカッション。ときには、鍵盤ハーモニカ、リコーダーなどの日本の「教育用」楽器、さらに、ウッド・フルート(アイルランドの木製のフルート)、ナイ(ルーマニアのパン・パイプ)、シーク(アンデスのパン・パイプ)なども活躍します。このような多民族楽器のアンサンブルによって、世界各地の民謡や舞曲、そしてオリジナル作品などを演奏するのです。言葉の壁を感じさせないよう歌のレパートリーは最小限にとどめています。

ボクたちがめざす「地球音楽」とは、民族の伝統を経《たて》糸《いと》に、現代を生きる人々の夢を緯糸《よこいと》にした音の織物のようだと自ら感じるようになりました。民族の遺伝子のように長いあいだ歌い継がれてきた旋律が経糸で、そこに自分たちの求める音を編み込んでいくことで織りなす音楽です。その音は、今流行の音楽に満足できない人々の心へ自然にしみ込んでいくようです。なぜそうなのか……最近気づいたのは、もしやこれは「1/fゆらぎ」音楽かもしれないということです。

地球音楽は、「1/fゆらぎ」音楽?

「1/fゆらぎ扇風機」というものをごぞんじでしょうか。自然の風を再現する扇風機です。自然の風は一定の強さでは吹きません。大きな風力の変化がたまに起こる(時折強い風が吹く)中で、小さな風力の変化がせわしなく起こる(そよ風が小刻みに吹く)のが自然の気持ちよい風です。この風力の変化を波で表わせば、遠くから見れば大きなウェーヴで、そばでよく見るとその表面には小さな波がたくさんあるはずです。大きな波がゆったりした間隔でやってきて、小さな波は小刻みにやってくるのです。つまり、波の大きさは、振動数(f)に反比例しています。これは、波の強さが1/fに比例するということですから、これを「1/fゆらぎ」と呼ぶのだそうです。しかも小さな波の形を拡大してみると、大きな波と相似形になっているとのこと。これをフラクタル構造といいます。

これが自然の風の気持ちよさの秘密ですが、「1/fゆらぎ」とフラクタル構造は風にとどまらず、たとえば、星の瞬きや木々の枝わかれなど、人間が自然の中に美しさや心地よさを感じる時に無意識に受け入れている自然の性質といえそうです。一見でたらめのようで決してそうではない「1/fゆらぎ」という性質が自然界になぜ見られるか。これは、自然界のすべてのものが密接にかかわりあっていることと関係がありそうです。理論物理学者・佐治晴夫さんの言葉を借りれば、「まわりの影響をうけながらも、できるかぎり自由に動こうとする結果、「1/fゆらぎ」という変動のパターンになるのです。別の見かたをすれば「1/fゆらぎ」とは、偶然性と期待性とがほどよく調和した変動だともいえるわけですから、それが人に心地よさをあたえる変動だということもわかるような気がします。つまり、偶然性が強すぎると唐突になり、期待性が強すぎると退屈になってしまいます」(『ゆらぎの不思議』PHP文庫)。

さてこの「1/fゆらぎ」と地球音楽の関係ですが……。ロス・ネリモスの地球音楽は、民謡という民族の伝統の旋律に大きく影響を受けながらも、それをできるかぎり自由に自分たちの感性で表現しようとします。また、民族楽器という特殊性や非合理性に影響を受けながらも、できるかぎり自在に奏でようとし、「民族のちがい」を超えて調和しようとします。それによって、期待性と意外性がほどよくブレンドした音楽になるのではないでしょうか。

これが、「ゆらぎ」の宇宙論と自分たちの「地球音楽」がつながっていることに気づいたボクの、一つの仮説です。

思いがけない反響

境界線を感じない、感じさせない音楽をめざそう……そう思って始めた音楽だということは初めに書きました。人前で演奏するようになってからの一〇年は、どうしてほかの音楽でなく、ロス・ネリモスを続けるのだろう、と自問する一〇年でもありました。一つの答えを確信できたのは、お客様からの思いがけない反響のおかげでした。それによって、見知らぬ多くの人々とつながる喜びを知り、それが、生きる意味としても自覚されていくのです。

ロス・ネリモスのコンサートを聴いて下さったお客様からいただくお手紙やアンケートには、さまざまな感想や励ましに混じって、お客様が自分自身のことを綴ったものが多いのです。あえて一言でまとめれば、多くの方がロス・ネリモスを聴いたことによって「本当の自分」と出会っているのです。あるいは自分と向き合うきっかけを得たり、自分の内なる声が聞こえて来たり、自分のことを話したくなるようなのです。なぜそうなのか。ボクは自分のやっていることの意味を知りたくて、何か一つでも……と答えを探しました。

自由への憧れ

ロス・ネリモスでは一〇年前に、「大地の心と小鳥の翼を持つサウンド」というキャッチ・フレーズをつくりました。これは、庶民の生活や歴史に根ざした民謡が持っている懐の深さと、人間の根源的憧れである自由との両方を表現できるグループをめざしたからです。

現代人の多くは、お金、肩書き、立場、学歴、性別、年齢、病気、国籍、民族……などに縛られて、どこかに必ず不自由さを抱えて悩んでいます。ロス・ネリモスの音楽や楽器に自由さと自然さを感じて、自分も本来自由な自然人であることに気づいてハッ…とするのかもしれません。

洋楽の常套手段として、アンサンブルは同属の楽器を組み合わせます（弦楽四重奏、金管五重奏、マンドリン合奏……など）。そのほうが調和（ハーモニー）を得やすいからです。しかしロス・ネリモスの楽器群はそういう「常識」から自由です。いわゆる東西・南北（文化のちがいとしての洋の東西と経済格差の南北という意味も込めて）の楽器が、自己主張しながら同時に他を支え、全体として一つに調和することをめざします。これは、これからの地球人の生き方あるいは社会のありかたの縮図（フラクタル構造）とも言えそうです。

各楽器とメンバーが個性と能力を出し合って全体として一つに感じられる音楽。力を発揮するという外向きのパワーと、まとまろうとする求心的なパワーとのバランスが感じられる音楽。一人ひとりは自在に自己表現しているようでありながら、不思議に調和している音の世界……が、聴く人の「自由への憧れ」と「新しい秩序の希求」を満たす空間になっているのではないでしょうか。それによって、普段心の底に持ちながら潜在している、自由への願いが呼び覚まされ、「自分ももっと自然体で生きればよいのでは……」と気づくのかもしれません。しかもそれは好き勝手の自由ではなく、新しい秩序を創る自由として。

人々の自由への憧れを満たす新しい秩序ある空間を生み出すこと……これがロス・ネリモスの地球音楽の意味と自覚し、この音楽によってたくさんの人々と心を通わすことができる喜び。結局、地球音楽によって一番癒されているのは自分なのだという大切な気づき。

ホリスティックな教育と音楽

「ホリスティック教育」に出逢ったのは九六年秋でした。出逢わせてくれたのは、えひめホリスティック教育研究会の織田芳美さん。きっかけは、ロス・ネリモスの愛媛県での公演でした。

「ホリスティックな教育理念の提唱」を読んだとき、「教育」という言葉を「音楽」に入れ替えて「ホリスティックな音楽理念」とすれば、そのままボクがめざすものではないか!……と驚き、喜んだのでした。「さまざまな文化の根底にある、すべての文化を貫いて流れている普遍性をさぐりあてていく時、その普遍性を独自のしかたで表現する文化の個性を保持したまま、多様な文化が共存できる可能性が生まれてきます。地球時代の音楽は、文化のちがいを超えた、もっとも普遍的な人間らしさを求めるいとなみとなります」――この文章はロス・ネリモスのために書かれたものと言ってもそのまま通りますが、実は、「ホリスティックな教育理念」の第九章「地球市民としての自覚を育てる」の中の一節で、「教育」という単語を「音楽」に入れ替えただけのものです。自分たちの求める「地球音楽」はそのまま「ホリスティック・ミュージック」なのだという確信(思い込み?)が、自分はなぜこの音楽を続けるのか……という問いに大きな道標をつけてくれたのです。音楽にとどまらないすべての世界とこの音楽がつながり、宇宙全体に生かされている自分のいのちを感じるとき、言いつくせない安らかさがボクの心を満たします。

最近、ロス・ネリモスに新しいキャッチ・フレーズを加えました。「すべての楽器のいのちが輝き、そして互いに生かし合う音の森――ホリスティック・サウンズ」。最後に、自作の詩を一つ紹介させてください。

星くずの子

ボクがケーナを吹く
この笛はアンデスあたりで
カーニャと呼ばれる竹からつくられた
竹は大地から生えてくる
大地は　地球の火山活動の積み重なり
そして無数の微生物や動植物の　いのちの堆積
それがこの竹を育てた

水も必要だ
雲が雨を降らせる
雲は太陽熱が地上の水分からつくる
植物の生長には
太陽の光も　地球の大気もなくてはならない
つまり　ケーナ以外の宇宙のすべてから
このケーナはできている

そしてボク自身も　ボク以外の
宇宙のすべてからできている
宇宙のすべてとつながっている

いのちの歴史を遡ると
生命誕生前の地球に辿りつく
地球と太陽がいのちをつくったのだ
太陽系は星くずが集まって生まれた

ケーナもボクも風も水も森も……
四十六億年の昔　みんな星くずだった

ボクの手になじむこのケーナ
いい音で鳴ってくれるときは
昔　同じ星くずだった
ケーナとボクをつくっている原子たちが
再会をなつかしがっているのかもしれない

ティー・セラピーとしての茶道

―〝出会い〟の物語の臨床教育学：ウインド・クロッシング（winged-crossing）を求めて―

(財)総合科学研究機構　黒川　五郎
Kurokawa Goroh

東京西郊の緑豊かな学園都市―国立で、私がティー・セラピーの研究室を立ちあげたのは、すでに六年ほども前のことであるが、その後徐々に地域に浸透しつつあるように思われる。今年度からは高島屋百貨店と提携したティー・サロンも始まり、これまでにないサロン・スタイルのレクチャーとして、教育学関係者の関心を引きつつある。当研究室における癒しの試みが、二一世紀を迎え混迷を深める日本の〝ポスト・モダン〟状況において、さまざまな問題意識の下に教育を考える際のひとつの参考になるかもしれない。そこで、以下において私の方法の概略をご紹介したいと思う。

茶道とは

まず茶道とは、かぎられた空間と時間の中で、実際に言葉を発しないでも茶人の収集した茶道具の組み合わせにより、茶会のテーマを表現し、客は自らの感性でそれを読み取ろうとする、五感を使った一種の総合芸術であると考えている。

そのような非日常的空間である茶室に入り、もともと一種の漢方薬として我が国に移入された抹茶を心静かに喫することで、心を癒す効果が現れるのではないだろうか。そもそも、茶の本質である禅は心の鎮静を図ることから、心理療法に近いものであると思い、従来の茶道の英訳である Tea ceremory よりも、むしろ Tea therapy の方がその本質を穿《うが》つ訳であると考え、専門の教育学の立場から、茶道のセラピーとしての側面の研究を始めたわけである。

方法について
―カウンセリングからウインド・クロッシングへ―

まず立礼《りゅうれい》と呼ばれるいす式の御点前を行い、正座が苦手な最近の若者でも、リラックスしながらいすに座ってお茶とお菓子をいただくことができるようにした。

その後、どのような悩みを抱えているのか、どのような人生を歩んできたのかを徐々に語ってもらい、それに対して私が提唱している新しいカウンセリングとしてのwinged-crossing（有翼交差）を行い、茶室の印象や諸道具から連想を引き出し、それを特殊な数学的方法——ガロワの群論を発展させたものであるが——で交差させ、レヴィ＝ストロース以来の構造分析で言うところの神話の論理（mythologique）にも似た、いわばその神話化をはかるのである。それによってクライアントは、たとえば松や藤などの伝統的な植物が図案化されている茶道具からの印象とのつながりを回復し、「野生の思考」の自然な世界に回帰し得るのである。

このような方法的基礎のもとに、実際には亭主と客が共創する物語世界のごとくに事態は展開していく。私の現在のクライアントのほとんどが二〇～三〇代の女性であるが、今の若いOLは、コンピューターの普及によって日常的にテクノストレスを受けているので、正反対の非日常的なドラマティックな空間を提供するこの試みに共感を示しているようだ。同じ方法を、洋室のティー・サロンでハーブ・ティーなどを用い、たとえばゲーテの詩やセザンヌの絵画を素材として連想を引き出し、交差させてゆくことも当然できることになり、最近はそちらにも力を入れている。

五感による身体的癒し

さらに茶道においては、お香をたくことにより、茶室自体の独特の雰囲気とあわせて、香りとお茶の色や味など視覚や味覚からもヒーリング効果が生じる。千利休のころには音楽を使っていなかったので、聴覚による癒しが欠けていたのだが、いろいろ探した中で、たとえば東儀秀樹の雅楽をフュージョンした音楽を取り入れている。したがって、カウンセリングや癒しによる治療などといっても、深い悩みを持つ方だけに限定したものではなく、むしろ気軽にストレス解消やリラクゼーションのためにアロマテラピー感覚で来ていただいているともいえよう。

私は以上の茶室でのカウンセリング（winged-crossing）のように、自己と他者の想像力の交差により、その宇宙的な秘められた〝出会いの物語〟が表現されていく過程を有翼交差と名づけ、従来の単なる社会適応手段としてのカウンセリングを超えて、このウインド・クロッシング（有翼交差）によって、宇宙の生命の流れの一環としての真の自己の創造をはかるように提唱しているのである。

以上の有翼交差の実例として、ティー・セラピーに熱心な研究生として参加されているアーティストの松尾宇人さんの例をご紹介したいと思う。

なお、以下のティー セラピー入門記は、彼自身の手による記録で、インターネットで一般に公開されているものである。

URL　http://homepage.mac.com/ujin/

ティー・セラピー入門記

八月二三日

…ティー・サロンに場所を移動して先生のセラピーの眼目であるウインド・クロッシングという連想法のようなものでカウンセリング。
そういえば一対一では、はじめてです。
夏のあいだ使っていたガラスの道具を取りあげてそれぞれの印象を話すことに。

まだ充分には納得してなかったのですが、
その結果は普段、考えていることが
やはり投影されて
ほんとにオレって、そう思ってんだなぁ、とか
願望とか自分の役割のありかたが
確認できたような気がしたのですね。

ほんと長くなりますが、道具の説明をすると

●玻璃《はり》の水指し
玻璃というのは水晶の意味で
紫色のガラスで薄く金箔がはってある。
異様に太ったヒョウタンを
さかさまにしたような丸いかたちをしている。

●七夕の蓋置
くもりガラス、フロストっぽい質感で
緑色の竹のような短冊のような線が入っている。

●とんぼのなつめ（薄器）
普通のなつめより小さめで
アワ入りガラスでアワが底のほうに集まっている。
とんぼが木にとまっているのが
螺鈿細工で描かれている。
蓋は多分杉の木で少し丸みあり。

●車軸の茶釜
牛車の車輪の軸をかたちどった鉄の茶釜。
車輪は川など、水にひたさないと
うまく回転しなかったらしい。
水にひたされるものが
水を入れるものになっていて役割が逆転して
いるのがミソ、らしい。

●玻璃の茶碗
透明のガラスの茶碗で
通常より背が低く鋭角的。
金で中心から同心円状の線が数本はいって
中心に正方形のまだらな金箔がある。

というもので、おつぎは一つ一つの印象と連想。

水指しは最初、好きな感じではなかった。
色がケミカルな感じがしたし、
現代作家の作品のようなアクがあってと。
よくもわるくも、目立つかたち。
形も丸みが納得できなくて
ボウヨウな、あいまいな形だなぁ。
水晶だったら、もっと鋭角的になれ、といいたくなる。
それでも、地底の湖のような、
水だけでできた小惑星のような印象がある。
蓋置、これは茶釜と反対にもう少し丸みがほしい。
ここからはれんそうですが

七夕って子どものお祭りのような印象もあるけど
テーマは、大人な問題だなぁ。
男と女が一年に一回だけ会うことを許される。
ということは
普段は大人であることを禁じられているともいえるか。

とんぼのなつめ（薄器）
透明なだけに粉末状の抹茶が入っていないと
はかなくて、純な感じがするけど
茶が入っていると存在を主張しはじめる。
小振りなところと、蓋の丸みが、かわいらしい。
大人のようで子供
子供のようで大人。という印象。
ぼくにとっては
このなつめが、一連の道具の中で主役のようです。
この道具の中で一番好きだったと気がつく。

茶釜は印象がうすい。
というか、あって当たり前の存在で元からあったもの。
山のような動かしがたいもの。
動かせないことないんですけどね。

そして茶碗。
茶碗は茶道具の中では主役的なのに
この茶碗は、ぼくにとっては運ぶものとしての
印象がある。
ちょうど空飛ぶ円盤をさかさまにしたような形だし。
なんか金の円の線がリンクすること、つながる
ことの、理想的な状態のようにも思える。

と、ここまできて、いろいろ連想。

どうもきらいだった水指しが自分のような気が
してきた。
茶碗が常に場所を移動して、なにかを運ぶ。
車だったり、電車だったり、メールだったり。
なつめは願望であり愛するものの象徴。
小さくて、はかないけど、
強い存在で、しかも軽やか。主人公。

水指しの自分を、主役としてよりは脇役——
目立ちたい願望もある、と捉えているのだな。
なつめを主役に仕立てて、
なつめを原動力にして動いている。
でも、すきあらば主役より目立とうとしている。
先生の解説では
子供の力のようなものが地下で力を蓄えていて
それがおもてに出てくる予兆がある、と。
子供に役割を変容することで
男と女の関係の意味も変わってくるし

社会的な役割も変わってくる。
でも、子供になりたいのが理想ではなく
大人になるのも理想としていない。
あいまいにも思えるかもしれないけど
中間的なところで
極端から極端へをつなげてたいと思っていると。
いやー、そうですか。
大人と子供。
男と女。

自然と人工。
一番身近で一番極端なものをつなげるというか
グラデーションのようにつなげるものを
作りたいとは最近考えていたのですけど。
うーん。

大抵の精神科のカウンセリングだと
欲望を解放するのがよし、という気がするけど
欲望を、ちゃんと葬り去る儀式、儀礼が必要な
んじゃないかと言ってみる。
黒川先生お得意の茶道の儀礼性は
神話化作用に通じるってのに影響されたか。

ストーカーがストーカーになってしまうのは
自分の意識の追悼する方法をしらないからと言
えないか。
また、たとえ欲望をはたしたとしても
気持ちの中ででも、
花を捧げるような「思い」の追悼をしないと
欲望のぶつかりあいに、なってしまう。
愛と欲望がおんなじことになってしまう。

この日に、私が松尾さんに提示した有翼交差の結果は、次頁のシートの所見に示したような、ある意味で必然的にシュール・レアリスティックな詩句になっている。この松尾さんとの有翼交差の結果は、男女の恋愛をテーマとした七夕の神話が、なぜ子どもたちの願いをかなえる祭りになっているのかという疑問につながっていったが、それが、アーティストとしての彼の自己変容の成長物語を反映していることは、彼自身の文章からも明らかだろう。

紙数の関係から、これ以上詳しく物語ることはできないが、一般に、道具からのおのおのの直接の連想（水指、玻璃の匠→ケミカルなどの道具と連想の垂直の縦の関係）は、現在のクライアントの心的状況を表し、所見に示したような道具と連想の交差的関係（たとえば玻璃の水指と空飛ぶ円盤の関係）は、始源のいわば神話的なイメージの生成状態を表している。クライアントの心的世界は始源の想像的な連想の世界から、現在の通常の（直接の）連想が可能な世界へ推移していく過程を体験することで、神話的な野生の思考とのつながりを回復し、自己のアイデンティティーという物語（ナラティブ）を新たに創造してゆくことになるのである。

ティー・セラピー・オフィス
〒186-0004　東京都国立市中2－2－9－204（明星ビル）
tel / fax　042-577-7571
E-mail　tea-therapy-gorou@nifty.ne.jp
URL　http://member.nifty.ne.jp/tea-therapy/

WINGED CROSSING SHEET

Date 2001.8.23　Name 松尾 宇人（ペンネーム）

Theme	いわば子供と大人、男と女の対立と統合の物語としての七夕

道具

水指（みずさし）	茶入	蓋置	茶釜	茶碗
玻璃の匠	糸とんぼ蒔絵の薄器	七夕かざり	車軸釜	玻璃の匠

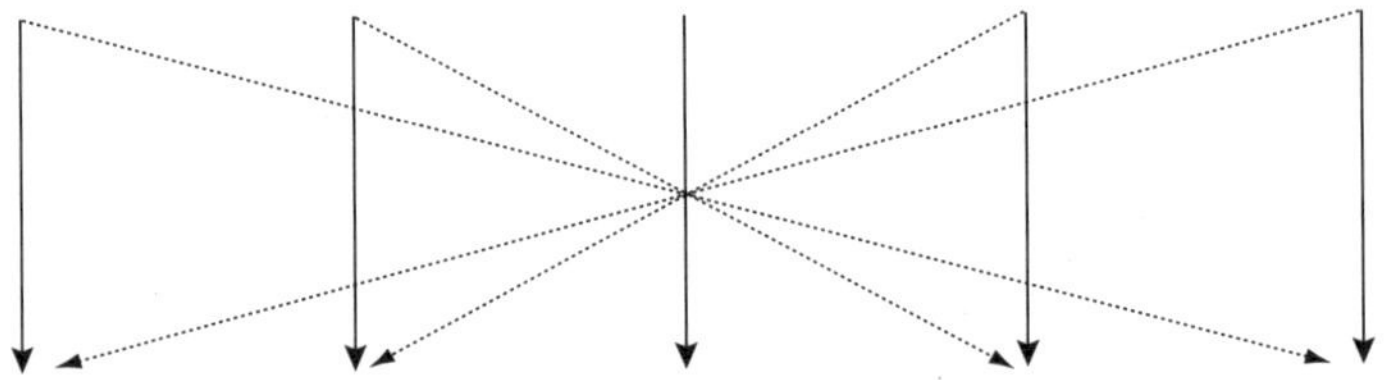

・色から・・・ケミカル ・色形が良くない ・現代工芸っぽさ ・生活雑器を見立てる ・鋭角的→自分 ・地下の湖	・お茶が入ってない時と入っている時の違い ・オブジェクトとして見えない ・お茶が入ることで大人のような子供、子供のような大人 ・小振り、可愛い	・短冊のような感じ ・はかない →やわらかさ ・七夕は男女の出会いの話なのに子供がお祭りをするのは不思議	・動かし難いもの ・固定されている ・山のようなもの	・地底の海 ・宇宙にある水だけの星 ・（そういえばさっきの水指は宇宙的な感じがした） ・空飛ぶ円盤→乗物→運ぶ

連想

所見　この物語のテーマは子供の力の再興ということに繋がる気がする。地下の閉ざされた世界（湖）から飛び立つ乗り物、空飛ぶ円盤。水辺で繊細に羽ばたく糸とんぼが山に向かう。七夕で天の川を挟んで向かい合う織姫と彦星を、竹に無邪気な願いを書いてお祭りをするあどけない子供たち。
鴨川の水に浸される車軸は牛車の車輪として機能している時とは異なって、美しい都の夏の風物（オブジェクト）となる。そして、遠景に波紋が広がっていく茶碗はまるで太陽を中心にして回る惑星の軌道のようだが、現代アートのわざとらしさとケミカルに化合している。

生命が奏でる歌
—詩二編—

緒方 順一
Ogata Junichi

生—生命が奏でる歌

僕は何を考えればよいのか
僕の耳は何を聴き、
僕の目は何を見ればよいのか
この動かぬ心はこのまま朽ち果ててしまうのか

ただただ暇をつぶし、時間を浪費するだけの人生
いかに意義あるような見せかけを施しても、
それは人間の恣意的な思惑によるものでしかない
ただただ流れていくだけの人生

それはそれでよい
ただし、人生に歌が流れればだが
人生のラインの上で、小鳥がさえずり、木々がささやき、
人々がメロディーを歌うならばそれでよい

生命よ、自らに備わったメロディーを歌い続けよう
そこにこそ生の意義があり、意義は思索の中には存在していない

他者のメロディーが聞こえてくる
小鳥が、木々が、僕の胸のうちで歌っている
さまざまな歌を響かせながら、自分も独自の歌を歌うこと
それぞれの歌が交錯し合い、シンフォニーのように一つになれば最高だ

生きている限りは歌い続けよう
君にも僕にもその力はある
たとえ死の誘いが間近まで来ていても、生命が一滴でもある限り、
歌は歌えるし、歌うべきだろう
歌を歌わない人生は生を放棄したとみなさざるをえない

生に潤いをもたらす役目を生命は持っているし、その力も
与えられている

ならば歌うべきだ
歌が止められるほどの、どんな妨げがあったとしても、
妨げを溶かすほどの歌を響かせよう
それが君や僕や誰もが願う生のあり方なんだから

言　霊

言葉を大切にしよう
君の大切な人に　語りかけるとき
言葉に込められた想いは　かならず　伝わるから

君の想いを伝えるために
大切に言葉を選ぼう
そうすれば　言の葉のすみずみに　いのちが流れ
あの人の胸へと　すべりこむだろう
もし　あの人の胸のうちを　のぞくことができたなら
言の葉が　みずみずしく波打ち　震えているのを見て取る
だろう

かすかなふるえは　波紋のように　円心状に
あの人のからだを　満たすだろう
さらには　からだの背後にある空間にも　響くだろう
そこは　いのちが生まれ　帰っていく場所

君といういのちが　君の生まれ来たったいのちへと
大切な人を通じて　いのちを還元していくんだ
これほど美しく　豊かなアートをぼくは知らない

だから　言葉を大切にしよう
言葉に込められた想いは　天をかけめぐる
ゆっくりと　ゆっくりと……
あまねく相（すがた）にしみわたる

インド舞踊の師に学んで

公立小学校 教員
湖月 美和
Kogetsu Miwa

おおいなる命に生かされて

「アンギカム……」(私たちを生かしてくれるあらゆる命、この空、大地に感謝し、祈りとともに、今ここに踊りを始めさせていただきます)どんなときもそんな響きから始まるインド舞踊のおけいこ。ほんの数十秒の言葉と動きの挨拶ですが、忙しさの中でこれをおざなりにするようなことがあれば、師はその意味を再度伝え、生活に直に必要とされない「踊りの場」に今日もまた私たちが立てることへの感謝心を促されます。私は、この挨拶が大好きです。短いこの時間が、シンプルで謙虚な気持ちに導いてくれるのです。こうして始まるインド舞踊の教室、私には、精神の故郷を行き来するような大切な時空間です。

衝撃的なホリスティック教育との出会いから長い年月が流れました。私が、「ホリスティック教育」を生きる道しるべとして選んだのも、自分を生かしてくれるおおいなるもの、あらゆる命に手を合わせる心が大切だと考えられているからです。そして、インド舞踊の魅力に駆られるのも、やはりホリスティックな思想を好む私が、それを実現し、生きている舞踊家に出会い、感動の涙で震えたことから始まりました。

インド舞踊は「祈りの舞踊」と言われ、踊り(ヌリッティア)の曲目の中では、インド神話やさまざまな神様のストーリーが踊られます。まさに「人間を越えたものとのつながり」をも表現する踊りです。踊りに登場するヒンズーの神々は、善も悪も含めて、何だか人間的で、非常に気高く勇敢な神であると同時に、悪戯好き、恋多き姿なども表現されます。そのため、親近感を抱きやすいのかもしれませんが、インドでは人間生活の傍に神様がおられる感覚がまだ残っているのでしょう。

私が、子ども達に伝えたいことの一つに、素朴で純粋な命への畏敬の念があります。信仰心や宗教心というほどのものでなく、目に見えないものや生かされている命を感じられる想像力、「お天道様が見ているよ」といった民話の中に語られる心です。

せっかく与えられた命、人生を醜く汚いものに染めるより、気高く美しくありたいと憧れる気もち、人間の心の原点のような感性こそ、むしろ大切なのだと感じながら、私自身がまずそれを見失わないようけいこに通い続けているのかもしれません。

日常のひとこまの心

インド舞踊の中には、喜怒哀楽などの感情を、目で指で全身で表現するアビナヤという表現形態があります。一瞬一瞬の中に豊かに感情を表現する踊りは、体力にも増して、精神的な集中力を要します。いかにして、繊細な心の動きやそれを支える精神力が保てるのか、私にはその道のりは実に遠いものです。

師の舞台をみるたびに、彼女の表現はどうしてあんなにも豊かで美しいのだろうと思います。それは、当然長年の、人並みを超越した努力の積み重ね、もちろん鍛錬です。

しかし、それだけでなく、その表現を支えるものとは心のありようにあると言われます。

「踊りのためには心を磨きなさい。そのために日常のひとこまを心を込めて、生きなさい。そうでなければ、踊りに全部顕れて、感動を誘う踊りなんて踊れないのよ。日常の心のあり様、生き方が大切」

踊りには、その人のすべてが露わに表現されるのだそうです。裸になるような気恥ずかしさとともにこわくなります。けれども、勇気を出して、それに向き合う中でしか発見できないことがあるのです。がんばっても、なかなか思うように表現できない経験を繰り返しながら、舞踊を磨くとは、心を、生き方を磨くことという師の言葉を思い出しています。

透き通るように美しい踊りを目の当たりにしながら、私はその裏側にあるものを見つめているのです。

センターとつながる

「踊りはテクニックではないのよ」「センターから動きなさい」どこから観ても、テクニックを究めた人が繰り返し口にする言葉。けれども、それは目に見えない感覚であり、そのつながりを容易には得られません。

体に向き合い、内からの体の感覚を磨くことは、体とのつながりを回復するプロセス、対話にあると思われます。体が耕され鍛えられていたり、気や呼吸が流れていたりしなければうまくはいきません。

「センターとつながる」ことは、ホリスティック教育でめざされている「心と体のつながり」であるように思えます。それは表層の心（マインド）と言うより、むしろ「魂（スピリット）と体のつながり」です。

師の踊りは、厳格なフォームと正確なリズムを有しながら、まるで宇宙を遊泳しているかのように、自由に躍動するのです。一瞬一瞬にあふれ出るエネルギー、その美しさは、小手先の動きでは全く感じられない深さがあり、えも言われぬ感動が残ります。それは動きの一つ一つがセンターとつながって表現されることに関係があり、そのつながりこそが、エネルギーを生むようです。日本の武道でも、「丹田」が大切だと聞きますが、アジアの踊りであるインド舞踊においても、おなかの底とつながることがいかに大切かがうかがえます。体はごまかしが利かないのです。美しい踊りとは、魂の深さをうそのない体で表現しているようなもののようです。

また、師にインド舞踊の魅力を問えば、「汗を流し、頭だけでなく、体をつかうこと、全身を使って哲学を知るようなところ。現代の人は頭や心だけで学ぶから、それでは解決しない、真実ではない」とさらりと口にされます。講話を聞いたり、宗教書を読んだりするのとはちがうアプローチで、「自分の肉体でしか見つけられない答えを探しなさい」と常に言われている気がします。

ホリスティックな思想では、現代社会の諸問題の根っこはみんなつながっていると考えます。魂と体のつながりを回復し、磨き抜こうとするインド舞踊は、まさにホリスティックな学びだと私は実感しています。

一つの舞台に生きて死ぬ

インド舞踊の神様は、「破壊と創造」の神様（シバ神）です。一つの舞台は、「人生」と同じであり、必ず生死をひととおり終えるそうです。どこまでも謙虚に真剣に踊りに向き合い、一つ一つの舞台で完全に死にきることで、生まれ変われるのだと言われます。師の踊りが、歳を重ねるごとに、磨かれる理由はそこにあるのでしょう。

二年ほど前、私は初めて大きな舞台に出る機会を得ました。実力以上のチャンスに「辞めておこうか」と迷いが隠せませんでした。不安が拭えぬままの練習初日を終えてのワンシーン。

「私、本当にだいじょうぶですか」「思ったよりよくついてきているよ、ホープだよ、がんばろうね」「先生の舞台を壊してしまわないかと思って……」「舞台の質は落としたくないから、厳しいわよ」当然だと覚悟しました。師が命がけで、築いてこられた舞台であることは容易に想像できました。その舞台に泥を塗りたくない、ただ、舞台を成功させたいと願う気持ちでいっぱいでした。「踊りは技術でないから、その思いを大切に踊ってくれればいいのよ」私には、それしかできない、そんな複雑な想いと不安が織り交ざって、あたたかな励ましの言葉を聞いたとたん、涙がにじみました。

「今、不安になってくれた方がいいのよ」「あなたの中に潜在的に自分の殻を破り捨てて、何かが生まれようとしているときなの、だから注意がとぶのよ」「自分の思い描ける枠の中でなく、人からその殻を吹き破ってもらって、出ようとしつつあるものを出し切るといいの」なるほど、そうかと思いました。それならば、あずけてゆだねたらいいのか。殻をとっぱらって、赤子のように言われたとおりやるしかないんだな、そう気づいたとき、舞台に挑戦する迷いが消えました。この舞台の経験や当日までのけいこ、そのプロセスの中に、何かギフトがあると信じられたのです。

踊ることに命をかけている自信はあると師は言われます。舞台をともに踏むたびに、「殻を破り、生まれ変われ」と言わんばかりに導かれるその厳しさと「死にきる」師自身の背中から、私は生き様というものを学んでいるのだと思います。

『体験が人を創る』ある人の言葉です。人間が未知の体験に挑み、トライするときの切なさや美しさ、その意味の大きさを思います。もし、踊りの舞台ばかりでなく、自分の人生において、失うこと、死ぬことを恐れず、毎日を生き死に、全身全霊での真剣勝負する生き方ができたら、私の人生はどれほど変わるのでしょうか。

変わり続ける学び

「私もあなたも全く同等、平等なのよ」師はよく言われます。憧れの踊り、舞台の構成から監督をすべて担い、舞台の一隅まで照らされる師と私が対等であるとはどういうことなのかしら、すぐには胸に落ちません。

一方、小学校の教員である私は、子どもと対等でありたいと切に願ってきました。そのために、心理学を学び、どんな言葉がけが対等な関係を築けるのかと苦心してきました。

ようやく、最近になって一つの答えが出たように思います。それは、テクニックではなく、生き様であるということです。師自身が決して滞ることなく、どんな舞台もゼロになって、無垢な一人のダンサーとして学びのリアリティを生き抜かれる姿にあるのです。すばらしく踊れるからといって、よどむことを許さず、一人の学び手として、慎み深く、探究し続けられる姿勢にあります。

そんな背中から何かが伝わり、学び手同士としての絆が生まれ、学ぶ苦しさも喜びも知り、難関も乗り越えようとがんばれるのです。

日常の多忙さや教員という立場によって、いつの間にかいらぬほこりを身につけている自分にしばしば気づかされます。私も、子どもが変わろうとしているとき、そのタイミングを見逃さず、子どもに寄り添い、可能性を引き出す橋渡しをできる人になりたいです。その「変わる」ときは、見ようとしなければ見えず、集団の中にいる一人ひとりの子どもの中に起こっていることを、内側から観られる力がいると思っています。

私が非日常である舞踊教室に足を運ぶことは、自身の体や心を洗い、ニュートラルな自分に還る時間です。子ども達のきらりと光る瞬間に気づき、その切なる命に寄り添える感性や勇気を身につけるためにも、私自身がもっともシンプルになって、一人の人として学ぶスペースをもつことはとても大切であるように思います。

文化の命を受け継ぐ

けいこ場では、細かな技の一つ一つを伝授され、どんなに進んでも、必ず基本の型から始め、何度でも基礎の動きを繰り返します。一にも二にも、おけいこ。師の言葉からも、熱心なけいこを通してのみ、インド舞踊の道が拓けてくるようです。

伝統的な文化には、型があり、受け継がれてきた重みや洗練され続けてきた技の美しさがあると思います。また舞踊を初めとするインド古典芸術では、即興性も重んじられ、その厚みが魅力的だと思っています。

ふとおけいこの最中に、私のイメージが広がることがあります。はるか紀元前から、インドの大地を踏む人々と同じ光を感じ、今ここ、日本でもう一度命を吹き込もうとしています。歴史的な時間を再現していることに思いをはせるとき、人も文化も……すべてがつながっているように感じられます。さらに私はこの舞踊から、有形無形に魂のあり様まで影響を受け、生きる勇気をもらっているかと思うと何ともふしぎです。

『人間の文化の継承や創造をビビットな今によみがえらせる営み』はホリスティック教育であると言われます。先人が培われた伝統や文化に尊敬の念や愛しさをもって学ぶ、そんな感覚を大切に、子ども達と分かち合いたい、そう願いながら、今日もまた私は、はてしなく深い学びの旅に出かけるのです。

あとがき

この本がこうして姿をあらわす、そこにはたらいた力すべてに、感謝します。

動き出してみると、思っていた以上に、つぎつぎと人とエネルギーが集まり、どんどんことが運んでいく。気がついてみると、それほど長くはない間に、もうこんなところまできていた。本をつくるという過程でも、こういうことがあるんだ、と感慨深いものがあります。

この本は、日本ホリスティック教育協会がその活動の一環として年度ごとの公刊を予定している「ホリスティック教育ライブラリー」の第二巻です。なによりまず、この年刊単行本を支えてくださっている協会員の皆さんに、お礼申しあげます。そして、四五人の執筆者の皆さん、ありがとうございました。このたびは、せせらぎ出版がメーリングリストをご用意くださり、執筆者・編者のあいだでたえずコミュニケーションを重ねながら、まさに力を合わせてこの本を編み出すことができました。喜びもひとしおです。

集まってきた物語の一つひとつに、ご本人ばかりでなく、その人生で出会われ、ともに歩まれた方々の思いがいっぱい込められていることも、ひしひしと感じました。そしてその背後にはさらに、この時代にはたらく何か大きな力のようなものも……。

＊　＊　＊

協会が発足して五年になりますが、時が熟して、とうとう今回のような本が実現しました。とくに本書に込めた願いについて、少しお話しさせてください。

いろいろな形の、ホリスティックな教育があります。いつでもどこでも誰とでも、そこに人生と生活のあるかぎり、ホリスティックな学びと気づきがある。それをできるかぎり具体的に、しかも片寄らずに幅広く、お伝えしたいと思いました。

ホリスティック教育は、どこかに一つの理想的なモデルがあって、それを広げようとするものではありません。でもそのために、ホリスティック教育って、あいまいで、何をすればよいのかよくわからない、という声もありました。このような声に、しっかりと答える必要を感じていました。

一つの形でモデルのように示すことはできないけれど、確かな手ごたえをもったホリスティックな教育というものを、なんとか伝えたい。特定のモデルでない、形でない、と否定形で言うだけではなくて、その内実をリアルに浮かび上がらせるには、どうすればいいだろうか。実は、かなり前から、この本のように多様な事例を編むことが、そのための一つの方法だと考えていました。

たとえば、ライブラリー①で取りあげたシュタイナー教育、本書に多方面から紹介された森との関わりなども、とてもホリスティックな教育でしょう。ここで大切なのは、できあがった形そのものよりも、それを受けとめる気づきのあり方だろうということを何度も確かめ合ってきました。またホリスティック教育は、学校教育だけにかぎられるものではありません。この本でもさまざまな物語があったように、親が子どもの一言をどう聴き受けとめたのか、芸事のお師匠さんの立ち居振舞いから何に気づくのか、病気になったときにそこから何を学んで成長するのか、といったことまで、まさにホリスティックな教育だと思うのです。

そして実際、ホリスティック教育に出会った協会の皆さんには、学校関係者だけではない、このような実に幅のひろい多様な方々がいらっしゃるのでした。そこで意を決して、会員の皆さんに執筆を呼びかけたところ、次々と四五人もの方々の志が集まって、ここに念願がかないました。はじめて書いてみた、という方も多くいらっしゃいます。まさに望外の喜びです。

＊　＊　＊

「45人のつむぐ物語」。自分の足元、自分が直面していることを深く掘り下げ、体験しつくし、味わって、そして言葉を選んで表現してみること。こんなプロセスを「つむぐ」という言葉に込めました。

自分や自分の体験を深め、それを慈しむことができてこそ、同様の他の人の体験の重みもわかるようになるのでしょう。そして、そこから、それぞれがちがったまま、そのちがいを大切に尊びつつ、つながっていくことができるのかもしれません。一人ひとりが小さな声でも自らの物語を語りだし、そして他の異なる物語にしっかりと耳を傾けあう関係を編みこんでいくこと。この本作りそのものが、今のような時代のなかで意味のある、ホリスティックな学びの場であるように思えてきます。

ぜひまた早いうちに時期を見て、この本のような協会ライブラリーを企画したいと思っています。こうしたストーリーを寄せてくださる方々がまだまだたくさんいらっしゃることも、すでに伝わってきています。この本をお手許にしてくださったみなさまの中には、もちろん会員でない方も多くおられると思いますが、この本を読まれて、私もぜひ機会があれば、と感じてくださったなら、とてもうれしく思います。この小さな物語たちが、あちこちで一人歩きし始め、ちがいとの出会いが、新たな対話を生み、新たなつながりを生み、と世界を拡げてくれることを願っています。

最後になりましたが、せせらぎ出版の山崎亮一さんには、前巻に引き続き大変お世話になりました。また直接ご担当いただいた山崎朝さんは協会会員でもあり、学びあう仲間としての甘えに実に丁寧に速やかに、そしていつもにこやかに対応してくださいました。心暖まる喜びのなかでともに仕事をさせていただいたことに、心より感謝したいと思います。みなさん、本当にありがとうございました。

このつながりがさらに深まり拡がりゆくことを祈りつつ

二〇〇二年如月

日本ホリスティック教育協会代表運営委員　吉田　敦彦

同　常任運営委員　平野　慶次

ホリスティックな気づきと学び　45人のつむぐ物語

2002年3月31日　第1刷発行
定　価　本体 2000円＋税
編　者　日本ホリスティック教育協会
　　　　吉田敦彦(責任編集者)・平野慶次(共同編集者)
発行者　山崎亮一
発行所　せせらぎ出版
　　　　〒530-0043 大阪市北区天満2-1-19 高島ビル2F
　　　　TEL　06-6357-6916
　　　　FAX　06-6357-9279
　　　　郵便振替　00950-7-319527
印刷・製本所　株式会社 太洋社

 ISBN4-88416-107-6
"Holistic Awareness and Learning: 45 Stories"
Ed. by Atsuhiko YOSHIDA and Yoshitsugu HIRANO, Japan Holistic Education Society. (Seseragi Publishing Co.Ltd., Osaka, Japan, 2002)

せせらぎ出版ホームページ　http://www.seseragi-s.com/
Eメール　info@seseragi-s.com

日本ホリスティック教育協会のご案内

●日本ホリスティック教育協会とは

ホリスティックな教育に関心をもつ人たちが学びあうネットワークとして、1997年6月1日に設立されました。学校教育関係者はもちろん、親や市民、カウンセラーや研究者など幅広い多様な足場をもつ人たちが、情報を提供しあい、相互に交流し、対話をすすめています。それを通じて、広くホリスティックな教育文化の創造に寄与したいと願っています。

●主な活動

1. 隔月ニュースレター、年刊単行本（ホリスティック教育ライブラリー）、研究紀要、その他の刊行物の発行と配布。インターネットの活用（ホームページ）。
2. ホリスティックな教育実践の促進と支援、及びその交流。
3. 講演会、ワークショップ等の開催。
4. 国内外の関連諸学会・協会等との連携および協力。
5. その他、本会の目的達成に必要な事業。

●入会案内（詳細は下記ホームページでご覧いただけます）

区分	会費	配布物
学生会員	4,000円	ニュースレター6回・年刊単行本1回
一般会員	6,000円	ニュースレター6回・年刊単行本1回
研究会員	10,000円	ニュースレター6回・年刊単行本1回・研究紀要1回

＊入会を希望される方は、会員区分を明記の上、郵便局の下記口座に会費をお振り込みください。受領証が必要な方は事務局までご連絡ください。

＊会員資格は4月から翌年3月までを1年度とする期間です。原則として年度途中の入会でも、当年度4月からの配布物が受け取れます。

郵便局の振替口座番号　00290-3-29735
口座名　日本ホリスティック教育協会

日本ホリスティック教育協会　事務局
〒947-0028　新潟県小千谷市城内 1-1-19　佐川 通方　TEL FAX：0258-82-5057
URL ： http://www.hs.jimbun.osaka-wu.ac.jp/~holistic
E-mail ： holistic@td5.so-net.ne.jp

日本ホリスティック教育協会編 バックナンバー紹介

(入手ご希望の方は協会事務局まで)

2001.3 年刊 ホリスティック教育ライブラリー①
いのちに根ざす 日本のシュタイナー教育 せせらぎ出版刊

2000.3 季刊 ホリスティック教育 第15号
〈特集〉日本におけるホリスティック教育 10年のあゆみ

1999.12 季刊 ホリスティック教育 第14号
〈特集〉世界各地のホリスティック教育の取り組み

1999.9 季刊 ホリスティック教育 第13号
〈特集〉学級崩壊・総合学習を根っこから見なおそう

1999.6 季刊 ホリスティック教育 第12号
〈特集〉ホリスティック教育の立場から総合活動を考える(その2)

1999.3 季刊 ホリスティック教育 第11号
〈特集〉ホリスティック教育の立場から総合活動を考える(その1)

1998.12 季刊 ホリスティック教育 第10号
〈特集〉たましいからのメッセージ

1998.9 季刊 ホリスティック教育 第9号
〈特集〉ホリスティック教育ムーブメントinにいがた

1998.6 季刊 ホリスティック教育 第8号
〈特集〉21世紀の学校を創造してゆくために

1998.3 季刊 ホリスティック教育 第7号
〈特集〉子どもの声に耳を傾けるとき

1997.12 季刊 ホリスティック教育 第6号
〈特集〉教師がホリスティックな教育に目覚めるとき

1997.9 季刊 ホリスティック教育 第5号
〈特集〉ホリスティック教育と芸術・表現・美的体験

1997.6 季刊 ホリスティック教育 第4号
〈特集〉生命(いのち)／教育、子育ての根底にある生命観

1997.3 季刊 ホリスティック教育 第3号
〈特集〉境界のない世界／違いと出会い、違いをいかす

1996.12 季刊 ホリスティック教育 第2号
〈特集〉地球感覚／からだで感じるガイア

1996.9 季刊 ホリスティック教育 創刊号
〈特集〉人間と教育の原点／ケアリング